《晏子春秋》语用研究

郭庆林 著

北京师范大学出版集团
BEIJING NORMAL UNIVERSITY PUBLISHING GROUP
安徽大学出版社

图书在版编目(CIP)数据

《晏子春秋》语用研究/郭庆林著. —合肥：
安徽大学出版社,2010.11
ISBN 978-7-81110-883-5

I.①晏… Ⅱ.①郭… Ⅲ.①晏子春秋—语用学—研究
Ⅳ.①H141

中国版本图书馆 CIP 数据核字(2010)第 225158 号

《晏子春秋》语用研究　　　　　　　　　　郭庆林　著

出版发行：	北京师范大学出版集团
	安 徽 大 学 出 版 社
	(安徽省合肥市肥西路3号 邮编230039)
	www.bnupg.com.cn
	www.ahupress.com.cn
印　　刷：	中国科学技术大学印刷厂
经　　销：	全国新华书店
开　　本：	148mm×210mm
印　　张：	9.375
字　　数：	220 千字
版　　次：	2011年4月第1版
印　　次：	2011年4月第1次印刷
定　　价：	24.50 元

ISBN 978-7-81110-883-5

责任编辑：钱来娥		装帧设计：孟献辉
特约编辑：徐玲英		责任印制：韩　琳

版权所有　侵权必究

反盗版、侵权举报电话：0551—5106311
外埠邮购电话：0551—5107716
本书如有印装质量问题，请与印制管理部联系调换。
印制管理部电话：0551—5106311

目 录

第一章　绪　论 …………………………………………… 1

第二章　《晏子春秋》复音词研究 ……………………… 9
　　第一节　词汇概说 ………………………………… 9
　　第二节　复音词的产生 …………………………… 15
　　第三节　《晏子春秋》复音词的分布 …………… 23
　　第四节　《晏子春秋》复音词的结构分析 ……… 27

第三章　《晏子春秋》词义研究 ………………………… 74
　　第一节　词义及其演变规律、探求方法 ………… 74
　　第二节　《晏子春秋》的词义 …………………… 82

第四章　《晏子春秋》多义词研究 ……………………… 96
　　第一节　《晏子春秋》多义词的数量统计 ……… 96
　　第二节　《晏子春秋》多义词示例 ……………… 97
　　第三节　《晏子春秋》多义词产生的途径 ……… 105
　　第四节　《晏子春秋》多义词存在的意义 ……… 116

第五章 《晏子春秋》词的兼类与活用研究 …… 118
第一节 《晏子春秋》词的兼类 …… 118
第二节 《晏子春秋》实词的活用 …… 161

第六章 《晏子春秋》同义词研究 …… 182
第一节 同义词的概念及确定标准 …… 182
第二节 《晏子春秋》同义词词类分布 …… 185
第三节 《晏子春秋》同义词辨析 …… 194
第四节 《晏子春秋》同义词产生的途径 …… 205
第五节 《晏子春秋》同义词的运用 …… 217
第六节 《晏子春秋》同义词研究的几点结论 …… 221

第七章 《晏子春秋》反义词研究 …… 222
第一节 反义词概说 …… 222
第二节 《晏子春秋》反义词的词类分布 …… 224
第三节 《晏子春秋》反义词的类型 …… 230
第四节 《晏子春秋》反义词产生的途径 …… 235
第五节 《晏子春秋》反义词的对应关系 …… 242
第六节 《晏子春秋》反义词的运用 …… 245

第八章 《晏子春秋》熟语及方言研究 …… 251
第一节 《晏子春秋》之熟语 …… 251
第二节 《晏子春秋》之方言 …… 258

第九章 《晏子春秋》古今字、假借字、异体字研究 …… 263
第一节 《晏子春秋》之古今字 …… 263
第二节 《晏子春秋》之假借字 …… 275
第三节 《晏子春秋》之异体字 …… 291

主要参考文献 …… 295

第一章

绪 论

一、《晏子春秋》的成书年代及作者

《晏子春秋》一书最早著录于西汉刘向的《别录》,刘歆的《七略》、司马迁的《史记·管晏列传》亦提及它,东汉班固的《汉书·艺文志》将它列入《诸子略》里,《隋书·经籍志》延录不绝。关于《晏子春秋》的作者及成书年代,学者多有歧议。《隋书·经籍志》认为它出于晏婴本人之手,柳宗元、孙星衍、黄以周等认为是战国人所作,梁启超认为是汉初人所作,吴德旋、管同等认为是六朝人伪造。至于成书年代,有以下几种说法:

(1)吴则虞认为"《晏子春秋》的成书年代既不在毛亨之前,又不在韩婴之后,那么大约应在秦政统一六国后的一段时间内"。①

---

① 吴则虞《晏子春秋集释·序言》。北京:中华书局,1962年1月。

(2)董治安认为《晏子春秋》成书于战国时期。①

(3)谭家健认为《晏子春秋》的成书在秦王朝统一六国前后。②

笔者认为,《晏子春秋》的成书当在战国中期之前,其年代晚于《国语》,早于《墨子》。理由如下:

首先,从文风来看。在先秦散文中,与《晏子春秋》文风相近的是《国语》,《国语》为我国最早的国别体史书,它既有记言,也有叙事,最简单的情节是对话,在叙事的过程中,塑造了不少人物形象。《晏子春秋》是由许多短小的故事组成的,在这些故事中,人物语言占了很大篇幅。特别是晏子劝谏国君的语言,是全篇故事的主要部分。可见,从文风上看,《国语》同《晏子春秋》是相近的,只不过后者比前者描写人物、叙述事件更形象生动,语言更流畅。

其次,从文章结构上看,《国语》与《晏子春秋》也是十分相近的。《国语》在叙述完一段历史事件以后往往有所阐发,并以"君子曰"之类的文字明示。这种体例,《晏子春秋》中也有,并且评论文字更丰满,更切中事理。从文学发展规律看,较成熟者都是对前代作品的继承与发展。从这个意义上说,《晏子春秋》应该晚出于《国语》。在先秦散文中,时代比较早的、记载有关晏子事迹的文献要算《左传》和《墨子》了。《左传》与《国语》年代相近,都在战国初期,③而《墨子》则较后。在《晏子春秋》中,记述有关晏子的事情有两处:一是关于晏

---

① 董治安《与吴则虞先生谈〈晏子春秋〉的时代》,文史哲1962年第2期。

② 谭家健《〈晏子春秋〉简论——兼评〈晏子春秋集释·前言〉》,北京师范大学学报1982年第2期。

③ 游国恩等著《中国文学史》第1册。北京:人民文学出版社,1964年3月。

子阻止景公封孔子以尔稽之地,二是关于孔子派子贡到齐国参与伐鲁之事。谭家健先生据此云:"《墨子》作者见过《晏子春秋》,想必不会舍弃这些有力的攻击武器而不引述的,可见《晏子春秋》成书或在其后。"①这样的见解我们不敢苟同。其一,《墨子》与《晏子春秋》文体不同,前者为说理性散文,议论部分占优势;后者为记叙性散文,叙述故事是主要内容。《墨子》不可能像《晏子春秋》那样,叙述故事部分占主要篇幅。因此,即使《晏子春秋》成书在前,《墨子》也不一定能将它的故事都引用进去。其二,退一步讲,《墨子》能无所遗漏地引用《晏子春秋》"非儒"的故事,可今本《墨子》有缺,《非儒·上篇》已佚,谁能肯定其中没有晏子"非儒"的故事呢?所以,说《晏子春秋》成书于《墨子》之后,恐怕值得怀疑。

再次,从文章的语法特点看,说《晏子春秋》成书于《墨子》之前并非没有理由。《晏子春秋》一书中表示被动意义用"见""受"或"于""於"字句,以及"见"和"于"结合的句子;还有"为"和"为……所……"的句式。"见"字句出现15次,"受"字句出现1次,"于"字句出现6次,"於"字句出现8次,"见"和"于"结合出现3次。"为"字句出现3次,"为……所……"句出现1次。例如:《谏下·第2章》:"何为老而见辱?"《杂上·第24章》:"尊礼不受摈。"《问下·第30章》:"敢问正道直行则不容于世。"《问上·第2章》:"身灭於崔氏。"《杂上·第27章》:"晏子见疑于景公。"《谏下·第8章》:"今君不革,将危社稷,而为诸侯笑。"《问上·第9章》:"诛之则为人主所案据,腹而有之。"在这几种被动句中,有一种值得特别注意,这就是"为……所……"句。王力先生认为这种被

---

① 谭家健《〈晏子春秋〉简论——兼评〈晏子春秋集释·前言〉》,北京师范大学学报1982年第2期。

动句在汉代才出现。① 这种观点是值得商榷的。新的研究成果表明,"为……所……"这种表被动句式在先秦就已经出现。例如,《荀子·尧问》中即有这样的句子:"方术不用,为人所疑。"② 上述几种被动句式可充分证明《晏子春秋》成书于先秦。王力先生说,先秦(春秋以后)被动句大致有三种类型:"于"字句、"为"字句、"见"字句。③ 另外,汉语发展史告诉我们,表示被动的"被字句"萌芽于战国末期。④《晏子春秋》没有出现"被"字句或其过渡形式。因此,从汉语语法史角度看,《晏子春秋》成书当早于战国末期。进一步考察发现,《墨子》已经有了"被"字句的雏形。《墨子·贵义》有这样的句子:"厚者入刑罚,薄者被毁丑。"王力先生说,毁丑和刑罚对举,疑是名词。"被"字大约只是动词,不是助动词。⑤ 王力先生对此句是否是"被字句"没有得出十分肯定的结论。即使这样,我们说此句已经有了被动的意思,具备了"被字句"的雏形,应该是合理的。然而,《晏子春秋》中连这样的雏形都没有,不能不使我们设想它的成书年代要早于《墨子》。

第四,晏子生活年代也比墨子早得多,晏子生卒年大约在公元前582年—公元前500年,墨子生卒年大约在公元前480年—公元前376年,晏子去世20年之后墨子才出生。按一般规律讲,年代较早的人,他的作品或描写他的作品一般产生于前。"墨学在战国中期与儒学势均力敌,并称显学,长

---

① 王力《汉语史稿》中册,第424页。北京:中华书局,1980年6月。
② 高建平等《汉语发展史》,第271页。哈尔滨:哈尔滨工程大学出版社,2007年10月。
③ 王力《汉语史稿》中册,第420—424页。北京:中华书局,1980年6月。
④ 王力《汉语史稿》中册,第425页。北京:中华书局,1980年6月。
⑤ 王力《汉语史稿》中册,第425页。北京:中华书局,1980年6月。

期互相攻讦"。① 墨学此时如此兴盛,其理论载体《墨子》当已经成型。《晏子春秋》早于它,那就应该在战国中期之前成书。

总而言之,笔者认为,《晏子春秋》成书当早于《墨子》,亦即战国中期之前(战国时间段为公元前475年—公元前221年,其中间时间点为公元前348年),与姚振武先生的观点大体一致。②

《晏子春秋》的作者,显然不是晏子本人,因为书中对晏婴用"晏子"这个尊称,明显地暗示出作者不是晏婴。此外,书中还描写了晏婴死后的事(如《外篇第八·第18章》)。这些都显示,《晏子春秋》的作者不是晏婴。那么,《晏子春秋》的作者到底是谁呢?笔者的观点与谭家健先生一致,即其作者可能是"景公身边的齐国史官,也可能有稷下学宫的各派学者(借晏子以宣传各派主张),更不排斥晏子后代和门人宾客,还有不少是民间无名氏作品",并且"可能曾有一个或少数人润色过"。③

过去曾有《晏子春秋》是伪书的说法,自从银雀山汉墓中出土《晏子春秋》竹简后,此说已无人相信。

既然《晏子春秋》是战国中期之前的作品,其学术价值也就肯定了。从语言角度说,这部文献给我们提供了丰富的上古汉语言史料,是我们研究上古汉语特别是上古汉语词汇、语法的重要资料,对方言的研究也有参考价值。

---

① 褚斌杰、谭家健《先秦文学史》,第371页。北京:人民文学出版社,1998年11月。

② 姚振武先生在《晏子春秋词类研究·绪言》中指出:"从《晏子春秋》的某些语法特点来看,我们认为,该书成书大约不会晚于战国中期。"

③ 谭家健《〈晏子春秋〉简论——兼评〈晏子春秋集释·前言〉》,北京师范大学学报1982年第2期。

二、《晏子春秋》的思想内容

《晏子春秋》是一部描写春秋末年齐国丞相晏婴事迹的历史故事集。此书内容由晏婴的许多小故事组成,这些小故事都互相独立,没有上下联系和前因后果的关系,因而不能算作传记。这些故事大都符合历史事实,因此不能算作小说。由于《晏子春秋》有少部分虚构成分,例如《外篇第八·第13章》之"东海赤水"的故事,《外篇第八·第14章》"焦冥巢于蚊睫"的故事,都荒诞不经,所以就有人将它定为小说或"前小说"。我们认为不妥。看问题要看主流,细枝末节不能决定其本质。《晏子春秋》中只有极少部分篇章显示出虚构不实的倾向,这极少部分不能改变其基本性质。

《晏子春秋》讲述了齐相晏婴从政50多年的历史故事,反映了晏婴的治国思想和政治观点。晏婴历经三朝(灵公、庄公、景公朝),正是齐国走向衰落的"季世",政治腐败,刑法苛重,民生凋敝。作为一国之相,晏子力图使国家摆脱衰败的命运,重现先君桓公时期那样的盛世。他时常追忆桓公的霸业,"昔我先君桓公……"之类的话不绝于口。他采取了一系列措施,以实现自己的政治理想。他重视"礼"在维护社会秩序中的重要作用,认为社会上出现的"贱陵贵,少陵长"、大夫压倒"公室"的趋势,"唯礼可以已之"。针对奢靡的社会风气,晏子提出了"尚俭"的主张。他劝景公不要沉迷于声色,不要饮酒无度,不要大兴土木。晏子具有民本思想,他建议国君缓刑宽税,减轻徭役,常常提醒国君不要"得罪于民",否则会招致桀纣那样可悲的下场。晏子不信天命,具有朴素的唯物主义思想。由于科学水平的限制,当时人们对于灾异、疾病、怪星的出现十分惊恐,但又束手无策,只好拜天祭神,浪费了许多财力物力。与一般人不同,晏子不相信天人之间的神秘关系,反对祭祀天神的屈财费民之举。晏子还具有朴素的辩证法思想。例如,他对于"和"与"同"的解释(见《外篇第七·第5章》)就体现了这种思想。在授官封爵的标准上,晏子主张选贤任能。正像他在《问上·第12章》中所说的那样:"举贤以临国,官能以敕民。"怎样才能发现贤能者呢?他提出:"观之以其游,说之以其行。君无以靡曼辩辞定其行,无以毁誉非议定其身……通则视其所举,穷则视其所不为,富则视其所不取。"他的这种选才标准是很有见地的,不仅在当时,即便在今天也有积极的借鉴意义。

关于晏子思想属于哪一家的问题,过去曾有"儒""墨"之争。我们认为,晏子的思想比较复杂,说他绝对是哪一家恐怕会以偏概全。晏子既有恢复礼制、忠于国君、以人为本的思想,又有反对礼繁节缛、贵朴尚俭、忠而不迁的思想。从前者看,他当属于儒家;从后者看,他当归于墨家。要强归于一家,是个两难的选择。我们的观点是,鉴于晏子思想的复杂性,还是不要把他简单地归入某一家为好。

《晏子春秋》对后世产生了重要影响,特别是晏子的人格魅力、治国方略、外交手法、政治思想,给后人留下了永不磨灭的印象,"引得后人说到今"。大圣人孔子曾敬佩地说:"晏平仲善与人交,久而敬之。"(《论语·公冶长》)"晏子于君为忠臣,而行为恭敏,故吾皆以兄事之。"(《孔子家语·曲礼·子夏问》)史学家司马迁十分推崇晏子,他在《史记·管晏列传》中盛赞晏子:"假令晏子而在,余虽为之执鞭,所忻慕焉。"唐宋八大家之一的苏辙断言说:"晏子之为人勇于义,笃于礼,管子盖有愧焉。"(《晏子传论》)晏子的故事脍炙人口,在民间广为流传,像"晏子使楚"的故事,几乎家喻户晓,妇孺皆知。

三、《晏子春秋》版本情况

今存《晏子春秋》最早的版本是元刻本。明代有成化间刊本8卷、活字本8卷、抄本4卷、绵眇阁刻本8卷、万历五年刊本2卷,等等。清代学者对之多所校勘,其中以孙星衍校本、顾广圻校本、苏舆校本较好。历代研究《晏子春秋》的著作主要有:孙星衍的《晏子春秋音义》、卢文弨的《晏子春秋拾补》、王念孙的《读晏子春秋杂志》、洪颐煊的《读书丛录》、苏时学的《爻山笔话》、俞樾的《诸子平议》、于鬯的《香草校书》、黄以周的《晏子春秋校勘记》、刘师培的《晏子春秋补释》、张纯一的《晏子春秋校本》、吴则虞的《晏子春秋集释》等。

我们研究《晏子春秋》的词汇,确定以孙星衍校本为底本,其校勘精细,讹错较少,同时参照王念孙《读书杂志》、张纯一《晏子春秋校本》、吴则虞《晏子春秋集释》等,择其善而从之。

四、《晏子春秋》词汇研究的意义

1. 将从词汇角度对《晏子春秋》专书研究的工作引向深入。上文已经谈到,从词汇角度对《晏子春秋》进行较全面研究工作的人还不太多,成果还不太丰富。这项工作还需进一步加强。

2. 对汉语史的研究有重要参考价值。作为战国中前期的文献,《晏子春秋》的语料反映了上古时期某个阶段的语言面貌,对其词汇进行考察分析,有助于我们认识上古时期的语言发展规律。由于我们进行的是穷尽性的分析与研究,对汉语史研究的参考价值无疑会更大些。

3. 有助于方言的研究。《晏子春秋》描述的是战国中前期齐国的事迹,用语涉及方言,故对方言研究有一定参考价值。

第二章

《晏子春秋》复音词研究

第一节 词汇概说

一、词汇的概念

词汇是一种语言的词和固定短语的总汇。它既包括一般意义上的词,也包括经常作为整体进入句子的熟语等固定结构。《晏子春秋》的词汇既包括一般的词,如名词"晏子"、动词"爱"、形容词"哀"等,也包括成语"华而不实""进退维谷"等。

二、语素、词、词组

我们的研究目的是揭示《晏子春秋》词汇的某些规律。要达到这个目的,首先就要明确《晏子春秋》中包含哪些词汇,然后才有加工的原材料,否则是"巧妇难为无米之炊"。确定这个标准之前,先需要明确几个概念:语素、词、词组。

　　语素(又称词素)是构成语言的最小单位,没有明确的意义,不能独立进入句子,它要发挥语言功能,一般情况下必须几个(至少两个)结合在一起,构成词或词组。但在古汉语中,语素与单音节词多有重叠现象,即一个语素就可以构成一个词。例如,"嬖人婴子欲观之"(《晏子春秋·谏上·第9章》)这句话中,"欲""观""之"3个单音节词都是由一个语素构成的。古代汉语还有另一种特殊现象,即两个音节构成一个语素,形成单语素词。例如"晏子逡循对曰"(《问下·第12章》)和"杜冏望羊待于朝"(《谏上·第6章》)两句话中的"逡循"和"望羊",都是由两个音节构成的单语素词。

　　词是最小的有明确意义和独立造句功能的语言单位,它由语素构成,直接进入句子。词组是由词构成的造句单位。句子是由词或词组构成的、表达完整意义的语言单位。语素、词、词组、句子好比化学当中的原子、分子、大分子、物质。物质是由分子或大分子组成的,分子是由原子组成的。分子相当于词,原子相当于语素。一般情况下,原子不能独立组成物质,几个原子结合成分子才能组成物质,这相当于语素不能组成句子,它们必须结合成词才能组成句子;分子则可以直接组成物质,相当于词可以组成句子。但金属类物质是由原子(实质是单个原子组成的分子)直接组成的,相当于有些古汉语句子由语素(实质是单个语素构成的单音节词)直接构成。

三、词的词汇属性和语法属性

1. 词的词汇属性

　　词的词汇属性指词的概念意义和构成方式。前者即通常所说的词义,它是客观事物和现象在人们头脑中的反映;后者即词的结构特点。对不同的词的意义进行相互比较,可以发现其共同的特点和相互关系,根据它们的共同特点和相互关系把它们分成大小不同的类,组成若干词义的聚合,即语义场。意义相同或相近的词可以聚合在一起构成同义义场,处于这个场的每个成员叫同义词;意义相反或相对的词可以聚合在一起构成反义义场,同处这个场的每个词互称反义词;那些包含多种意义的词同样可以聚合到一起,构成多义义场,而处在这个场中的每个词叫多义词。这些都属于概念意义的范畴。词汇的构成方式指词的结构特点。从词所包含音节的多少上分,可分为单音词、复音词;从词含有语素的数量上分,可分为单纯词、复合词;从词内部语素之间的关系上分,又可分为质限格复合词、支配格复合词、态饰格复合词、陈说格复合词、补足格复合词、重述格复合词等。①

2. 词的语法属性

词的语法属性指词的语法性质和语法功能,即词在句子中能充当何种成分。有实在意义、能充当句子成分的词是实词,无实在意义、不能充当句子成分的词是虚词。白兆麟指出:"古代汉语的词缺乏形态。我们根据词的意义和词的语法功能相结合的原则,将古代汉语的词类分为名词、动词、形容词、数词、量词、代词、副词、介词、连词、助词、叹词等十一类。前五类表示事物、行为变化、性质状态、数量概念,有实在的意义,能够做句法成分,大多能够独立成句,属于实词;后四类只有语法作用,没有实在的意义,不能做句法成分,也不能独立成句,属于虚词。代词和副词的情况比较复杂,它们不表示概念,没有实在的意义,因而不少古代汉语语法著

---

① 刘叔新《汉语描写词汇学》,第84—85页。北京:商务印书馆,2005年10月。

作把它们列入虚词;但是,它们都能做句法成分,代词以及个别副词还能够独立成句,因而有的语法著作把它们列入实词。其实,代词和副词是介乎实词和虚词之间的词。为了叙述的方便,为了照顾文言语法研究的传统习惯,我们把它们归入虚词。"①我们对《晏子春秋》进行词汇研究的时候,其词汇的语法归类,是依照其具体语言环境即言语意义来裁定的。比如,有的词,像"贤良""慈爱",按一般语言意义理解,应该归属形容词类。但在《晏子春秋》中,它们用于以下句子:"故明所爱而贤良众……明所恶而贤良灭。"(《谏上·第7章》)"慈爱、利泽加于百姓。"(《问上·第5章》)"贤良""慈爱"在这里用作名词,我们就把它们归入名词类。其余依此类推,不再赘述。

四、对《晏子春秋》语料进行词汇切分的标准

我们明确了以上几个概念,原则上说对《晏子春秋》词汇的切分应该比较顺利,但实际操作起来远不是那样简单。一个语言片段是词还是词组,从不同角度划分,或划分要求宽严不一,结论往往完全相反。这就需要确立一个便于掌握的标准,以使词的切分有所依据,尽量避免随意性。

参考毛远明的《左传词汇研究》及其他学者的见解,我们提出以下标准:

1. 形式标准

形式标准是指一个语言片段外在的结构特点,它在某种程度上能够帮助我们判定某个语言片段是否是词。这种特点表现为组成语言片段的组件的排列方式、结构的松紧性、

---

① 白兆麟师《文法学及其散论》,第5—6页。北京:九州出版社,2004年6月。

组件语法属性的变迁性、语言片段来源的派生性、组件的可替换性等。

(1)组成语言片段的组件的排列方式

这是指语言片段是由同一组件重复排列还是有所变化,即叠音还是非叠音。叠音者可判定为词。例如:"仲尼闻之曰:'星之昭昭,不如月之曀曀。'"(《晏子春秋·内篇·谏下·第21章》)句中的"昭昭"和"曀曀"都是组件重叠,可判断为词,即叠音词,分别是"光明"和"黑暗"的意思。

(2)结构的松紧性

这是指组成语言片段的组件之间的关系是否紧密,能否插入其他成分。若插入其他成分其意义发生了变化,则该语言片段是词,否则非词。这种标准主要用于判断具有修饰、限定成分的语言片段,一般插入"之"字进行推断。例如:"周室"中间若嵌入"之"字变成了"周之室",前者本指"周王朝",后者却变成了"周朝的房屋",意思相差十万八千里,故"周室"是词。而"死人"中间插进"之"成了"死之人",意思未变,故"死人"是词组。"飞鸟"中间如插入"之"变成了"飞之鸟",意思由原来的泛指变成了特指,指正在飞翔的鸟,意义有变化,故"飞鸟"是词。

(3)语言片段语法属性的变迁性

这是指语言片段的语法性质发生转移与否,发生变化的是词,不变者非词。例如:《晏子春秋·谏下·第16章》:"其动作倪顺而不逆,可以奉生。"句中的"动作"词性已非一般的动词,而是变成了名词,故"动作"是词而非词组。

(4)语言片段来源的派生性

语言片段结尾带"尔、然、者"等等虚词者一般为词。例如:表时间的"古者、昔者",表身份的"使者、傧者"等等,都带附加成分"者",故是词。(当然,并非结尾带"者"的片段皆是词。例如,"死者""生者"之类,是片段组件的临时组合,形式不具有稳定性,不应当看成词,而应该视为词组)表人的情绪的"忿然、欢然"都带附加成分"然",它们都是词。

(5)组件的可否替换性

这是指在支配结构的语言片段中,受支配者能否被意义相近或相关成分所替换,构成符合语言习惯的新的语言片段,能替换者为短语,不能替换者为词。例如:"负郭"中的"郭"可替换为"城"变成"负城","牧马"可将"马"换成"牛、羊",变成"牧牛""牧羊",可判断它们为短语。而"执法"中的"法"却不可用近义词或同类词"则、律、令、规"等替换,因为没有"执则"(律、令、规)的说法。"上山"中的"山"可以换成"树""天",故"上山"为短语。"流涕"中的"涕"不能换成"泗"(鼻涕),故"流涕"是词。

2.意义标准

意义标准是指从语言片段的组件意义与片段整体意义的关系,或从组件的结构关系与片段整体意义的关系入手,来确定词与非词的标准。

(1)意义一致

语言片段的几个组件同义而又与片段整体意义一致,这类语言片段是词。例如:"宾客、委积"都是由同义组件构成的,且组件义与整体义相同,故皆为词。

(2)产生新义

组件义与整体义相差甚远或面目全非,只能通过联想才能理解其意义关系,这样的语言片段是词。例如,"左右、社稷"含义已非字面意义的简单相加,而变成了"身边的人或亲近的人、国家"之义,故二者都是词。

(3)特指变泛指

有的语言片段,其组件原本专指某具体的事物,后来经过演变,变成了指称抽象的事物或含有更加宽泛的意义,这样的语言片段当视为词。例如:原来"甲"和"兵"指"铠甲"与

"兵器",合在一起则意义抽象为"军队"或"武力"。例如:《晏子春秋·问上·第5章》:"劫人以兵甲。"

(4)泛指变特指

某语言片段当初所指意义比较宽泛,经过演变,意义变得狭窄,这样的语言片段是词。例如:"大事"原来泛指"重大的事件",后来意义变得狭窄,指"军事行动"。《左传·文公元年》:"能行大事乎?"杜注:"大事谓弑君。"也就是"军事政变"。"大事"可认定为词。

(5)一个组件有意义

另一个组件的意义脱落,这样的语言片段是词,即偏义复词。例如:《墨子·非攻上》:"今有一人,入人园圃,窃其桃李。"句中"园圃"只有"园"义,它的"圃"义已不显现,故"园圃"是词。

(6)联绵生义

几个组件只起表音作用,合起来才有意义,这类语言片段是词,即联绵词。如:"犹豫、辗转",组成语言片段的组件只起表音作用,不能拆开理解,更不能望文生训,它们都是词。

第二节 复音词的产生

一、复音词及其相关的概念

复音词又称多音节词,是指具有两个或两个以上音节的词。按照所含语素的多少,古汉语的复音词可分为单纯词与复合词。

单纯词是只有一个语素的复音词,包括:(1)叠音词。是指由两个相同的音节重叠而成的词。(2)联绵词。是指由两个相近的音节连缀而成的词。根据语音上的关系又可以把联绵词分成三类:由两个相同声母的字构成的是双声联绵词,由两个相同韵部的字构成的是叠韵联绵词,由两个既同声母也同韵部的字构成的是双声叠韵联绵词。(3)只有一个语素的非双声叠韵词。

复合词是指由两个或多个独立的语素组合而成的词。复合词有的由几个都有概念意义的语素组成,叫做一般复合词;还有的由表示概念意义和表示语法意义的语素组成,叫做派生复合词。例如,《晏子春秋·谏下·第8章》:"今君不革,将危社稷,而为诸侯笑。"句中的"社稷"是由两个都表概念意义的词素组成的复合词:"社"本是"土神"的意思,"稷"本是"谷神"的意思,合在一起则是"国家"的意思,"社稷"就是一般复合词。《晏子春秋·外篇第七·第14章》:"公忿然作色不说。"句中的"忿然"是由表示生气概念的"忿"和表示语法意义的"然"组成,因而是派生复合词。

二、复音词的产生

(一)古汉语复音词产生的原因

在古代汉语,特别是上古汉语中,单音词占优势。但也不是没有复音词,复音词也占有一定比例。《尚书》中就已存在复音词,例如:先民(《周书·召诰》)、天命(《周书·大诰》)、朝夕(《周书·酒诰》)、经营(《周书·召诰》)、勤劳(《周书·无逸》)。其他古文献,如《诗经》、《左传》、《论语》、《国语》、《韩非子》等包含的复音词数量更加可观,此不赘述。

为什么会产生复音词呢？经过考察,我们认为有这样几个原因:

(1)外部原因。社会的发展,新生事物的不断产生,要求语言与时俱进,能够充分承担起表达的使命。单音词由于其过于简单,在某种程度上已经不能很好地履行这种职能。

(2)内部原因。汉语是孤立语,不能通过屈折变化来实现词汇的孳乳。与汉语相适应的汉字是表意文字,这一特点决定了它不能像西方的拼音文字那样,用改变或增多音素(或音节)的办法造出新词来解决这个矛盾,只能利用现有的语言材料即单音词构建新的语言组合,满足新的更加复杂的表达需求。

王力先生认为,由于古代汉语单音词音节向简单化发展才导致复音词的产生。他说:"上古汉语的语音是很复杂的:声母、韵腹、韵尾都比现代普通话丰富得多;和中古音比较,也显得复杂些。有些字在上古是不同音的,到中古变为同音了(虞:愚;谋:矛;京:惊)。《广韵》里有些所谓重纽字(亏,去为切,闚,去随切;逵,渠追切,葵,亦渠追切,但另列),也就是这种情况的反映。现在我们还不十分了解唐末和宋代的实际语言情况,但是有种种迹象使我们相信从第8世纪起,实际语音要比《切韵》系统简化了一倍。到了《中原音韵》时代(14世纪)又比第8世纪的实际语音简化一倍以上。单音词的状况如果不改变,同音词大量增加,势必大大妨碍语言作为交际工具的作用。汉语的词逐步复音化,成为语音简化的平衡锤。这样的理解,并不等于承认语言的发展是由于人为的结果,相反,语言的本质(交际工具)决定了语言的发展规律,汉语的词的复音化正是语音简化的逻辑结果。今天闽粤各方言的语音比较复杂,复音词也就少得多,可以作为明确的例证。"①我们不同意这个说法。古汉语音节趋向于简化是事实,但它并不是产生复音词的原因。我们同意程湘清先生在《汉语史专书复音词研究》中的论述。他认为,恰恰相反,上古汉语音节的趋简,是复音词产生的结果,而不是原因。②汉语是非音素语言,假使单音词音节不趋简而趋繁,也不能变成西方语言那样,每个单词含多个音节,达到既足以表达客观事物,又不产生诸如同音词等影响交际的弊病。汉语和汉字是互相适应的,汉字的表意性限制了汉语单词内部的音节扩展。这样的音节构成,即使加上声调的变化,再复杂也绝对达不到西方语言那样,单词音节有多至十个以上的音素那样复杂。所以,要想使单位词汇表达更丰富的内容,在原单词内部做文章是行不通的,只能从外部想办法,走拼连单音词为复音词的道路。汉语固有的缺陷妨碍了它自身的发展,引起了古人对词汇构成的改良。这才是上古词汇复音化的主要原因。而且,复音词的产生当与书面语(文字)的关系相当密切。综上所述,我们认为,与汉语相适应的汉字的表意性与表达需要的矛盾才是导致汉语词汇复音化的主要原因。

王力先生认为复音词产生的第二个原因是外语的吸收,③我们认为不妥。外语的吸收应该是复音词产生的途径,而不是原因。

赵克勤先生在《古代汉语词汇学》中也谈到了复音词产

---

① 王力《汉语史稿》中册,第 343 页。北京:商务印书馆,1980 年 6 月。

② 程湘清《汉语史专书复音词研究》,第 37 页。北京:商务印书馆,2003 年 4 月。

③ 王力《汉语史稿》中册,第 343 页。北京:商务印书馆,1980 年 6 月。

生原因的问题。他说:"促成复音词发展的因素是多方面的,例如,就词的运用来说,同义单音词的连用,就是复音词产生的一个重要原因。……另外,反义单音词或意义相关的单音词的连用,以及其他结构(如偏正、动宾等)词组的固定化也是复音词产生的重要原因。"[1]我们认为这些说法不准确,他说的这些应当是复音词的构词方式,而不是复音词产生的原因。接着,赵克勤先生又归纳了几个复音词产生的原因:第一,古代书面语的变化与发展是促使复音词发展的一个重要原因;第二,古汉语复音词的发展是不断吸收口语的结果;第三,古代汉语某些复音词的形成,往往跟修辞手法(比喻、借代、割裂、用典、委婉等)的运用有关;第四,复音词的发展还与古汉语外来词的增多有密切关系。[2]这些说法也不准确,其中第一点应该是复音词的运用,第二、第四点应该是复音词的来源,第三点是复音词的构词方法,都不是原因。

(二)复音词产生的途径

大多数复音词是在语言演化过程中以渐变而隐蔽的方式形成的,其形成轨迹不明显。这就是所谓的"仂语的凝固化"。王力先生说:"汉语新词的产生,其重要手段之一,本来就是靠仂语的凝固化。"[3]但有一部分复音词形成途径较特殊,形成过程和轨迹较明显,可以追踪寻觅,形成机理,有据可查。这种途径主要有两种,即修辞和翻译外来语。今分别论之。

---

[1] 赵克勤《古代汉语词汇学》,第61—74页。北京:商务印书馆,1994年6月。

[2] 赵克勤《古代汉语词汇学》,第64—74页。北京:商务印书馆,1994年6月。

[3] 王力《汉语史稿》中册,第343页。北京:商务印书馆,1980年6月。

1. 修辞法

修辞对复音词的产生发挥着举足轻重的作用。通过修辞的途径产生了不少复音词。(1)比喻。它是利用人们乐于对事物相似点进行比照的思维习惯,将某些抽象的概念以形象化的面貌呈现出来,使人易于理解和接受。如"藩国","藩"本为竹编成的屏障,称为"藩篱";诸侯国对天子来说,也起到类似屏障的作用,所以称诸侯国为"藩篱"。又如,"鱼肉"是人餐桌上的美食。任人宰割的地位或处境与之相似,故以"鱼肉"喻之。《史记·项羽本纪》:"如今人方为刀俎,我为鱼肉。""鱼肉"又可作为动词,比喻欺压、残害的意思。《后汉书·仲长统传》:"鱼肉百姓,以盈其欲。"(2)借代。借用此事物的整体或部分,代指与之相关的彼事物。如"搢绅","搢"是插的意思,"绅"是带。古代官员须插笏垂绅,因以"搢绅"指代士大夫。《庄子·天下》:"搢绅先生,多能明之。""搢"又作"缙"。范晔《后汉书·二十八将传论》:"遂使缙绅道塞,贤能蔽壅。""布衣",本指麻布料做的衣服。因上古等级制森严,平民只能穿这种衣服,故常以"布衣"指代百姓。《荀子·大略》:"古之贤人,贱为布衣,贫为匹夫。"(3)割裂。即截取句子中的语言片段来表示某种意义。例如,人们经常用"而立"表示"三十岁"。《论语·为政》:"三十而立,四十而不惑,五十而知天命。"《聊斋志异·长清僧》:"见其人默然诚笃,年仅而立。"又例如,"友于"一词指兄弟。《诗经》:"友于兄弟。"《尚书·君陈》:"惟孝友于兄弟。"后用"友于"表示兄弟的意思。曹植《求通亲亲表》:"今之否隔,友于同忧。"(4)用典。有些复音词的形成与典故有关。例如,"推敲"这个复音词的产生就与下列故事有关:传说唐代诗人贾岛有一次骑驴偶得诗句"鸟宿池边树,僧推月下门",又想把"推"改成"敲",犹豫不定,正做推与敲的动作,冲撞了做京兆尹的韩愈。愈怪之,问其故,岛以实对。韩愈建议他用"敲"。遂有

"推敲"一词传于后世,表达对某事反复斟酌的意思。(5)委婉。古人重视礼节,在特定场合,对特定人物,说话要宛转一些,显示礼貌或尊重。这样,也产生了一些复音词。如"陛下"(对皇帝称呼),"殿下""东宫"(对太子称呼)。"驾崩"(称皇帝之死),"作古"(称一般人之死),等等。[①] (6)对文。在某些句子中,特别是骈偶句中,位置相同的词语,如果有一个是复音节语,受它影响,另一个也往往选用与之音节相同的复音节语。久之,这个复音节语有可能演化为复音词。请看下段文字:"不阿党,不私色,故群徒之卒不得容。薄身厚民,故聚敛之人不得行。不侵大国之地,不耗小国之民,故诸侯皆欲其尊。不劫人以甲兵,不威人以众强,故天下皆欲其强。德行教训加于诸侯,慈爱利泽加于百姓,故海内归之若流水。"(《晏子春秋·问上·第5章》)在这段文字中,有4处对文之句:A.故群徒之卒不得容——故聚敛之人不得行;B.不侵大国之地——不耗小国之民;C.不劫人以甲兵——不威人以众强;D.德行教训加于诸侯——慈爱利泽加于百姓。在A句中,"群徒"与"聚敛"对文;B句中,"大国"与"小国"对文;C句中,"甲兵"与"众强"对文;D句中,"德行"与"慈爱"对文,"教训"与"利泽"对文,"诸侯"与"百姓"对文。在这些对文中,"聚敛""甲兵""德行""慈爱""教训""利泽""诸侯""百姓"凝固成了复音词,流传下来。

2. 翻译外来语

中国古代很早就与外国有政治、经济、文化上的往来。汉代的张骞出使西域,唐代的玄奘去印度取经,历来被当作华夏与别国往来的代表。通过往来,增进了文化交流。语言是人类最重要的交际工具和文化载体。中外文化的交流,也

[①] 赵克勤《古代汉语词汇学》,第68—74页。北京:商务印书馆,1994年6月。

必然对我国语言产生重要影响。在我国上古和中古,这种影响主要表现在西域语言和佛经的翻译上。翻译外语有两种方式:音译和意译。音译产生的词语称借词,意译产生的词语称译词。(1)翻译西域词语。西域与我国的交流,使其事物传入中国。表现在语言上,就是反映这种事物的语言的对译。其词语大多为复音节,译成汉语也必然是复音节,这使汉语增加不少复音节词,丰富了汉语词汇。"西域的借词和译词,大约是关于植物、动物、食品、用品、乐器等类的名词。……这些借词和译词以汉唐两代产生的居多数。这是因为汉唐两代全盛时代都曾经采取向外扩张政策,所以和西域交通密切的缘故"。① 译自西域的借词有琵琶、葡萄、苜蓿、石榴、狮子、琉璃等。译自西域的译词,"一般是在汉语原有的名词上面加上'胡'字,如'胡麻''胡瓜''胡豆'(豌豆)'胡桃''胡荽''胡琴'等"。② (2)翻译佛经。"佛教传入中国,大概在汉武帝征服西域以后"。佛教的传入,对中国的思想和文化产生了重要影响。黎民百姓信奉佛教者不可胜计,就是贵为天子者也不乏信徒,如北魏宣武帝亲讲佛书,南朝梁武帝舍身同泰寺。佛教成了人们生活不可或缺的组成部分。在这种风气下,翻译佛经成了重要的事业,佛教用语大量浸入汉语。如:菩萨、浮屠、罗汉、沙门、菩萨(以上为借词),世界、因果、法宝、圆满、魔鬼(以上为译词),等等。③

---

① 王力《汉语史稿》下册,第517—519页。北京:中华书局,1980年6月。
② 王力《汉语史稿》下册,第518页。北京:中华书局,1980年6月。
③ 王力《汉语史稿》下册,第519—522页。北京:中华书局,1980年6月。

第三节 《晏子春秋》复音词的分布

一、音节分布

(一)双音节

据我们统计,《晏子春秋》有复音词 1989 个,其中双音词 1937 个,占复音词的绝对多数。

(二)三音节

专有名词有 3 音节词 30 个;普通词有 3 音节词 18 个,它们是:名词 2 个,即圣贤人、门弟子;代词 2 个:二三子、子大夫;疑问代词 2 个:如之何、若之何;数词 7 个:十有七、十有八、十有余、三十七、八十五、万三千、七十万;动词 2 个:譬之犹、乞骸骨;形容词 2 个:仡仡然、相相然;副词 1 个:不得已。

(三)四音节

专有名词 3 个,为人名:东门无泽、司马穰苴、司马子期;普通词 4 个,其中数词 2 个:二千七百、九十七万;连词 2 个:与其……不如……、与其……岂如。

二、词类分布

《晏子春秋》的 1989 个复音词中,名词 1175 个,其中专有名词 249 个,普通名词 926 个;动词 440 个;形容词 232 个;代词 38 个;数词 29 个;副词 39 个;连词 22 个;助词 14 个。《晏子春秋》名词占复音词总数的 54%,比例居一半多,动词居第二位,形容词居第三位,二者占复音词总数的 33%。名词、动词、形容词合起来,占复音词总数的 87%,可见,实词是复音词的主体。

三、内容分布

《晏子春秋》的名词数量大,种类繁多,涉及了那个时代的政治、经济、军事、外交、礼仪、天文、物候、生活等方面内容。

政治方面:《晏子春秋》中的人名,很大一部分是政治人物,有国君,有大臣,无论是明君或昏君,无论是贤臣或佞臣,都在政治舞台上扮演了自己特定的角色,给国家和百姓造成了或好或坏的影响。国君如:灵公、庄公、景公、鲁公、夫差。大臣如:鲍氏、高氏、庆氏、崔氏、穰苴、师开、叔向等。专有名词中的官职名也不少,在一定程度上反映了当时的职官制度。例如:大夫、大田、封人、棺人、衡鹿等。普通名词也有相当数量政治方面的词汇。例如:国政、国治、法仪、法治、公法、狱讼、狱谳、公令、公命,是法令方面的词汇;爵位、爵禄,是官奉、官级的词汇;斧锧是刑罚方面的词汇。

经济方面:一个社会的存在和发展离不开经济基础。《晏子春秋》涉及经济的复音词较多。与经济制度有关的词语,如:税敛、籍敛、公量、升斗等;与财物有关的词语有:府藏、府金、金藏、黄金、货财、货赂、家货、币帛、财货、财力、私财;困府、仓库、仓廪、庾肆;府粟、仓粟、家粟、免粟、年穀、菽粟、粟米、脱粟;委积;薪橑、薪蒸,等等。这些都在一定程度上说明了那个时代的经济状况。

军事方面:春秋战国之际,礼崩乐坏,强国争霸,弱国图存;诸侯国内部,君臣争权夺利。常起狼烟战火,时现刀光剑影。《晏子春秋》有几处提及战争和武力,故复音词有兵器、战车、战马、车库名称,如:兵革、兵甲、兵车、弓矢、曲刃、直兵、战车、折冲、戎马、巨户;有军队将领、士兵名称,如:将军、军行、军吏、戎士;有军事编制名称,如:三军、什伍、卒列。

外交方面:诸侯国为争霸或图存的需要,合纵连横,频繁外交。与外交事务相关的词汇,有宾客、候者、宾主、辞令、使臣、使者、燕客等。

礼仪方面:古人重视礼仪制度建设,晏子又是一个保守的政治家,全身心维护先代的礼法。有关礼仪的复音词,在《晏子春秋》中屡有涉及。像宗庙、周觞、谗鼎、牺牲、圭璧、圭璋、斋具、烝枣等,都是有关礼仪或祭祀的词汇。古人对祖先崇拜的观念根深蒂固,所以,对丧礼尤其重视。《晏子春秋》丧礼方面的复音词不少,如衰绖、衰斩、服丧、衬柩、棺椁、倚庐、尸车等。受认识水平的限制,当时的人们对某些自然现象理解不了,认为存在上帝或鬼神,对之敬畏有加。相关词汇有魂魄、上帝、神明、占卜等。

天文方面:《晏子春秋》也有描写星象变迁的章节,关于这方面的复音词,有变星、茀星、钩星、彗星、南斗、孽星、枢星、维星、荧惑等。那时对天文比较重视,有专人从事天文观测和记录,天文学已经达到了相当的水平。尽管他们对一些星象变化,如彗星的隐现原因认识不清,且认为彗星的出现是对人世不平的惩罚,解释有误,但毕竟有科学因素在里面,值得肯定。

音乐方面:古人重视礼仪,必然重视音乐,因为它们关系紧密,不可分割。古人造出"礼乐"一词,将"礼仪"和"音乐"捆绑在一起,正是对这种情况的反映。《晏子春秋·外篇第八·第2章》说孔子门徒鞠语"明于礼乐",也是其证。关于音乐的复音词,《晏子春秋》有乐器名,如:竽瑟、琴瑟、钟鼓、泰吕等；有音乐术语，如：一气、二体、三类、四物、五声、六律、七音、八风、九歌；清浊、大小、短长、疾徐、哀乐、刚柔、迟速、高下、出入、周流(疏)；有乐曲名：《北里》。尤其音乐术语，如此丰富而复杂，表明当时的音乐水平已经相当高。

等级制度方面：周朝是从奴隶制向封建制过渡的时期，当时的社会阶层地位悬殊。与之相应的复音词，有统治者，如帝王、公侯、大臣、官吏等；有为统治者服务的下层人，如保妾、婢子、婢妾、臣仆、妇侍、内隶、皂隶、仆御、乐人、歌人、宰夫等。

动、植物方面：《晏子春秋》中还有不少动、植物名称。有关动物的词汇有：六翮、飞鸟、凫雁、雀鷇、鸟兽、禽兽、胡狗、乳虎、元豹、兕虎、龙蛇、麋鹿、社鼠、蚌蜃、蜃蛤、鱼鳖、尺蠖；有关植物的词汇有：白茅、荆棘、楚棘、葛藟、瓜桃、蒿种、禾苗、萑蒲、橘柚、藜藿、蓼藿、蒲苇、秋蓬、松柏、树木、条枚、野草、械樸、直木等。《晏子春秋》虽主要是记述政治生活，但其中也涉及日常生活方面的内容，所以动、植物的名称屡见不鲜，这一方面说明人们生活内容的丰富，另一方面也说明了人们对自然事物认识的广泛。

其他方面：

物候：蚤(早)岁、春夏、雷日、农时、寒暑、寒温、大暑、冰月、冻水、阳冰、阴水、风雨、霖雨、阴阳等。

衣饰、布匹：短褐、服裘、裹裘、襦袴、衣衾、衣裳、衣服、衣冠、衣裘、衣带、元端、大带、条缨、球玉；菲履、菅屦、縢履、乌履、履辨；素绣、文绣、布帛、布缕、缁布等。

饮食：和羹、酒醴、苦酒、馈膳、粱肉、膳豚、食味、食馈、苔菜、豚肩、醓醢、鱼肉、馈肉、朝食、中食等。

生产、生活用品：簞簋、荐席、金壶、筐箧、玩好、鳟鲜、尊俎；铫耨、罘罔、网罟、斤斧等。

车马：繁驵、乘马、服牛、良马、左骖、驷马；大盖、公乘、重驾、乘舆、栈轸等。

时间：庚申、期年、暮夜、日中、正昼等。

第四节 《晏子春秋》复音词的结构分析

本节将《晏子春秋》复音词的结构分为单纯词和复合词两个部分加以叙述。

一、单纯词

《晏子春秋》有单纯词28个，它们皆为双音节，两个音节合起来作为一个词素出现，表达一个整体意义。单纯词的类别及包含的词汇数目如下：

1. 叠音词（12个）

它们由两个相同的音节叠加而成，各个音节都不表示概念，只有合起来才有意义。如：

忽忽 出现1次。形容词，愁苦的样子。《外篇第七·第12章》："岁已暮矣，而禾不获，忽忽矣若之何？"

济济 出现1次。形容词，貌美的样子。《问下·第13章》："济济辟王，左右趋之。"

录录 出现1次。形容词，忙碌的样子。《谏上·第21章》："录录强食（饰）。"

落落 出现1次。形容词，大方的样子。《问下·第4章》："坚哉石乎落落。"

莫莫 出现1次。形容词，茂盛的样子。《杂上·第3章》："莫莫葛藟，施于条枚。"

滂滂 出现1次。形容词，流逝的样子。《中华大字典》:"流荡貌。"《列子·力命》:"若何滂滂去此国而死乎?"《谏上·第 17 章》:"景公游于牛山,北临其国城而流涕曰:'若何滂滂去此而死乎?'"

芃芃 出现 1 次。形容词,草木丛生的样子。《问下·第 13 章》:"芃芃械朴。"

偨偨 出现 1 次。形容词,舞姿盘旋的样子。《杂上·第 15 章》:"屡舞偨偨。"

堂堂 出现 1 次。形容词,广大的样子。《外篇第七·第 2 章》:"寡人将去此堂堂国者而死乎?"

扬扬 出现 1 次。形容词,得意的样子。《杂上·第 25 章》:"意气扬扬,甚自得也。"

翼翼 出现 1 次。形容词,小心的样子。《外篇第七·第 6 章》:"小心翼翼。"

相相 出现 1 次。名词,高山。《杂下·第 13 章》:"因欲登彼相相之上。"

2. 双声词(3 个)

辟拂 出现 2 次。名词,侍奉国君的幸臣。《谏上·第 5 章》:"辟拂嗛齐,酒徒减赐。""辟拂三千,谢于下陈。"

零落 出现 1 次。形容词,凋落。《谏下·第 6 章》:"穗乎不得获,秋风至兮殚零落。"

流连 出现 1 次。形容词,留恋不去。《问下·第 1 章》:"古者圣王无流连之游、荒亡之行。"

3. 叠韵词(6 个)

敝撤 出现 1 次。形容词,行走不便。《晏子春秋》孙星衍音义:"敝,蹩假音字。《说文》:'蹩,人不能行。'"按:敝,并母月部;撤,透母月部。二者叠韵,故"敝撤"当为叠韵联绵词,不必强解。《谏上·第 5 章》:"敝撤无走,四顾无告。"

觚蠃 出现 1 次。"觚蠃"为"觚蠃"之讹字。螺类。《淮南子·本经训》:"衣无隅差之削,冠无觚蠃之理。"注:"觚蠃之理,谓若马目笼相连干也。言无者,冠文取平直而已也。"《谏下·第14章》:"衣不务于隅眦之削,冠无觚羸之理。"

逡循 出现1次。形容词,犹豫的样子。《问下·第12章》:"晏子逡循对曰。"

逡巡 出现1次。义同"逡循"。《杂上·第9章》:"晏子逡巡北面再拜而贺曰。"

望羊 出现1次。形容词,远望的样子。《谏上·第6章》:"杜扃望羊待于朝。"

巡遁 出现1次。义同"逡循"。《问下·第10章》:"晏子巡遁而对曰。"

4. 非双声叠韵词(7个)

溪盎 出现1次。形容词,严格。《问下·第24章》:"溪盎而不苛,庄敬而不狡。"

逼迩 出现2次。名词,近臣。《谏上·第1章》:"贵戚不荐善,逼迩不引过。"

部娄 出现1次。名词,即附娄,小土山。《杂下·第13章》:"若部娄之未登。"

偪迩 出现1次。动词,做近臣。《问下·第13章》:"夫偪迩于君之侧者。"

燠休 出现1次。动词,慰问,抚慰。《问下·第17章》:"或燠休之。"

逼介 出现1次。当作"逼尔",形容词,靠近。《外篇第七·第7章》:"逼介之关。"

流湎 出现1次。形容词,沉溺逸乐。《问上·第25章》:"流湎而忘国。"

二、复合词

按照语素之间的结构关系,可以将复合词再分为数个类别。传统做法是仿照句法,根据语素之间的语法关系来划分。刘叔新先生在其著作《汉语描写词汇学》中,摒弃了传统做法,从"纯词汇角度"出发分析复合词的结构,而不囿于语法。他把复合词的结构关系分为以下几类:

质限格(性质限定格)——一个词素对另一个名词性词素进行性质限定;

态饰格(状态修饰格)——一个词素对另一个动词性或形容词性词素进行修饰;

支配格——由一个有动作意义的词素加上一个接受动作的词素构成;

补足格——由一个有动作意义的词素加上一个对它进行补充说明的词素构成;

陈说格——两个词素之间有说明和被说明的关系;

并联格——由两个地位相当的词素相联结而成,这两个词素意义相同、相近、相反或相关;

重述格——由两个相同的词素构成,词和词素之间在意义上有关联;

杂合格——结构关系比较混沌难解。

派生式——在实词素前后加虚词素。依所含的是前缀还是后缀而分为前衍格和后衍格。①

考虑到刘叔新先生的观点比传统说法更合理、新颖,我们依照他的分类法给《晏子春秋》复音词分类。下面我们对《晏子春秋》普通词汇(即除去专有名词)中的名词、数词、动词、形容词、谦称及尊称代词、时间副词有实在意义的部分进行结构分析。分析复合词的结构,可以从意义和词性两个角度进行。对《晏子春秋》各类复合词的结构分析,我们都分别

---

① 刘叔新《汉语描写词汇学》,第79—86页。北京:商务印书馆,2005年10月。

从这两个角度着手。

(一)并联格复合词

这种形式复合词数量最大,共有 658 个,占整个复合词总数的 43%。

1. 从意义角度分析

(1)同义并联

这种复合词由两个意义相同或相近的词素构成,有 570 个,占并联格复合词的 85%。例如:

谤谗 出现 1 次。动词,犹诽谤。《外篇第七·第 7 章》:"不思谤蘦。"

宾客 出现 8 次。名词,外宾。《谏上·第 12 章》:"梁丘据勿治宾客之事。"

公正 出现 3 次。①形容词。出现 1 次。《问上·第 5 章》:"其行公正而无邪。"②名词,办事公正的人。出现 2 次。《问上·第 14 章》:"远公正而托之不顺。"

孤独 出现 1 次。名词,孤身之人。《谏下·第 2 章》:"勇士不以众强凌孤独。"

刻镂 出现 2 次。名词,雕刻。《谏下·第 14 章》:"务于刻镂之巧。"

沐浴 出现 4 次。①动词,洗浴。出现 3 次。《谏下·第 21 章》:"屏而沐浴。"②名词,洗浴。出现 1 次。《谏下·第 21 章》:"洁沐浴、饮食。"

赏赐 出现 1 次。动词,封赏。《外篇第七·第 8 章》:"景公赏赐及后宫。"

松柏 出现 1 次。名词,松树和柏树。《杂下·第 13 章》:"松柏既茂矣。"

树木 出现 2 次。名词。《谏下·第 2 章》:"吾君欲以树木之故杀妾父。"又,"以树木之故,罪法妾父。"

衰微　出现1次。形容词,衰落。《问上·第6章》:"信行衰微。"

　　邪僻　出现2次。名词,邪僻之人。《谏上·第7章》:"故明所爱而邪僻繁。"

　　(2)反义并联

　　这种复合词由两个意义相反或相对的词素构成,有59个,占并联格复合词的9%。例如:

　　有无　出现1次。名词,财物的多少。《问上·第11章》:"权有无。"

　　非誉　出现1次。名词,犹"诽誉"。《问上·第21章》:"非誉(循)乎情。"

　　废置　出现1次。名词,任免。《外篇第七·第22章》:"废置不周于君前。"

　　刚柔　出现1次。形容词。《外篇第七·第5章》:"哀乐、刚柔……以相济也。"

　　高下　出现3次。名词,高低。《问下·第16章》:"吾子之君,德行高下如何?"

　　贵贱　出现2次。①名词,地位高低的人,出现1次。《谏下·第1章》:"则贵贱不相逾越。"②名词,商品价值高低。出现1次。《杂下·第21章》:"子近市,识贵贱乎?"

　　寒暑　出现3次。名词,天气的寒冷与酷热。《问下·第15章》:"以避饥渴寒暑。"

　　进退　出现1次。动词作名词用,指好事、坏事。《外篇第七·第7章》:"进退无辞,则虚以成媚。"

　　君臣　出现8次。名词,国君和大臣。《外篇第七·第22章》:"则君臣之道废矣。"

　　老少　出现1次。形容词活用为名词,年老年幼者。《问下·第17章》:"公积朽蠹,而老少冻馁。"

(3) 相关并联

这种复合词由两个意义相关的词素构成,有 32 个,占并联格复合词的 6%。例如:

狗马 出现 1 次。名词,代指宠物。《谏上·第 5 章》:"狗马保妾,不已厚乎?"

骨肉 出现 1 次。名词,喻亲人。《谏下·第 19 章》:"非骨肉之亲也。"

金石 出现 2 次。名词,钟磬类乐器。《谏上·第 11 章》:"玩金石之声。"

日月 出现 2 次。名词,太阳及月亮。《谏上·第 14 章》:"星辰、日月顺而不乱。"

社稷 出现 21 次。名词,原指土神和谷神,一般常用为代指国家。《谏下·第 8 章》:"将危社稷。"

枝叶 出现 2 次。名词。《问下·第 17 章》:"其宗族枝叶先落。"

2. 从词性的角度分析

【名词】(330 个)

(1) 名+名=名(221 个)

例如:

什伍 出现 1 次。名词,古代军事编制,五人为伍,十人为什。代指军队。《问上·第 7 章》:"国有什伍,治徧细民。"

世俗 出现 1 次。名词。《杂上·第 18 章》:"殊于世俗。"

兕虎 出现 1 次。名词,代指猛兽。《谏上·第 1 章》:"手裂兕虎。"

菽粟 出现 4 次。名词,豆类和谷类,代指粮食。《问上·第 7 章》:"菽粟藏深。"

夙夜 出现 1 次。时间名词,早晚。《问下·第 27 章》:

"夙夜匪懈。"

水土 出现2次。名词。《杂上·第10章》:"水土异也。"

税敛 出现1次。名词,赋税。《问上·第11章》:"今君税敛重。"

台榭 出现8次。名词,建在高处用来游观的建筑物。《谏下·第14章》:"今君穷台榭之高。"

网罟 出现1次。名词,网具。《外篇第八·第4章》:"是犹泽人之非斤斧,山人之非网罟也。"

帏幕 出现1次。帐幕。《谏下·第17章》:"合疏缕之绨以成帏幕。"

文章 出现2次。①名词,花纹。出现1次。《谏下·第14章》:"务于刻镂之巧、文章之观而不厌。"②名词,言辞的条理或文采,出现1次。《杂上·第26章》:"言有文章,术有条理。"

(2)动+动=名(42个)

例如:

庆赏 出现1次。名词,赏赐。《问上·第25章》:"而慢于庆赏。"

赏誉 出现1次。名词,封赏、名誉。《谏上·第3章》:"以赏誉自劝者,惰乎为善。"

赏罚 出现1次。名词。《谏上·第3章》:"民轻赏罚。"

生死 出现1次。动词活用为名词,活人与死人。《谏下·第20章》:"兼傲生死。"

生养 出现1次。名词,生活供给。《谏下·第21章》:"不以害生养。"

使令 出现3次。名词,驱使,役使。《外篇第七·第19章》:"使令过任。"

市买 出现1次。名词,交易。《问上·第11章》:"市买悖,故商旅绝。"

市租 出现1次。名词,市场税。《杂下·第18章》:"使吏致千金与市租。"

嗜欲 出现7次。名词,嗜好,欲望。《问上·第5章》:"崇乐以从嗜欲。"

思虞 出现1次。名词,犹思念。思,念也。《孟子·公孙丑》:"思与乡人立。"虞,盼望。《广雅·释诂》:"虞,望也。"《左传·桓公十一年》:"且日虞四邑之至也。""思虞"为同义连文。《谏上·第5章》:"晏子请左右与可令歌舞足以留思虞者退之。"

委积 出现1次。名词,存物。《谏上·第5章》:"无委积之氓,与之薪橑,使足以避霖雨。"

(3)形+形=名(67个)

例如:

节俭 出现4次。名词,节俭的行为。《谏下·第14章》:"法其节俭则可。"

枯槁 出现4次。名词,指贫困生活。《问下·第25章》:"今以不事上为道,以不顾家为行,以枯槁为名。"

劳苦 出现1次。形容词活用为名词,苦役。《问上·第5章》:"劳苦施于百姓。"

老弱 出现2次。活用为名词,年老体弱的人。《杂上·第8章》:"于是老弱有养。"

老少 出现1次。形容词活用为名词,年老年幼者。《问下·第17章》:"公积朽蠹,而老少冻馁。"

贫富 出现1次。名词。《问上·第26章》:"知其贫富。"

贫贱 出现1次。形容词活用为名词,贫贱的人。《杂上·第1章》:"不恶贫贱。"

贫苦 出现1次。名词,贫苦的百姓。《问下·第1章》:

"贫苦不补。"

贫穷 出现1次。名词,贫穷的人。《问上·第21章》:"睹贫穷若不识。"

亲戚 出现1次。名词,亲人。《外篇第七·第11章》:"而离散其亲戚。"

亲疏 出现2次。形容词活用为名词,关系远近的人。《问下·第10章》:"亲疏不得居其伦。"

【动词】(173个)

(1)动+动=动(149个)

例如:

诎下 出现1次。动词,屈尊在人下。《杂上·第24章》:"而反诎下之。"

去剖 出现1次。动词,剥开。《杂下·第11章》:"楚王曰:'(橘)当去剖'。"

任用 出现1次。动词。《问上·第7章》:"能任用贤。"

任使 出现1次。动词,任用。《问上·第26章》:"君得臣而任使之。"

洒除 出现1次。动词,清除。《问下·第4章》:"其清无不洒除。"

赏赐 出现1次。动词。《外篇第七·第8章》:"景公赏赐及后宫。"

生长 出现1次。动词。《杂下·第10章》:"今民生长于齐不盗。"

施貺 出现1次。动词,馈赠。《问下·第10章》:"施貺寡人。"

施行 出现1次。动词,推广,推行。《谏下·第22章》:"施行于诸父。"

试尝 出现1次。动词,同"尝试"。《谏上·第14章》:

"试尝见而观焉。"

（2）形＋形＝动（11个）

例如：

弟长 出现1次。动词，敬兄尊长。弟，"悌"的古字。《问下·第20章》："弟长乡里。"

丰厚 出现1次。使动用法，使丰厚。《谏下·第22章》："我欲丰厚其葬，高大其垄。"

高大 出现1次。使动用法，使高大。《谏下·第22章》："我欲丰厚其葬，高大其垄。"

美乐 出现2次。形容词意动用法，以为美好。《谏上·第9章》："君苟美乐之，诸侯必或效我。"

淫蛊 出现1次。使动用法，使迷惑。《外篇第七·第1章》："左右淫蛊寡人。"

淫愚 出现1次。使动用法，使迷惑而愚昧。《外篇第八·第1章》："盛为声乐以淫愚其民。"

优游 出现1次。使动用法，使悠闲。《问下·第18章》："优游其身以没其世。"

长幼 出现1次。动词，有长幼情怀，即爱护幼童。《杂上·第9章》："縠弱，反之，是长幼也。"

（3）名＋名＝动（13个）

例如：

蚕桑 出现1次。作动词用，种桑养蚕。《杂上·第5章》："蚕桑、豢牧之处不足。"

道义 出现1次。作动词用，讲道义。《杂上·第18章》："道义不为苟合。"

管籥 出现1次。锁钥。这里做动词，锁封。《杂上·第1章》："管籥其家者纳之公。"

介胄 出现1次。作动词用，披挂盔甲。《杂上·第12章》："穰苴介胄、操戟立于门。"

纩纮　出现1次。古代帝王冠冕悬挂耳塞的带子。这里用作动词。《外篇第七·第9章》："纩纮、琥耳,恶多所闻也。"

龙蛇　出现2次。动词,雕刻龙蛇。《谏下·第15章》："横木龙蛇,立木鸟兽。"

鸟兽　出现2次。动词,雕刻鸟兽。《谏下·第15章》："横木龙蛇,立木鸟兽。"

朋党　出现1次。动词,相互勾结,以营私利。《问下·第28章》："而邪僻朋党,贤人不用。"

丝蚕　出现1次。作动词用,养蚕。《杂上·第5章》："丝蚕于燕。"

涕洟　出现1次。动词,流泪。《谏下·第20章》："已,乃涕洟而去。"

衣衾　出现1次。名词活用为动词,置办衣衾。《谏下·第21章》："棺椁、衣衾,不以害生养。"

衣食　出现2次。名词作动词用,吃穿。《问下·第17章》："衣食其一。"

罪法　出现1次。名词作动词用,治罪。《谏下·第2章》："罪法妾父。"

【形容词】(155个)

例如:

老弱　出现1次。形容词,年老体弱。《谏上·第5章》："百姓老弱。"

老寿　出现1次。形容词,长寿。《外篇第七·第7章》："其所以蕃祉、老寿者,为信君使也。"

廉政(正)　出现2次。形容词,廉洁而正直。"政"通假"正"。《问下·第4章》："廉政而长久,其行何也?"

癃老　出现1次。形容词,年老而多病。《问下·第1

章》:"公所身见癃老者七十人。"

昧墨 出现1次。形容词,黑暗。《谏下·第2章》:"昧墨与人比居庚肆。"

萌通 出现1次。形容词,通达,兴旺。《谏下·第21章》:"谗谀萌通。"

迷惑 出现1次。形容词。《杂下·第8章》:"以不敏而迷惑。"

靡曼 出现1次。形容词,语言华丽。《问上·第13章》:"无以靡曼辩辞定其行。"

密近 出现1次。形容词,密切,亲近。《外篇第七·第14章》:"夫何密近,不为大利变?"

【数词】(2个)

五六 出现1次。数词,约数。《谏下·第1章》:"多者十有余,寡者五六。"

亿兆 出现1次。《外篇第七·第7章》:"岂能胜亿兆人之诅?"

(二)质限格复合词(583个)

1. 从词义角度分析
(1)修饰语素说明中心语素的数量(38个)
例如:

八风 出现1次。名词,八方之风。《外篇第七·第5章》:"声亦如味,一气,二体,三类,四物,五声,六律,七音,八风,九歌。"

百川 出现1次。名词,众多河流。《谏上·第15章》:"百川将竭。"

七音 出现1次。名词,古代音乐中宫、商、角、徵、羽、变宫、变徵七种音律。《外篇第七·第5章》:"声亦如味,一气,二体……七音,八风,九歌。"

三军 出现1次。名词。古代诸侯军队分左、中、右或上、中、下三部,称三军。泛指军队。《谏下·第24章》:"吾仗兵而却三军者再。"

四支 出现4次。名词,即四肢,"支"为"肢"的古字。《谏上·第23章》:"心有四支。"

万民 出现2次。名词,百姓。《外篇第八·第15章》:"而安万民之心。"

(2)修饰语素说明中心语素的性质或状态及大小(374个)

例如:

霸王 出现1次。名词,称霸的君王。《问上·第6章》:"以干霸王之诸侯。"

暴国 出现2次。名词,暴虐的国家。《问上·第1章》:"能禁暴国之邪逆。"

大国 出现7次。名词,势力强大的国家。《谏上·第21章》:"天下大国十二。"

大匠 出现2次。名词,技术高超的匠人。《杂下·第5章》:"公召大匠曰。"

大节 出现1次。名词,主要情形,大方向。《问下·第2章》:"而不能明其大节。"

大略 出现1次。名词,大概情况。《问上·第24章》:"此任人之大略。"

仁人 出现8次。名词,讲仁义的人。《问下·第12章》:"晏子,仁人也。"

善人 出现1次。名词,好人。《问上·第15章》:"善人不能戚,恶人不能疏者危。"

(3)修饰语素说明中心语素的颜色(6个)

例如:

白骨 出现1次。名词,骸骨。《杂下·第3章》:"君悯白骨。"

白茅 出现2次。名词,植物名。《杂下·第4章》:"为置白茅焉。"

元豹 出现1次。名词,黑豹。"元"本当作"玄",为避讳唐皇玄宗、清帝玄烨而改为"元"。他词同。《外篇第七·第25章》:"景公赐晏子狐白之裘、元豹之茈。"

元端 出现1次。名词,黑衣。《杂上·第12章》:"晏子被元端。"

缁布 出现3次。名词,黑色布。《杂下·第12章》:"今子衣缁布之衣。"

(4)修饰语素说明中心语素的方位、处所或范围(23个)

例如:

北方 出现2次。名词,位置在北的地方。《问下·第10章》:"婴,北方之贱臣也。"

东方 出现1次。方位名词,东面。《杂下·第5章》:"东方之声薄。"

内宠 出现2次。名词,宫内受宠者。《谏上·第8章》:"内宠之妾,迫夺于国。"

内隶 出现1次。名词,宫内仆役。《杂下·第12章》:"君之内隶,臣之父兄,若有播亡在于四方者,此臣之罪也。"

内妾 出现1次。名词,侍妾。《问上·第7章》:"内妾无羡食。"

社鼠 出现4次。名词,栖居在土神庙中的老鼠。《问上·第9章》:"患夫社鼠。"

右手 出现1次。名词。《谏下·第20章》:"右手捆心。"

泽人 出现1次。名词,住在湿地中的人。《外篇第八·第4章》:"是犹泽人之非斤斧。"

左骖 出现2次。名词,左边驾车的马。《杂上·第24

章》:"遂解左骖以赠之。"

左手 出现1次。名词。《谏下·第20章》:"吾将左手拥格。"

(5)修饰语素说明中心语素的用途(31个)

例如:

城矩 出现1次。名词,建城用的方尺。《杂下·第5章》:"立宫以城矩为之。"

服牛 出现1次。名词,拉车的牛。《谏下·第19章》:"服牛死。"

任器 出现2次。名词,器具。《谏上·第5章》:"致任器于陌。"

斋具 出现1次。名词,斋戒用的器具。《谏上·第14章》:"公命百官供斋具于楚巫之所。"

战车 出现1次。名词。《杂下·第12章》:"战车之不修。"

烝枣 出现2次。名词,冬祭用的枣。《外篇第八·第13章》:"以黄布裹烝枣。"

(6)修饰语素说明中心语素的材质(11个)

例如:

绖带 出现1次。名词,麻质丧服的腰带。《杂上·第30章》:"晏子居晏桓子之丧……苴绖带。"

土事 出现1次。泥瓦工活儿。《谏下·第14章》:"土事不纹。"

璐室 出现1次。名词,用美玉装饰的宫室。《谏下·第18章》:"为璐室、玉门。"

玉门 出现1次。名词,玉石加工成的门。《谏下·第18章》:"为璐室、玉门。"

橧巢 出现2次。名词,木筑的巢形住所。《谏下·第14章》:"其不为橧巢者,以避风也。"

(7)修饰语素与中心语素有种属关系(7个)

例如：

车轮 出现1次。名词。《杂上·第23章》："今夫车轮，山之直木也。"

麋鹿 出现3次。名词，鹿类动物。《杂下·第12章》："晏子衣缁布之衣、麋鹿之裘。"

粟米 出现2次。名词，小米。《谏上·第5章》："粟米尽于氓。"

苔菜 出现2次。名词，泛指蔬菜。《杂下·第19章》："五卵(卯)、苔菜而已。"

馈肉 出现1次。名词，肉粥。《谏上·第5章》："狗不食馈肉。"

卒列 出现1次。名词，军队。《问下·第17章》："卒列无长。"

(8)修饰语素说明中心语素的时间(24个)

例如：

旦日 出现1次。名词，第二天。《杂下·第17章》："旦日，割地将封晏子。"

当世 出现2次。时间名词，当代。《问上·第1章》："威当世而服天下。"

古常 出现1次。名词，古代规矩。《杂上·第7章》："夫古之重变古常，此之谓也。"

秋风 出现2次。名词。《杂上·第20章》："秋风一至，根且拔矣。"

世民 出现1次。名词，在某地居住多代的居民。《外篇第八·第4章》："婴则齐之世民。"

夏后 出现1次。名词，夏代君王。《外篇第七·第6章》："夏后及商，用乱之故，民卒流亡。"

先王 出现6次。名词，已逝的前代君王。《外篇第七·第15章》:"夫礼,先王之所以临天下也。"

夜分 出现1次。名词,夜半。《外篇第七·第11章》:"夜分,闻西方有男子哭者。"

朝食 出现1次。名词,早饭。《杂上·第22章》:"朝食进馈膳。"

(9)修饰语素说明中心语素的性别(5个)

例如:

妇人 出现4次。名词,女人。《外篇第八·第10章》:"有妇人出于室者。"

妇侍 出现1次。名词,姬妾。《谏上·第16章》:"身溺于妇侍而谋因竖刁。"

女富 出现1次。名词,外戚。《问下·第17章》:"而女富溢尤。"

乳虎 出现1次。名词,雌虎。《谏下·第24章》:"接一搏貙而再搏乳虎。"

士侍 出现1次。当为"士侍",名词,男侍者。《谏上·第5章》:"人待三,士待四,出之关外也。"

(10)修饰语素说明中心语素的职业或地位(26个)

例如:

工女 出现1次。名词,做工的女子。《外篇第八·第11章》:"有工女托于晏子之家焉者。"

卿位 出现2次。名词,卿的爵位。《杂下·第12章》:"君赐之卿位以尊其身。"

上客 出现2次。名词,上等宾客。《谏下·第25章》:"以为上客。"

上士 出现1次。名词,上等士人。《问上·第13章》:"夫上士,难进而易退也。"

士民 出现3次。名词,犹士人。《外篇第七·第8章》:"夫士民之所以叛,由偏之也。"

下吏 出现1次。名词,低级官吏。《问下·第10章》:"讥于下吏。"

术客 出现1次。名词,精通方术的人。《谏下·第21章》:"有术客与医俱言曰。"

庶民 出现2次。名词,百姓。《问下·第17章》:"庶民疲弊。"

御夫 出现2次。名词,驾驭车马的人。《谏上·第9章》:"而厚禄御夫。"

乐人 出现2次。名词,乐师。《杂上·第1章》:"乐人三奏。"

宰夫 出现1次。名词,厨师。《外篇第七·第5章》:"宰夫和之。"

(11)修饰语素说明中心语素的样式(1个)

龙舟 出现1次。《外篇第八·第13章》:"昔秦缪公乘龙舟而理天下。"

(12)修饰语素说明中心语素的动作方式(1个)

盘游 出现2次。名词,游乐。《杂下·第16章》:"又好盘游、玩好。"

(13)修饰语素是中心语素得以产生的手段(1个)

窃权 出现1次。名词,窃取的权力。《问上·第17章》:"下无窃权。"

(14)修饰语素和中心语素有领属关系(15个)

例如:

公子 出现1次。名词,国君之子。《问上·第2章》:"逐群公子。"

人主 出现6次。名词,君主。《问上·第9章》:"人主左右是也。"

天道 出现1次。名词,自然规律。《外篇第七·第6章》:"天道不谄。"

天时 出现1次。名词,自然气候规律,季节。《问上·第22章》:"上作事反天时。"

豚肩 出现2次。名词,猪腿。《杂上·第22章》:"则豚肩不具。"

谚言 出现1次。名词,谚语。《外篇第七·第14章》:"谚言有之曰。"

衣带 出现1次。名词。《杂下·第1章》:"裂断其衣带。"

宇溜 出现1次。名词,屋檐。《外篇第七·第11章》:"则臣请輓尸车而寄之于国门外宇溜之下。"

宅人 出现1次。名词,住户。《杂下·第22章》:"则使宅人反之。"

(15)修饰语素是动作,中心语素是发出者(1个)

讼夫 出现1次。名词,打官司的男子。《杂上·第1章》:"婴闻讼夫坐地。"

(16)中心语素是修饰语素的动作对象(1个)

树国 出现1次。名词,封国。《问上·第8章》:"彼周者,殷之树国也。"

(17)修饰语素说明中心语素的次第(1个)

季世 出现2次。名词,末世,衰微的时代。《问下·第17章》:"此季世也。"

2.从词性的角度分析

(1)数+名=名(39个)

例如:

百姓 出现59次。名词,平民。《谏上·第2章》:"而百姓肃也。"

六翮 出现1次。名词,本是鸟的健羽,代指鸟翅。《外篇第八·第14章》:"然而漻漻不知六翮之所在。"

三归 出现2次。名词,齐桓公赐管仲之宅。《杂下·

第 28 章》:"赏之以三归。"

四方 出现 3 次。名词,各地。《杂上·第 13 章》:"作为辞令,可分布于四方。"

万民 出现 2 次。名词,百姓。《外篇第八·第 15 章》:"而安万民之心。"

五彩 出现 2 次。名词,指多种颜色。《谏下·第 15 章》:"一衣而五彩具焉。"

(2)形+名=名(244 个)

例如:

白茅 出现 2 次。名词,植物名。《杂下·第 4 章》:"为置白茅焉。"

鄙民 出现 1 次。名词,百姓。《谏上·第 13 章》:"诚有鄙民得罪于君则可。"

常患 出现 2 次。名词,常出现的祸患。《外篇第七·第 14 章》:"此国之常患也。"

苍天 出现 1 次。名词,天空。《外篇第八·第 14 章》:"背凌苍天。"

短褐 出现 1 次。名词,粗布短衣。《谏上·第 5 章》:"冻寒不得短褐。"

惰民 出现 2 次。名词,游手好闲的人。《杂上·第 4 章》:"而惰民恶之。"

黄金 出现 1 次。名词。《谏下·第 13 章》:"景公为履,黄金之綦。"

秽德 出现 1 次。名词,污秽的德行。《外篇第七·第 6 章》:"君无秽德。"

盛德 出现 1 次。名词,高尚的品德。《外篇第七·第 8 章》:"推君之盛德。"

忠臣 出现 12 次。名词,忠良之臣。《问上·第 29 章》:"忠臣不信,一患也。"

(3)方位十名＝名(25个)

例如：

后宫 出现 3 次。名词,后妃所居之室。《外篇第七·第 8 章》:"景公赏赐及后宫。"

前驱 出现 2 次。名词,前导。《杂上·第 12 章》:"前驱款门曰:'君至。'"

上帝 出现 8 次。名词,天神。《外篇第七·第 6 章》:"昭事上帝。"

外隶 出现 1 次。名词,宫外的仆役。《杂下·第 12 章》:"君之外隶。"

西方 出现 3 次。方位词,西面,西边。《外篇第七·第 11 章》:"闻西方有男子哭者。"

下陈 出现 3 次。名词,帝王后妃居住之所。《谏上·第 5 章》:"谢于下陈。"

右手 出现 1 次。名词。《谏下·第 20 章》:"右手捆心。"

(4)名十名＝名(201个)

例如：

冰月 出现 3 次。名词,冬天。《谏下·第 13 章》:"冰月服之以听朝。"

布衣 出现 1 次。代指平民。《外篇第七·第 11 章》:"西郭徒居布衣之士盆成适也。"

财力 出现 2 次。名词,财产、劳力。《谏下·第 2 章》:"今穷民财力。"

仓粟 出现 1 次。名词,粮仓中的粟米。《杂上·第 27 章》:"晏子使人分仓粟、府金而遗之。"

海内 出现 2 次。名词。古人认为我国疆土四面环海,故称国境之内为海内。《谏上·第 16 章》:"驱海内使朝天子。"

海滨 出现2次。名词。《杂上·第1章》:"耕于海滨。"

君侧 出现1次。名词,国君身边的近臣。《谏下·第1章》:"而君侧皆彫文刻镂之观。"

君道 出现2次。名词,国君应遵守的准则。《谏上·第19章》:"死胔相望,而君不问,失君道矣。"

军行 出现1次。名词,军队。《问下·第17章》:"卿无军行。"

民财 出现2次。名词,百姓的财物。《问上·第18章》:"守于民财。"

(5)动+名=名(32个)

例如:

飞鸟 出现1次。名词,鸟禽。《谏上·第24章》:"以飞鸟犯先王之禁。"

封邑 出现1次。名词,被封之地。《杂下·第19章》:"恶有不肖父为不肖子为封邑以败其君之政者乎?"

服牛 出现1次。名词,拉车的牛。《谏下·第19章》:"服牛死。"

谏言 出现1次。名词,规劝之言。《谏上·第12章》:"谏言不出。"

哭声 出现2次。名词。《外篇第八·第2章》:"吾若闻哭声。"

流水 出现2次。流动之水。《问上·第5章》:"故海内归之若流水。"

免粟 出现1次。名词,去皮的粟米。《杂下·第26章》:"免粟之食饱。"

弃罇 出现1次。名词,用过的酒杯。罇,"樽"的异体字。《杂上·第16章》:"请君之弃罇。"

窃权 出现1次。名词,窃取的权力。《问上·第17章》:"下无窃权。"

黥民 出现1次。名词,受过黥刑的人。《谏上·第8章》:"吾安能为仁而愈黥民耳矣?"

任器 出现2次。名词,器具。《谏上·第5章》:"致任器于陌。"

赏邑 出现2次。名词,封邑。《外篇第七·第24章》:"以为其子孙赏邑。"

(6)数词(14个)

例如:

十数 出现1次。《杂下·第6章》:"卧十数日。"

四十 出现2次。《谏下·第19章》:"据四十里之氓。"

五十 出现1次。《外篇第八·第18章》:"以鱼五十乘赐弦章。"

六十 出现1次。《杂下·第15章》:"其鄙六十,晏子勿受。"

七十 出现1次。《问下·第1章》:"公所身见癃老者七十人。"

数十 出现2次。《谏上·第5章》:"坏室乡有数十。"

三百 出现1次。《问下·第3章》:"从车三百乘。"

五百 出现4次。《问下·第12章》:"待婴而祀先者五百家。"

数百 出现2次。《外篇第七·第27章》:"待婴而祀其先人者数百家。"

三千 出现3次。《谏上·第5章》:"用金三千。"

千万 出现1次。《杂上·第26章》:"则是千万人之上也。"

(7)谦称、尊称代词(15个)

例如:

鄙臣 出现1次。谦称代词,犹"鄙人"。《谏上·第13章》:"寿皆若鄙臣之年。"

鄙人 出现1次。谦称代词,我。《谏上·第13章》:"鄙人之年八十五矣。"

婢妾 出现1次。名词,女子自我谦称。《外篇第八·第11章》:"婢妾,东廓之野人也。"

弊邑 出现3次。谦称代词,称自己的国家。《杂下·第8章》:"臣受命弊邑之君。"

寡君 出现2次。对本国国君的谦称。《杂上·第18章》:"寡君献地。"

寡人 出现141次。诸侯自我谦称。《杂下·第16章》:"此三言者,寡人无事焉。"

贱臣 出现3次。代词,臣子谦称。《外篇第七·第15章》:"非贱臣之所敢议也。"

小人 出现2次。自我谦称。《杂下·第21章》:"且小人近市。"

吾子 出现3次。尊称代词,表示亲密或恭敬。《外篇第七·第17章》:"吾子容焉。"

先生 出现2次。对称敬辞。《杂上·第27章》:"窃说先生之义。"

(三)态饰格复合词(94个)

1. 从词义角度分析

(1)修饰语素否定中心语素的性质或状态(16个)

例如:

不诚 出现3次。名词,虚伪的心性。《外篇第七·第14章》:"夫藏大不诚于中者,必谨小诚于外。"

不辜 出现3次。名词,无罪的人。《杂下·第3章》:"我其尝杀不辜?"

不祥 出现15次。①形容词,不吉祥。出现8次。《外篇第八·第12章》:"拒欲不道,恶爱不祥。"②名词,不祥的事。出现7次。《谏下·第10章》:"国有三不祥。"

不肖 出现27次。①形容词,不贤,无能。出现22次。《杂下·第9章》:"婴最不肖。"②名词,不贤、无能之臣。出现5次。《杂上·第8章》:"见贤而哀不肖。"

不回 出现2次。形容词,不邪恶。《外篇第七·第6章》:"求福不回。"

不德 出现1次。形容词,无道德。《问上·第2章》:"不德而有功,忧必及君。"

不给 出现3次。形容词,不足,不便。《问上·第6章》:"辞令不给。"

非度 出现1次。形容词,犹无度,无节制。《外篇第七·第7章》:"肆行非度。"

非礼 出现4次。形容词作名词用,不讲礼义,不合礼义。《杂下·第22章》:"君子不犯非礼。"

(2)修饰语素说明中心语素动作行为的方式(49个)

例如:

矫夺 出现1次。动词,假借国君诏令进行抢夺。《谏上·第8章》:"矫夺于鄙。"

强谏 出现1次。动词,极力劝谏。《外篇第八·第6章》:"孔子强谏而不听。"

穷处 出现3次。动词,隐居不为官。《问上·第1章》:"晏子退而穷处。"

痛诛 出现1次。动词,痛责。《谏下·第1章》:"痛诛其罪。"

徒行 出现2次。动词,步行。《谏上·第5章》:"徒行见公。"

退处 出现3次。动词,隐居。《问下·第28章》:"退处山谷。"

危坐 出现1次。动词,端坐。《谏下·第2章》:"而教人危坐。"

燕翼 出现1次。动词,辅助,庇护。《谏下·第19章》:"贻厥孙谋,以燕翼子。"

埜处 出现1次。动词,居住村野。"埜"为"野"的异体字。《外篇第七·第19章》:"故退而埜处。"

隐处 出现1次。动词,隐居。《问上·第22章》:"故圣人伏匿隐处。"

(3)修饰语素说明中心语素所表动作、性质或状态的程度(12个)

例如:

极大 出现1次。名词,非常大的东西。《外篇第八·第14章》:"天下有极大乎?"

极细 出现1次。名词,非常小的东西。《外篇第八·第14章》:"天下有极细乎?"

深忧 出现1次。形容词作名词用,深重的忧愁。《谏下·第2章》:"有深忧。"

至圣 出现1次。形容词活用为名词,极端圣明者。《谏上·第8章》:"故虽有至圣、大贤。"

至贤 出现1次。形容词活用为名词,极端贤明者。《杂下·第23章》:"维至贤耳。"

大祭 出现1次。动词,隆重地祭祀。《杂下·第4章》:"今且大祭,为君请寿。"

繁饰 出现1次。动词,粉饰。《外篇第八·第1章》:"繁饰邪术以营世君。"

高誉 出现1次。动词,赞誉。《谏下·第5章》:"出则高誉其君之德义。"

厚葬 出现2次。动词,花费丰厚地埋葬。《谏下·第22章》:"废厚葬之令。"

疾驰 出现1次。动词,乘车马快跑。《谏上·第18

章》:"大暑而疾驰。"

全善　出现2次。形容词,各方面都优秀,尽善尽美。《问上·第12章》:"上君全善。"

(4)修饰语素是中心语素动作行为的对象(3个)

身养　出现1次。名词,衣食资料。《问上·第5章》:"厚身养。"

身游　出现1次。名词,所结交的人,朋友。《问下·第20章》:"内不恤其家,外不顾其身游。"

私问　出现1次。名词,私下的问题。《问下·第10章》:"愿有私问焉。"

(5)修饰语素说明中心语素所表性质或状态的数量(1个)

五献　出现1次。动词,敬酒五次。《谏上·第3章》:"周觞五献。"

(6)修饰语素说明中心语素所表性质或状态的时间(2个)

蚤朝　出现1次。动词,即"早朝","蚤"通假"早"。早晨上朝。《谏下·第2章》:"蚤朝。"

中食　出现1次。中午饭。作动词用,吃午饭。《杂下·第17章》:"梁丘据见晏子中食。"

(7)修饰语素说明中心语素的性质或状态(6个)

直称　出现1次。形容词,语言直白。《问下·第16章》:"直称之士。"

直言　出现1次。动词,直白地说话。《外篇第七·第22章》:"直言而无讳。"

钟爱　出现1次。动词,用心爱护。《谏下·第22章》:"以钟爱其兄弟。"

专制　出现2次。动词,专权。《杂下·第14章》:"而群臣专制。"

班白　出现1次。形容词,即"斑白"。《外篇第八·第10章》:"发班白。"

蕃祉 出现1次。形容词,多子孙、福禄。《外篇第七·第7章》:"其所以蕃祉、老寿者,为信君使也。"

(8)修饰语素是中心语素所表动作行为的发出者(5个)

自得 出现3次。①动词,自有所得。出现2次。《问下·第20章》:"而未尝自得也。"②形容词,得意,满足。出现1次。《杂上·第25章》:"甚自得也。"

自立 出现1次。动词,独立。《外篇第八·第4章》:"不维其行,不识其过,不能自立也。"

自顺 出现1次。形容词,自以为是。《外篇第八·第1章》:"彼浩裾自顺。"

自刎 出现2次。动词,自杀。《杂上·第27章》:"退而自刎。"

自养 出现3次。名词,私人生活。《问上·第17章》:"其自养俭。"

2.从词性角度分析

【名词】(18个)

(1)副+形=名(9个)

例如:

非礼 出现4次。形容词作名词用,不讲礼义,不合礼义。《杂下·第22章》:"君子不犯非礼。"

极大 出现1次。名词,非常大的东西。《外篇第八·第14章》:"天下有极大乎?"

极细 出现1次。名词,非常小的东西。《外篇第八·第14章》:"天下有极细乎?"

至圣 出现1次。形容词活用为名词,极端圣明者。《谏上·第8章》:"故虽有至圣、大贤。"

至贤 出现1次。形容词活用为名词,极端贤明者。《杂下·第23章》:"维至贤耳。"

(2) 形＋动＝名(2 个)

深忧 出现 1 次。深重的忧愁。《谏下·第 2 章》:"有深忧。"

私问 出现 1 次。名词,私下的问题。《问下·第 10 章》:"愿有私问焉。"

(3) 动＋动＝名(3 个)

鼓舞 出现 1 次。名词,伴鼓乐而舞。《外篇第八·第 1 章》:"饰弦歌鼓舞以聚徒。"

交委 出现 1 次。名词,互赠之物品。《杂上·第 18 章》:"交委多。"

选射 出现 1 次。名词,古代一种射礼。《谏下·第 25 章》:"选射之礼,寡人厌之矣。"

(4) 名＋动＝名(3 个)

身养 出现 1 次。名词,衣食资料。《问上·第 5 章》:"厚身养。"

身游 出现 1 次。名词,所结交的人,朋友。《问下·第 20 章》:"内不恤其家,外不顾其身游。"

弦歌 出现 1 次。动词,伴弦乐而歌。这里作名词用,歌唱。《外篇第八·第 1 章》:"饰弦歌鼓舞以聚徒。"

(5) 形＋形＝名(1 个)

淫乐 出现 1 次。形容词用作名词。《外篇第七·第 7 章》:"淫乐不违。"

【动词】(63 个)

(1) 形＋动＝动(30 个)

例如:

便事 出现 1 次。动词,逢迎、谄媚。《外篇第七·第 20 章》:"便事左右。"

薄视 出现 1 次。动词,轻视。《问上·第 5 章》:"薄视民。"

大祭 出现1次。动词,隆重地祭祀。《杂下·第4章》:"今且大祭,为君请寿。"

繁饰 出现1次。动词,粉饰。《外篇第八·第1章》:"繁饰邪术以营世君。"

光辅 出现1次。动词,辅佐。《外篇第七·第7章》:"宜夫子之光辅吾君。"

和集 出现1次。形容词用作动词,和睦相处。《谏上·第7章》:"百姓和集。"

厚葬 出现2次。动词,花费丰厚地埋葬。《谏下·第22章》:"废厚葬之令。"

疾视 出现3次。动词,怒视。《谏上·第2章》:"抑手疾视曰。"

疾驰 出现1次。动词,乘车马快跑。《谏上·第18章》:"大暑而疾驰。"

劳思 出现1次。动词,苦思。《外篇第八·第1章》:"劳思不可以补民。"

(2)动+动=动(14个)

例如:

罢归 出现1次。动词,遣送。《谏上·第9章》:"乃罢归翟王子羡。"

避走 出现1次。动词,躲避。《外篇第七·第1章》:"晏子避走。"

蹲行 出现1次。动词,犹巡行。《谏上·第18章》:"执铫耨以蹲行畎亩之中。"

分布 出现1次。动词,犹公布。《杂上·第13章》:"作为辞令,可分布于四方。"

分争 出现2次。动词,争斗。《外篇第七·第22章》:"燕、鲁分争。"

俛就 出现1次。动词,靠近,接近。《杂下·第13章》:"远望无见也,俛就则伤。"

鼓舞 出现1次。动词,伴鼓乐而舞。《外篇第八·第1章》:"饰弦歌鼓舞以聚徒。"

矫夺 出现1次。动词,假借国君诏令进行抢夺。《谏上·第8章》:"矫夺于鄙。"

梦见 出现2次。动词。《谏上·第22章》:"公梦见二丈夫立而怒。"

徒行 出现2次。动词,步行。《谏上·第5章》:"徒行见公。"

退处 出现3次。动词,隐居。《问下·第28章》:"退处山谷。"

隐处 出现1次。动词,隐居。《问上·第22章》:"故圣人伏匿隐处。"

走入 出现1次。动词,急进。《外篇第七·第21章》:"太卜走入见公。"

(3)副+动=动(8个)

例如:

交举 出现2次。动词,相互敬酒。《谏上·第2章》:"交举则先饮。"

交恶 出现1次。动词,互相憎恶。《问上·第7章》:"君臣交恶。"

徒处 出现5次。动词,无所作为地生活。《问下·第20章》:"退也不能徒处。"

徒居 出现2次。动词,无业闲居。《外篇第七·第18章》:"徒居无为而取名者乎?"

相见 出现2次。动词。《杂下·第18章》:"诸侯相见。"

相似 出现1次。动词。《杂下·第10章》:"叶徒相似。"

相望 出现4次。动词,相连。《问下·第17章》:"道殣相望。"

相与 出现1次。动词,勾结。《问下·第13章》:"相与塞善。"

(4)名+动=动(4个)

粒食 出现1次。动词,以谷米为食。《问上·第11章》:"粒食之民。"

禄仕 出现1次。动词,为俸禄做官。《杂上·第28章》:"特禄仕之臣也。"

燕翼 出现1次。动词,辅助,庇护。《谏下·第19章》:"贻厥孙谋,以燕翼子。"

埜处 出现1次。动词,居住村野。"埜"为"野"的异体字。《外篇第七·第19章》:"故退而埜处。"

(5)数+动=动(1个)

五献 出现1次。动词,敬酒五次。《谏上·第3章》:"周觞五献。"

(6)方位+动=动(1个)

下拜 出现1次。动词,行拜礼。《外篇第七·第1章》:"公下拜。"

(7)代+动=动(5个)

例如:

自刎 出现2次。动词,自杀。《杂上·第27章》:"又退而自刎。"

自养 出现3次。动词,自我供养。《问下·第23章》:"又不能自养。"

【形容词】(16个)

(1)副＋形＝形(12个)

例如：

不道 出现1次。形容词，不道德，不符合道义。《外篇第八·第12章》："婴闻拒欲不道。"

不给 出现3次。形容词，不足，不便。《问上·第6章》："辞令不给。"

不仁 出现10次。形容词，不仁义。《谏上·第8章》："孤不仁。"

不孝 出现1次。形容词，不孝顺。《谏下·第22章》："子专其父，谓之不孝。"

不幸 出现2次。形容词，命运不好。《外篇第七·第11章》："其母不幸而死。"

不义 出现4次。形容词，不符合道义。《问上·第16章》："所言不义。"

不忠 出现3次。形容词，没有忠心。《谏下·第22章》："谓之不忠。"

(2)形＋形＝形(2个)

班白 出现1次。形容词，即"斑白"。《外篇第八·第10章》："发班白。"

全善 出现2次。形容词，各方面都优秀，尽善尽美。《问上·第12章》："上君全善。"

(3)代＋动＝形(1个)

自得 出现1次。形容词，得意，满足。《杂上·第25章》："甚自得也。"

(4)形＋名＝形(1个)

蕃祉 出现1次。形容词，多子孙、福禄。《外篇第七·第7章》："其所以蕃祉、老寿者，为信君使也。"

(四)支配格复合词(217个)

1. 名词(14个)

(1)有关政治的名词(4个)

承令 出现1次。名词,君令。《杂下·第26章》:"以待承令。"

服位 出现1次。名词,地位。《谏上·第11章》:"夫服位有等。"

无功 出现1次。名词,无功劳的人。《谏上·第24章》:"臣闻赏无功谓之乱。"

无罪 出现1次。名词,无辜的人。《谏上·第1章》:"威戮无罪。"

(2)有关葬礼的名词(1个)

服丧 出现1次。名词,办丧事。《外篇第八·第2章》:"审于服丧。"

(3)官位名称(1个)

将军 出现2次。武官名。《杂上·第12章》:"愿与将军乐之。"

(4)有关道德的名词(1个)

无道 出现3次。名词,没有人道。《杂上·第3章》:"崔子为无道。"

(5)时间名词(4个)

改月 出现1次。名词,下月。《谏上·第12章》:"改月而君病悛。"

终日 出现1次。时间名词,整天。《谏下·第25章》:"终日问礼。"

终身 出现2次。时间名词,一生。《问上·第19章》:"终身无难。"

终月 出现1次。时间名词,一月。《谏上·第5章》:

"使有终月之委。"

(6)有关军事名词(1个)

宣武　出现1次。名词,宣扬"止戈为武"。《外篇第七·第27章》:"晏子事之以宣武。"

(7)其他名词(2个)

无主　出现1次。名词,无依无靠的人。《问下·第17章》:"收恤无主。"

刖跪　出现6次。名词,受过刖刑的人。《杂上·第11章》:"刖跪击马而反之。"

2. 动词(176个)

(1)有关宴会、饮食、娱乐的动词(20个)

例如:

罢酒　出现1次。动词,撤散酒席。《谏上·第2章》:"遂罢酒。"

避席　出现3次。动词,离开席位。《问下·第10章》:"晏子避席对曰。"

病酒　出现1次。动词,酒喝多难受。《谏上·第3章》:"君病酒乎?"

从席　出现1次。动词,陪酒。《杂上·第1章》:"夫子从席。"

废酒　出现4次。动词,停止饮酒。《谏上·第4章》:"于是公遂废酒。"

改席　出现2次。动词,撤换坐席。《外篇第七·第1章》:"公令人粪洒改席。"

就席　出现1次。入席。《谏上·第2章》:"夫子就席。"

就燕　出现1次。入宴席。"燕"通假"宴"。《谏下·第16章》:"君不若脱服就燕。"

举酒　出现1次。动词,设酒,摆酒。《杂上·第15章》:"举酒而祭之。"

致乐 出现1次。动词,奏乐。《谏上·第5章》:"令国致乐不已。"

(2)有关生活的动词(12个)

例如:

抱背 出现1次。动词,搓背。《外篇第八·第12章》:"寡人将使抱背。"

纩耳 出现1次。悬挂在冠冕两边用于塞耳的玉器。用作动词。《外篇第七·第9章》:"纩纮纩耳,恶多所闻也。"

发席 出现1次。动词,铺席。《杂下·第7章》:"发席傅荐。"

奉生 出现2次。动词,养生。《谏下·第16章》:"可以奉生。"

合好 出现1次。动词,加深友好。《谏上·第3章》:"足以通气合好而已矣。"

节养 出现1次。动词,节省。《问上·第14章》:"为君节养其余以顾民。"

举火 出现2次。动词,生火,指做饭。《杂下·第12章》:"国之闲士待婴而举火者数百家。"

侍坐 出现3次。动词,陪坐。《谏上·第14章》:"侍坐三日。"

说颂 出现1次。动词,即"悦容",取笑。《谏上·第8章》:"今与左右相说颂也。"

(3)有关政治的动词(72个)

例如:

持国 出现1次。动词,保国。《谏下·第21章》:"不可以持国。"

从政 出现2次。动词,办理政事。《问上·第22章》:"从政逆鬼神。"

出令 出现1次。动词,颁布法令。《谏下·第2章》:

"出令于民。"

出政 出现1次。动词,执政。《谏上·第21章》:"出政不行。"

得命 出现1次。受命,从命。《谏上·第12章》:"不得命。"

废朝 出现1次。动词,不上朝。《杂上·第26章》:"废朝移时。"

奉命 出现1次。动词,执行君命。《外篇第七·第17章》:"晏子奉命往吊。"

割地 出现1次。动词,划分土地。《杂下·第17章》:"割地将封晏子。"

贡职 出现1次。动词,缴纳贡品。《外篇第七·第22章》:"燕鲁贡职。"

即位 出现1次。动词,登王位。《谏上·第14章》:"公即位十有七年矣。"

给事 出现1次。动词,供职。《外篇第七·第11章》:"给事宫殿中右陛之下。"

(4)有关疾病、死亡、葬礼、悲伤的动词(19个)

例如:

病水 出现1次。动词,患水肿病。《杂下·第6章》:"景公病水。"

陈胔 出现1次。动词,展示腐尸。《谏下·第21章》:"臭而不收,谓之陈胔。"

处哀 出现2次。动词,心怀哀伤。《谏下·第21章》:"哭泣处哀。"

合袝 出现1次。动词,合葬。《外篇第七·第10章》:"恐力不能合袝。"

合骨 出现3次。动词,合葬。《谏下·第20章》:"愿请命合骨。"

即世 出现1次。动词,去世。《外篇第七·第15章》:"公若即世。"

进死 出现1次。动词,死亡。《谏上·第21章》:"进死何伤?"

举声 出现1次。动词,发出哭声。《外篇第七·第11章》:"然后举声焉。"

流涕 出现4次。动词,流泪。《谏下·第6章》:"顾而流涕。"

没世 出现1次。动词,死亡。《谏上·第16章》:"则持节以没世耳。"

没身 出现2次。动词,死亡。《问上·第12章》:"尚可以没身。"

起病 出现1次。动词,病愈。《谏上·第9章》:"晏子起病而见公。"

寝病 出现1次。动词,卧病在床。《谏上·第9章》:"及晏子寝病也。"

(5)有关道德、行为的动词(33个)

例如:

持节 出现1次。动词,保持节操。《谏上·第16章》:"则持节以没世耳。"

处封 出现1次。动词,居住在边地。《问下·第20章》:"命之曰处封之民。"

处身 出现1次。动词,居于一定地位。《杂下·第16章》:"宗君而处身。"

失德 出现1次。动词,失去德行。《杂上·第15章》:"言失德也。"

失廉 出现2次。动词,丢弃廉洁的品行。《问上·第14章》:"是以进不失廉。"

失伦 出现1次。动词,丢弃伦理。《外篇第八·第10

章》:"处富贵而失伦。"

失行 出现3次。失去操行。《问上·第14章》:"退不失行也。"

失言 出现1次。动词,说错话。《外篇第八·第4章》:"今丘失言于夫子。"

无礼 出现19次。不讲礼义。《外篇第七·第1章》:"无礼者去。"

逊辞 出现1次。动词,语言谦虚。《杂上·第30章》:"逊辞以避咎。"

(6)有关礼仪、交往的动词(5个)

辞罪 出现2次。动词,谢罪。《问上·第10章》:"辞罪而不敢有所求也。"

成文 出现1次。动词,诸侯相见时互相谦让。《杂上·第18章》:"礼,成文于前。"

成章 出现1次。动词,诸侯相见,受少赠多。《杂上·第18章》:"行,成章于后。"

交友 出现3次。动词,结交朋友。《问下·第19章》:"其交友近于患。"

稽首 出现4次。动词,行跪拜礼。《谏上·第5章》:"再拜稽首。"

(7)有关生产活动的动词(4个)

伐木 出现1次。动词。《谏下·第15章》:"且伐木不自其根。"

服政 出现1次。动词,服劳役。"政"通假"征"。《谏上·第19章》:"据四十里之氓不服政其年。"

作工 出现1次。动词,兴建土木工程。《问上·第26章》:"作工不历时。"

作事 出现1次。动词,兴建土木工程。《问上·第22章》:"上作事反天时。"

(8)有关心理、感情的动词(3个)

改容　出现2次。动词,变脸色。《杂下·第21章》:"公愀然改容。"

更容　出现1次。动词,改变脸色,表示敬意。《问上·第11章》:"闻道者更容。"

作色　出现10次。动词,变脸色。《外篇第八·第18章》:"公作色太息。"

(9)有关军事的动词(6个)

进师　出现1次。动词,进军。《谏上·第22章》:"进师以近过。"

举兵　出现3次。动词,发兵。《谏上·第22章》:"景公举兵将伐宋。"

散师　出现2次。动词,退兵。《谏上·第22章》:"请散师以平宋。"

散兵　出现1次。动词,退兵。《外篇第八·第15章》:"然后皆散兵而归。"

兴师　出现1次。动词,发动战争。《杂下·第16章》:"又好兴师。"

用兵　出现3次。动词,发动战争。《问上·第1章》:"用兵无休。"

(10)有关迷信的动词(2个)

用飨　出现1次。动词,即用享,食用祭品。《外篇第七·第7章》:"是以鬼神用飨。"

占梦　出现13次。动词,占卜梦境。《谏上·第22章》:"占梦者不识也。"

(11)其他(1个)

谓之　出现41次。动词,叫做。《谏上·第7章》:"君僻臣从谓之逆。"

3. 形容词(17个)

(1)有关道德的形容词(7个)

例如：

无德 出现5次。形容词，无道德。《外篇第七·第8章》："寡人之无德也甚矣。"

无私 出现1次。形容词。《外篇第七·第22章》："行己而无私。"

无邪 出现1次。形容词，没有邪行。《问上·第5章》："其行公正而无邪。"

有道 出现2次。形容词，品德高尚。《杂上·第3章》："今其臣，有道之士也。"

有德 出现2次。形容词，品德高尚。《外篇第七·第7章》："若有德之君。"

(2)有关才能的形容词(1个)

无能 出现4次。形容词，没有才能。《杂上·第5章》："婴固老耄无能也。"

(3)有关状态、行为特征的形容词(10个)

傲物 出现1次。形容词，高傲自负。《问下·第24章》："富贵不傲物。"

得意 出现4次。形容词，得志，愿望得到实现。《问上·第22章》："此圣人之不得意也。"

无度 出现1次。形容词，无节制。《外篇第七·第7章》："征敛无度。"

无为 出现1次。形容词，无所作为。《外篇第七·第18章》："徒居无为而取名者乎？"

小心 出现1次。形容词，谨慎。《外篇第七·第6章》："小心翼翼。"

有礼 出现4次。形容词，讲究礼义。《外篇第七·第1章》："则有礼者至。"

有力 出现1次。形容词,有能力。《谏上·第12章》:"以管子为有力。"

有数 出现1次。形容词,数量少,指有节度。《问上·第10章》:"畋渔者有数。"

有为 出现1次。形容词,有作为。《杂上·第7章》:"古者不为,殆有为也。"

杂彩 出现1次。形容词,鲜艳。《谏下·第14章》:"身服不杂彩。"

4. 时间副词(8个)

少间 出现2次。一会儿。《谏下·第4章》:"少间,晏子曰。"

未几 出现1次。时间不长。《谏下·第8章》:"未几,朝韦冏解役而归。"

无几何 出现2次。时间不长。《谏上·第18章》:"无几何,日暮。"

无日 出现1次。时间不长。《杂下·第15章》:"亡无日矣。"

无时 出现1次。没有定时,随时。《问下·第17章》:"僇民无时。"

移时 出现1次。一段时间。《杂上·第26章》:"废朝移时。"

有间 出现4次。一会儿,短时。《谏上·第20章》:"立有间。"

有日 出现1次。有一段时间。《谏下·第19章》:"今君处佚息,逆政害民有日矣。"

(五)重述格复合词(8个)

人人 出现1次。名词,每个人。《谏上·第10章》:"人人以君命命之曰。"

世世 出现1次。时间名词,每一世代。《谏下·第19章》:"使后嗣世世有此。"

惙惙 出现1次。形容词,忧愁的样子。惙,忧愁。《后汉书·梁鸿传》:"心惙怛兮伤悴。"《外篇第七·第12章》:"岁已寒矣,而役不罢,惙惙矣如之何?"

瀏瀏 出现1次。形容词,辽阔的样子。瀏,清澈深远貌。《说文》:"瀏,清深也。"《外篇第七·第14章》:"然而瀏瀏乎不知六翮之所在。"

清清 出现1次。形容词,清洁的样子。《问下·第4章》:"美哉水乎清清。"

妥妥 出现1次。"妥"为"绥"的古字。形容词,平安的样子。妥,安定。《诗经·小雅·楚茨》:"以妥以侑。"毛传:"妥,安坐也。"《汉书·武五子传》:"北州以妥。"《问上·第8章》:"鲁之君臣,犹好为义,下之妥妥也。"

曀曀 出现1次。阴暗的样子。曀,阴暗。《诗经·邶风·终风》:"终风且曀。"毛传:"阴而风曰曀。"《谏下·第21章》:"星之昭昭,不若月之曀曀。"

昭昭 出现1次。形容词,明亮的样子。昭,明亮。《楚辞·大招》:"青春受谢,白日昭只。"《谏下·第21章》:"星之昭昭,不若月之曀曀。"

(六)派生格复合词

1.前衍格 3 个

有司 出现6次。名词,有关官员。《谏上·第7章》:"有司不敢争。"

行歌 出现1次。动词,唱歌。《杂上·第12章》:"行歌而去。"

行哭 出现1次。动词,哭。《外篇第八·第16章》:"行哭而往。"

2.后衍格38个

(1)名词(12个)

例如：

傧者 出现3次。名词,迎接宾客的人。《杂下·第9章》:"傧者更道从大门入。"

使者 出现5次。名词,身负使令的人。《杂下·第18章》:"使者反。"

婢子 出现1次。名词,使女。《杂上·第2章》:"婴岂其婢子也哉？"

(2)动词(1个)

意者 出现4次。动词,估计,意想。《杂下·第18章》:"意者管仲之失。"

(3)形容词(17个)

例如：

奄然 出现1次。形容词,闭塞的样子。"奄"通假"暗"。《问上·第8章》:"奄然寡闻。"

傲然 出现1次。形容词,骄傲的样子。《谏下·第15章》:"南面而立,傲然。"

仡仡然 出现1次。形容词,辛勤的样子。《杂下·第13章》:"仡仡然不知厌。"

相相然 出现2次。形容词,高大的样子。《杂下·第13章》:"望之相相然。"

(4)时间副词(7个)

古者 出现15次。古代。《问上·第18章》:"古者百里而异俗。"

昔者 出现19次。①副词,过去。出现18次。《杂上·第11章》:"昔者寡人有罪。"②同"夕者",夜里。出现1次。《杂下·第4章》:"有枭昔者鸣。"

夕者 出现1次。夜晚。《杂下·第6章》:"夕者梦与二日斗。"

乡者 出现1次。时间副词,过去、从前。"乡"通假"向"。《杂上·第7章》:"乡者防下六尺。"

向者 出现4次。时间副词,刚才。《杂上·第24章》:"向者见客之容。"

夜者 出现3次。副词;夜里。《杂下·第6章》:"夜者,公梦与二日斗。"

昼者 出现1次。副词,白天。《杂上·第22章》:"昼者进膳。"

(七)陈说格复合词(3个)

日中 出现1次。时间名词,中午。《外篇第七·第9章》:"日中之朝。"

日暮 出现2次。动词,天黑。《谏上·第18章》:"日暮,公呼具火。"

日晏 出现2次。动词,天晚。《谏下·第16章》:"日晏不罢。"

(八)补足格复合词(3个)

延及 出现2次。动词,推广到。《外篇第七·第8章》:"延及后宫之族。"

望见 出现3次。动词,看到。《谏上·第23章》:"公望见晏子。"

持久 出现1次。形容词,长久。《外篇第八·第2章》:"哭泣、哀处以持久也。"

(九)杂合格复合词(14个)

可以 出现52次。助动词,能够。《问下·第25章》:"不可以治乱。"

所谓　出现13次。动词,叫做。《谏下·第10章》:"所谓不祥。"

十一　出现2次。数词。《杂下·第16章》:"反市者十一社。"

十二　出现1次。数词。《谏上·第21章》:"天下大国十二。"

十七　出现1次。数词。《外篇第七·第24章》:"其县十七,著之于帛。"

十有七　出现4次。数词。《谏上·第5章》:"霖雨十有七日。"

十有八　出现2次。数词。《谏上·第23章》:"十有八日而不返。"

十有余　出现1次。数词。《谏下·第1章》:"多者十有余。"

三十七　出现1次。数词。《外篇第七·第2章》:"三十七日而彗星亡。"

八十五　出现1次。数词。《谏上·第13章》:"鄙人之年八十五矣。"

二千七百　出现1次。数词。《谏上·第5章》:"坏室二千七百家。"

万三千　出现1次。数词。《谏上·第5章》:"薪橑万三千乘。"

万七千　出现1次。数词。《谏上·第5章》:"贫氓万七千家。"

第三章

《晏子春秋》词义研究

第一节 词义及其演变规律、探求方法

一、词的本义和转义

(一)词的本义和转义的概念

"所谓词的本义,是那个在古代文献里可以追溯的又体现了当初造字意图的最早的意义。所谓词的转义,即一般所说的引申义或派生义,是由词的本义延伸或演变的其他相关的意义。"① 例如:本,原义是树根。其字形是"木"下部加了一

---

① 白兆麟师《新著训诂学引论》,第62页。上海辞书出版社,2005年6月。

横,标示所指意义的部位,即指事。这个指事义就是本义。《说文》:"本,木下曰本。从木,一在其下。""本"不但有"树根"义,还有"草木的茎干、事物的基础或主体、事物的本原"等意义,而"草木的茎干、事物的基础或主体、事物的本原"等意义都是从本义"树根"派生出来的,这些意义就叫转义,即引申义。

(二)本义与引申义的关系

"词的本义是词义引申或派生的起点,而词的转义是本义沿着某一方向延伸或演变的结果。本义和转义之间是纲与目的关系。段玉裁于《经韵楼集》云:'凡字有本义焉,有引申、假借之余义焉。守其本义而弃其余义者,其失也固;习其余义而忘其本义者,其失也蔽。'因此,历代的训诂家根据需要,在古代训诂材料中,有时解释词的本义,而有时解释词的转义。"[①]例如:末,有"树梢"义,这是其本义。《说文》:"木上曰末。"又有"不重要的事物"、"末了"等意义。这些意义都是以"树梢"为基点,延伸出来的意义。如果把"树梢"义比作纲,那么"不重要的事物"、"末了"等意义就是目了。

(三)词义引申的方式

1.放射式

放射式,也叫并列式。它是以本义或某一个基本义为中心,向各个方向派生出同一层次的意义,这些派生意义是并列的,无源流关系。例如:节,本义是竹节。《说文》:"节,竹约也。"段注:"约,缠束也,竹节如缠束之状。"以"竹节"为基础,引申出同一层次的意义若干条:(1)草木之节。(2)动物

---

① 白兆麟师《新著训诂学引论》,第62页。上海辞书出版社,2005年6月。

的关节。(3)音乐的节奏、节拍。(4)政治上的法度。(5)人际交往的礼节。(6)道德上的节操。(7)行为的节制。(8)生活的节日。(9)气候上的节气。

2. 递进式

递进式,也叫串联式。它是以本义或某个基本义为起点,先派生出一个新义,再由这个新义派生出另外一个新义……词义递相派生,像个链条一样。例如:兵,本义为兵器。《说文》:"兵,械也。"段注:"器之总名。"《荀子·议兵》:"古之兵,戈、矛、弓、矢而已矣。"引申为"士兵",又由"士兵"引申为"军队",再由"军队"引申为"战争",还由"战争"引申为"军事"。

3. 综合式

综合式,也叫混合式。它是将以上两种方式结合起来的词义派生方式。例如:长,本义为表长度的长。《楚辞·涉江》:"戴长铗之陆离兮。"由这个意义引申出并列的两个意义:一是路途遥远。《诗经·秦风·蒹葭》:"溯洄从之,道阻且长。"又由路途遥远引申出时间长久和经常两个并列的意义。《楚辞·离骚》:"长太息以掩涕兮,哀民生之多艰。"《诗经·商颂·长发》:"濬哲维商,长发其祥。"再由经常引申出擅长的意思。《孟子·公孙丑上》:"'敢问夫子恶乎长?'曰:'我知言,我善养我浩然之气。'"二是生长义。《庄子·马蹄》:"草木遂长。"《孟子·公孙丑上》:"天下之不助苗长者寡矣。"又由生长义引申出抚养和成长两个并列意义。《论贵粟疏》:"养孤长幼在其中。"《论语·宪问》:"子曰:'幼而不孙弟,长而无术焉,老而不死,是为贼'。"再由成长义引申出年长义。《孟子·梁惠王上》:"为长者折枝,语人曰'我不能',是不为也,非不能也。"又由年长义引申出长辈义。《孟子·滕文公下》:"在王所者,长幼尊卑皆薛居州也。"再由长辈义引申出长官意义。《孟子·梁惠王下》:"斯民亲其上,死其长矣。"在这个引申过程中,放射式和递进式交相使用,从而完成了"长"的意义派生。

(四)词义引申的一般规律

一个词,由基础义引申出若干派生义,其引申机理不是杂乱无章、无迹可寻的,而是有着一定的规律的。由于所取角度不同,学者们的说法不尽相同。诸多说法中,我们认为白兆麟师的观点居优,故从其说。白先生在《新著训诂学引论》中总结了词义引申的一般规律,现录之于下:

(1)由个别到一般

个别和一般是相对而言的。有些词先是指称某一种事物或动作,后来泛指某一类事物或行为。例如:

《墨子·天文志上》:"譬若轮人之有规,匠人之有矩。"《论衡·量知》:"能斫削柱梁,谓之木匠;能穿凿穴坎,谓之土匠;能雕琢文书,谓之史匠。"

《诗·郑风·褰裳》:"子惠思我,褰裳涉溱。"《楚辞·离骚》:"麾蛟龙使梁津兮,诏西皇使涉予。"

"匠"本指木工,后来泛指手工操作的工人。"涉"原是步行过河,后来凡是渡河都称"涉"。

(2)由具体到抽象

有些词先是指具体的事物或动作,后来渐变为概指抽象的事理。例如:

《孙子兵法·擒庞涓》:"齐城、高唐当术而大败。"《孟子·告子下》:"教亦多术矣。"

《尚书·酒诰》:"人无于水监,当于民监。"《荀子·解蔽》:"成汤监于夏桀。"

"术"原指城中道路,是具体的事物,后演变为方法、途径,词义显得抽象。"监"本指在水里照影,是具体的动作,后引申为"借鉴",是抽象的行为。

(3) 由兼该到偏指

有些词的意义本来是表示上位概念,即包含相关两方或正反两面,后来演变为下位概念,即偏指一方或一面。例如:

《荀子·王霸》:"口欲綦味,鼻欲綦臭。"《昌言·理乱》:"三牲之肉,臭而不可食。"

《尚书·盘庚上》:"兹予大享于先王。"《孟子·万章上》:"使之主祭而百神享之。"

《荀子》一例之"臭"(音秀)是指气味,兼指好闻的与难闻的;而《昌言》一例之"臭"已与"香"相对,偏指难闻的气味。"享"原来既有以祭品奉献鬼神之义,如《尚书》一例,也有鬼神享用祭品之义,如《孟子》一例,后来只有享受义了。

(4) 由实在到虚灵

《韩非子·五蠹》:"民食果蓏蚌蛤。"《论语·子路》:"言必行,行必果。"《礼记·中庸》:"果能此道矣,虽愚必明。"

《左传·僖公三十三年》:"及诸河,则在舟中矣。"《战国策·赵策》:"愿及未填沟壑而托之。"《左传·僖公四年》:"屈完及诸侯盟。"

"果"本指果实,是名词,意义十分具体;后来表示最终成为事实,是形容词,意义也比较实在;再演变而表示果真、果然,是副词,意义已经虚化了。"及"本义为追赶上,明显是动词,意义非常具体;后来表示趁着某个时候,动词意义已经变弱;再引申而虚化为介词,用来介入行为的有关对象。①

---

① 白兆麟师《新著训诂学引论》,第221—223页。上海:上海辞书出版社,2005年6月。

二、词的假借义

词的假借义就是"字因音同或音近假借而产生的意义。如'革'原指'皮革',假借作'改'('革'、'改'双声),就有'改革'的意义,'改革'就是'革'字的假借义"。[①] 假借义与假借字是有区别的:假借义是用词方法,是借用已有其他意义的词形来表达与其本义无关的意义,本义与借义并行不悖。例如,"戚"本义是一种似斧子的兵器。《孟子·梁惠王下》:"干戈戚扬。"《韩非子·五蠹》:"执干戚舞。"假借为"悲伤"义。《庄子·大宗师》:"哭泣无涕,心中不戚。"《孟子·滕文公上》:"颜色之戚,哭泣之哀,吊者大悦。""戚"的本义"兵器"和假借义"悲伤"共存于一个词形中。而假借字是一种借字标音手段,是造字方法,为传统"六书"之一。假借字占用本字本义,只表示借义,不再表示原字之义,或"久借不归",或"鹊占鸠巢",字形专用不让。如"而"字,本义是胡须,假借为连词后就不再表示本义;"莫"本义为日暮、黄昏,假借为不定代词后,另造"暮"字表示黄昏义。

三、探求词义的方法

探求词义,传统训诂学有所谓形训、音训、义训三种方法。白兆麟师吸收其长处,扬弃其局限,提出了新的观点。我们探求《晏子春秋》的词义,即依照先生的方法。现将先生的学说节录于下:

[①] 《辞海·语言文字分册》,第 14 页。上海:上海辞书出版社,1978年4月。

(一)以形索义

1. 以形索义法的原理

传统的所谓"形训"即以形索义,就是通过对汉字形体结构的分析来索求字义,从而探明词义的方法。汉字是以象形为基础、以转注为最能产的方式而孳乳、发展起来的表意文字。早期汉字是形义统一的,就是说,其形体和意义有着密切的关系,因而汉字构形的基本意义往往可以从字形的考察与分析中显示出来。

2. 以形索义法的作用

以形索义法的第一个作用是揭示字词的本义。以形索义之所以是训诂的基本方法,其依据就是汉字形义相关的原则。在汉语字词的若干互相关联的义项中,那个在古代文献里可以追溯的、体现了当初构形意图的最早的意义,就是词的本义。而大多数汉字的本义也就是汉语词的本义。这是由汉字起源悠久和汉字长期稳定这两个原因决定的。以形索义法的第二个作用是系联字词的类化义。汉字既是孤立的,又是互有联系的。象形字总共只有二百多个,其余大都是在象形字的基础上组合、搭建、构架起来的。字形组合在一起,字义也组合到一起了。所谓类化义,是指某象形字有某义,而以该象形字为构件的字也含有某义,因而用以形索义法寻求到一个汉字之根,据此即可系联一个汉字群。以形索义法的第三个作用是提供文献词义训释的理据。阅读古书的解释,往往知其然而不知其所以然。运用以形索义法,能够把字词意义的来由说得清楚明了。不仅如此,还能据以发现旧句读的失误。

(二) 因声求义

1. 因声求义法的原理

传统的所谓"声训"或"音训"即因声求义法,就是寻求语音相同或相近的字,来解释文献词义的方法。文字是语言的外在形式,而语音才是语言的内在形式,探求字词意义如果仅用以形索义法,只凭语言的外在形式,就有很多词义问题得不到圆满的解决。于是古代学者又充分利用语音这个语言的内在形式,运用因声求义法去探求字词的意义。我国古代学者荀子说过:"名无固宜,约之以命,约定俗成谓之宜。"(《荀子·正名》)这种音义结合的偶然性,指的是语词音义结合之初的性质和状况。语言的音和义在"约定俗成"而固定下来之后便具有一定的客观内容,个人不能随意更改。这是语言的交际职能决定的。因此,语言的音义关系就表现为一种稳定性和依存性。由于语词音节的有限和语词的无限这对矛盾,使得日渐增加的新词接受已有的音义关系的制约和影响,因而音义结合又具有一种回授性。

2. 因声求义的方式与功能

古代的音训,归纳起来有下面三种方式:(1)利用形声字。例如:《论语·为政》:"政者,正也。"《荀子》:"君,群也。"《释名》:"纪,记也,记识之也。"(2)利用音同、音近字。例如:《周易·说卦》:"震,动也。"《释名》:"广平曰原。原,元也。""日,实也。"(3)利用同形字。例如:《诗·大序》:"风,风也。"

因声求义法的功能主要有二:其一,推求命名之由来。语言在约定俗成之后,人们根据事物相同或相近之表象的认识,给新事物用相同或相近的声音来命名,所谓取"义"有"类",具有相当的合理性。其二,推求本字。本字与借字相对而言,是指专门记写某个词,其形体与该词意义相互贴切的字。文字通假是古代汉语书面语言里一个特有的障碍。

所谓通假,是指古代文献里不写通行的本字,而借用另一个声音相同或相近的字来代替,这个借字的形体和它所记写的词义之间就不存在任何联系。针对这种现象,说明通假而推求本字,就是古代声训的功能之一。

(三)引申推义

引申推义法,就是根据词义引申的规律来推求和证明词义的方法。引申推义法如果跟以形索义法结合起来运用,不仅能考求字词意义,还能推求一个字词的意义网络。(按:"引申推义法"是白兆麟师的提法,它纠正了传统训诂学中"义训"的失误,意义重大。其提出的来龙去脉,详见《新著训诂学引论》第220—221页)①

第二节 《晏子春秋》的词义

一、《晏子春秋》之词的本义

上文对词的本义的含义已经作了一般性的论述。我们推求《晏子春秋》之词的本义,主要依照以形索义法。因为以形索义法的第一个作用就是揭示字词的本义。由于汉语的单音词基本上与记录它的字是一致的,所以我们就可以通过分析字义寻求词义。大多数情况下,字形能够反映出造字当初的意图,因此,我们可以借助字形探求词的本义。《说文解字》及其有关笺注,是分析古文字字形的经典著作,我们分析词的本义时以它们为重要依据,同时参考其他文献和今人的

---

① 以上节录白兆麟《新著训诂学引论》,第200—228页。上海:上海辞书出版社,2005年6月。

新成果。例如:"集"有"群鸟落树""聚集""文集""成功"等义项。这些义项中有没有本义?如果有,哪个是本义?我们可以查一下《说文解字》。"集"《说文》作"雧"。《说文》:"雧,群鸟在木上也。"桂馥义证:"独鸟曰止,众鸟曰集。"《诗经·周南·葛覃》:"黄鸟于飞,集于灌木。"从《说文解字》的解释和桂馥的义证,及《诗经》的旁证,可以推断,"群鸟落树"当为"集"的本义。要说明的是,我们分析《晏子春秋》词的本义,以单音词为对象,不涉及复音词。"因为复音词中的联绵词的本义,不易从字形上反映出来;复音专名与文字本义一般没有直接联系;双音复词的构成成分,有的是语素,更多的仍可以作为单音词使用,故也不涉及"。①

《晏子春秋》使用词的本义的例子众多,今举数端:

傲 傲慢,骄傲。《说文》:"傲,倨也。""傲"的这个意思,在《晏子春秋》中以连文"傲然""傲物"的形式出现:《谏下·第15章》:"公衣黼黻之衣,素绣之裳……被发乱首,南面而立,傲然。"《问下·第24章》:"富贵不傲物,贫穷不易行。"

安 安定,安静。《说文》:"安,静也。"徐锴系传:"安,止也。从女在宀中。"《尔雅·释诂下》:"安,定也。"《谏上·第16章》:"昔先君桓公,其方任贤而赞德之时,亡国恃以存,危国仰以安。"《外篇第八·第15章》:"是以晏子立人臣之位,而安万民之心。"

拔 拔除,拔下。《说文》:"拔,擢也。"《小尔雅·广物》:"拔根曰擢。"《谏下·第2章》:"公令趣罢守槐之役,拔置县之木。"《杂上·第20章》:"譬之犹秋蓬也,孤其根而美枝叶,秋风一至,根且拔矣。"《外篇第八·第4章》:"孔子拔树削迹,不自以为辱。"

---

① 毛远明《左传词汇研究》,第186页。西南师范大学出版社,1999年12月。

百 数词,十个十。《说文》:"百,十十也。"《谏上·第10章》:"皆有车百乘者也。"《杂下·第12章》:"君赐之卿位以尊其身,宠之百万以富其家。"

拜 古代一种很庄重的礼仪。《说文》:"拜,首至地也。"《谏上·第5章》:"再拜稽首,请身而去,遂走而出。"又,"遂拜于途,乃返。"

败 毁坏。《尔雅·释言》:"败,覆也。"郭注:"谓毁覆。"《说文》:"败,毁也。"《问上·第9章》:"熏之则恐烧其木,灌之则恐败其涂。"

板 木板。《玉篇·木部》:"板,片木也。"《谏下·第7章》:"于是令勿委坏,余财勿收,斩板而去之。"

邦 古代诸侯的封国。《说文》:"邦,国也。"《问上·第1章》:"能爱邦内之民者,能服境外之不善……不能爱邦内之民者,不能服境外之不善。"《外篇第七·第1章》:"人君无礼,无以临其邦。"

法 刑法,法律。《说文》:"灋,刑也。平之如水。……法,今省文。"《问上·第11章》:"刑罚中于法,废罪(置)顺于民。"

饱 吃饱。《说文》:"饱,厌也。"《广韵·巧韵》:"饱,食多也。"《杂下·第18章》:"晏子方食,景公使使者至,分食食之,使者不饱,晏子亦不饱。"《杂下·第25章》:"臣得暖衣饱食,弊车驽马,以奉其身,于臣足矣。"

侪 同辈,同类人。《说文》:"侪,等辈也。"《玉篇·人部》:"侪,类也。"《谏下·第20章》:"夫君子则有以,如我者侪小人。"

代 代替,顶替,代换。《说文》:"代,更也。"段注:"凡以此易彼谓之代。"《杂下·第18章》:"婴闻之,夫厚取之君,而施之民,是臣代君君民也,忠臣不为也。"

逮 赶上,追上。《说文》:"逮,及也。"段注:"隶部曰:'隶,及也。'此形声包会意。"《谏上·第5章》:"公从之,兼于途而不能逮。"

饿 饥饿。《说文》:"饿,饥也。"《广韵》:"饿,不饱也。"《谏下·第 20 章》:"吾将左手拥格,右手梱心,立饿枯槁而死。"《外篇第七·第 11 章》:"楚灵王好细腰,其朝多饿死人。"

耳 耳朵。《说文》:"耳,主听也。象形。""耳"在《晏子春秋》中以连文"耳目"形式出现:《谏上·第 9 章》:"淫于耳目,不当民务,此圣王之所禁也。"《谏下·第 15 章》:"公何不去二子者,勿使耳目淫焉?"

倍 违背。后来写作"背"。《说文》:"倍,反也。"段注:"此倍之本义。以反者覆也,覆之则有二面,故二之曰倍。"《问上·第 1 章》:"倍仁义而贪名实者,不能威当世。"《问下·第 25 章》:"以不顾家为行,倍先圣之道矣。"

犇 "奔"的异体字,奔跑。《说文》:"奔,走也。"容庚《金文编》:"从夭,从三止,奔之义也。"《问上·第 8 章》:"彼邹滕雉犇而出其地。"

彼 指示代词或第三人称代词。《说文》:"往有所加也。"徐锴系传:"彼者,据此而言,故曰有所加。"《玉篇》:"彼,对此之称。"《杂下·第 24 章》:"彼尝托,而婴受之矣。"《谏上·第 13 章》:"彼疏者有罪,戚者治之。"

尊 "樽"的古字,酒器。《说文》:"尊,酒器也。"《杂下·第 13 章》:"昼夜守尊。"《杂上·第 16 章》:"夫不出于尊俎之间,而知千里之外。"

二、《晏子春秋》词的引申义

(一)《晏子春秋》之词义引申方式

《晏子春秋》词义的引申也遵循上述的方式,即放射式引

申、递进式引申和综合式引申。下面分类举例说明:

1. 放射式引申

忠 本义为尽心尽力。《说文》:"忠,敬也。尽心曰忠。"引申为:(1)形容词,有忠心。《外篇第七·第15章》:"臣忠而不二。"(2)动词,忠心于。《外篇第七·第11章》:"子胥忠其君。"(3)名词,忠心。《杂上·第18章》:"不竭人之忠。"图示如下:

野 本义为野地、原野。《说文》:"野,郊外也。"《杂上·第3章》:"鹿生于野。"引申为:(1)分野。《谏上·第21章》:"虚,齐野也。"(2)野蛮,粗野。《外篇第七·第17章》:"吾闻齐君盖贼以慢,野以暴。"图示如下:

野(野地、原野)——|——分野
　　　　　　　　　　|——野蛮,粗野

问 本义是询问。《说文》:"问,询也。"《杂上·第25章》:"晏子怪而问之。"引申出以下3个义项:(1)动词,过问。《谏下·第13章》:"君奚问天之寒也?"(2)动词,探问。《外篇第七·第7章》:"诸侯之宾问疾者多在。"(3)名词,问题。《问下·第20章》:"吾每有问,而未尝自得也。"图示如下:

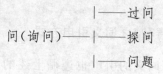

2.递进式引申

爱 初义为仁爱。《广雅·释诂》:"爱,仁也。"《玉篇》:"爱,仁爱也。"《晏子春秋》有此用例。例如:《杂下·第24章》:"景公有爱心。"引申为怜爱、喜爱。《谏上·第7章》:"爱人则能立之。"又引申为吝惜。《问下·第23章》:"啬、吝、爱之于行何如?"图示如下:

爱(仁爱)——怜爱、喜爱——吝惜

悖 本义为迷惑、惑乱。也作"誖"。《说文》:"誖,乱也。或从心。"《广韵·队韵》:"悖,心乱。"引申为违背、欺诈。《问上·第10章》:"今君政反乎民而行悖乎神。"《问上·第11章》:"市买悖,故商旅绝。"图示如下:

悖(惑乱)——违背——欺诈

被 本义为睡觉时盖的被子。《说文》:"被,寝衣,长一身有半。"引申为:(1)覆盖、穿戴。《谏上·第20章》:"公被狐白之裘,坐堂侧陛。"《外篇第七·第8章》:"景公赏赐及后宫,文绣被台榭,菽粟食凫雁。"(2)披散。《谏下·第15章》:"被发乱首,南面而立。"《杂上·第11章》:"景公正昼,被发,乘六马,御妇人以出正闺。"(3)施加。《谏上·第9章》:"君无厚德善政以被诸侯,而易之以僻,此非所以子民、彰名、致远、亲邻国之道也。"图示如下:

被(被子)——覆盖——施加

暴 本义为暴晒。《说文》:"暴,晞也。从日,从出,从収,从米。"段注:"日出而竦手举米晒之,合四字会意。"这个意义后来写作"曝"。《周礼·天官·染人》:"凡染,春暴练。"这个意义《晏子春秋》没有用例。《晏子春秋》有其引申意义:(1)暴露。《外篇第七·第11章》:"袒肉暴骸。"(2)暴虐。《外篇第七·第17章》:"吾闻齐君盖贼以慢,野以暴。"(3)突然。《谏上·第25章》:"景公使圉人养所爱马,暴死。"图示如下:

暴(暴晒)——暴露——暴虐——突然

罚　本义为小罪过。《说文》:"罚,罪之小者。"段注:"辠,犯法也。罚为犯法之小者。"引申为惩罚、惩处。《谏上·第8章》:"景公信用谗佞,赏无功,罚不辜。"《杂下·第16章》:"弛刑罚,若死者刑,若刑者罚,若罚者免。"图示如下:

罚(小罪过)——处罚、惩治

3. 综合式引申

在语言实践中,单纯的放射式引申、递进式引申并不多,大多数为综合式引申。

报　本义为审理案件、判决。《说文》:"报,当罪人也。"王筠句读:"颜注《急就篇》:'报者,处当罪人也。'"本义《晏子春秋》没有用例。《晏子春秋》引申义为:(1)案件。《问上·第26章》:"辟梁丘据无使受报。"(2)报答。《问上·第28章》:"臣之报其君何以?"又引申为报告,动词。《杂上·第18章》:"晏子归报公。"又引申为名词,报告。《谏下·第16章》:"故下无伪上之报。"(3)报复。《谏上·第19章》:"下其报环至。"图示如下:

朝　本义为早晨。《尔雅·释诂》:"朝,早也。"《说文》:"朝,旦也。"《杂上·第13章》:"朝寒。"引申为以下意义:(1)方位名词,东方。《韩非子·有度》:"故先王立司南以端朝夕。"陈奇猷校注:"朝夕犹言东西,日朝出自东,夕入于西,故

以朝夕为东西也。"《杂下·第5章》:"彼安有朝夕哉?"(2)上朝。《谏上·第6章》:"君奚故不朝?"又引申为朝拜。《杂下·第6章》:"是故诸侯朝其德"。又引申为入朝、朝见。《谏下·第5章》:"朝诸侯。"又引申为名词,朝廷。《谏下·第2章》:"怨者满朝。"图示如下:

```
              |——东方
朝(早晨)——|
              |——上朝——朝拜——入朝——朝廷
```

中 本义为物体的中间位置。《书·召诰》:"王来绍上帝,自服于土中。"孔传:"于地势正中。"引申为:(1)方位词,内、里。《杂上·第19章》:"中有丹书。"又引申为心中。《外篇第七·第11章》:"焦心热中。"(2)形容词,适中、适当。《谏下·第16章》:"圣人之服中。"又引申为端正。《问上·第6章》:"德义不中。"又引申为公正。《问上·第6章》:"狱谳不中。"(3)动词,击中。《谏下·第24章》:"刺之恐不中。"又引申为合乎。《杂上·第23章》:"其圆中规。"图示如下:

```
              |——内里——心中
中(中间)——|——适中——端正——公正
              |——击中——合乎
```

长 初义为长短之长。余永梁《殷虚文字考续考》:"长,实象人发长貌,引申为长久之义。"《问上·第9章》:"置表甚长。"《外篇第八·第15章》:"皆操长兵而立于衢间。"引申为:(1)时间长久。《问上·第22章》:"天明象而致赞,地长育而具物。"《杂上·第18章》:"交之所以长久也。"由此又引申为年岁长久,即长寿。《谏上·第13章》:"使君之年长于胡。"(2)长处、优点。《问上·第6章》:"先君能以人之长续其短。"(3)年长。《谏上·第 11 章》:"夫阳生生而长,国人戴之。"又,"长少行其道""废长立少"。由此又引申为长官、首领。《问下·第 17 章》:"卒列无长。"《谏上·第 16 章》:"能终善者为长。"(4)身高。《谏上·第 22 章》:"汤质皙而长。"《杂上·第 25 章》:"晏子长不满六尺。"图示如下:

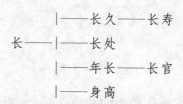

(二)《晏子春秋》之词义引申规律

1. 由个别到一般

取 本义为割取耳朵。《左传·僖公二十二年》:"获则取之,何有于二毛?"《周礼·夏官·大司马》:"大兽公之,小禽私之,获者取左耳。"郑玄注:"得禽兽者取左耳,当以计功。"引而申之,凡有所获,皆为"取"也:(1)取名利。《外篇第七·第 18 章》:"不仁而取名者。"(2)取困顿。《杂下·第 10 章》:"寡人反取病焉。"(3)取地盘。《问上·第 2 章》:"取朝歌。"(4)取用、收取。《谏上·第 14 章》:"古者尝有处橧巢而不恶,予而不取。"(5)选取、采取。《问上·第 13 章》:"以此数物者取人。"

伤 本义为创伤。《说文》:"伤,创也。"用作动词,则为受伤。《谏上·第 18 章》:"薄者马伤。"引申开来,诸多受损,皆可称"伤":(1)伤害。《谏下·第 2 章》:"不为禽兽伤人民。"(2)伤心。《问上·第 26 章》:"无信谗人伤其心。"《谏上·第 21 章》:"进死何伤?"(3)耗伤。《杂上·第 14 章》:"下伤其费。"

献 本义为祭祀时以犬供神。《说文》段注:"献,本祭祀奉犬牲之称。"引申之,凡供给之事皆称"献"。《杂上·第18章》:"寡君献地。"《外篇第七·第5章》:"臣献其否。"

2. 由具体到抽象

中 本义为物体的中间位置,引申出"适中"义,又由"适中"义引申出"端正"义,再由"端正"义引申出"公正"义,意义逐渐抽象化。(例句见上文)

道 本义是道路。《说文》:"道,所行道也"。《问下·第17章》:"道殣相望。"《外篇第七·第10章》:"道路有死人。"《谏上·第9章》:"道途死者相望也。"三句话中的"道"都是"道路"义,是具体的事物。引申出以下意义:(1)名词,古代一种哲学。《问上·第5章》:"晏子知道。"(2)名词,准则、标准。《谏上·第9章》:"失君道矣。"(3)名词,办法、手段。《谏上·第9章》:"与民为仇之道也。"(4)名词,主张、学说。《谏上·第14章》:"信其道。"(5)名词,规律。《谏下·第21章》:"不以害生道。"这些引申意义都是抽象的。

风 本义是空气流动的现象。《谏下·第14章》:"以避风也。""风"的意义具体。引申为风格、作风。《问下·第2章》:"则圣人之风也。""风"的意义变得抽象。

官 本义为官府。杨树达《积微居小学金石论丛》:"官字从宀,凡从宀之字皆以屋室为义。官字……盖象周庐列舍之形,为臣吏所居。"《问下·第8章》:"官无怨治。"引申为机构,意义变得抽象。《谏下·第1章》:"夫狱,国之重官也。"

归 本义为女子出嫁,引申为归附,意义变得抽象。《谏上·第14章》:"百姓归之。"又引申为归属,意义进一步抽象。《谏下·第5章》:"声名归之君。"

3. 由兼该到偏指

臭 原指气味,包括香味和臭味,后单指臭味。《玉篇·犬部》:"臭,香臭总称也。"《晏子春秋》又引申为发臭。《谏下·第21章》:"臭而不收。"

祥 本义为征兆,不分吉凶。徐锴《说文系传》:"祥之言详也。天欲降以祸福,先以吉凶之兆,详审告悟之也。"《谏上·第21章》:"自为祈祥。""祥"为吉兆,意义变成偏指。

享 本义为奉献。《说文》:"享,献也。"《尔雅·释诂下》:"享,献也。"《礼记·曲礼下》:"五官致贡曰享。"郑玄注:"享,献也。致其岁终之功于王,谓之献也。"引申为"以祭品献给鬼神,或鬼神享用祭品"两个意义,再引申为享受义。《晏子春秋》分化出"享受"义,而逐渐排斥"以祭品献给鬼神,或鬼神享用祭品"的意义,意义由宽泛变得狭窄。《晏子春秋》"享"出现5次,只有1例是"鬼神享用祭品",其余4例皆为"享受"义。意义为"鬼神享用祭品"义之句子:《谏上·第23章》:"为社稷宗庙之不享乎?"意义为"享受"义之句例:《谏下·第2章》:"君享国。"《问上·第4章》:"君上享其名。"

4.由实在到虚灵

暴 本义为暴晒。《说文》:"暴,晞也。从日,从出,从収,从米。"段注:"日出而竦手举米晒之,合四字会意。"这意义非常实在;引申为暴露,意义还比较实在;再引申为暴虐,意义有些虚化;最后引申为突然,意义进一步虚化。(例句见上文)

用 本义为施行。《说文》:"用,可施行也。从卜中。"段注:"卜中则可施行,故取以会意。"引申为使用、采取。《外篇第八·第17章》:"用三献焉。"《谏上·第11章》:"今君用逸人之谋。"最后虚化为介词因、由于。《谏上·第1章》:"用此存者,婴未闻有也。"

信 本义为相信。《谏上·第14章》:"公信之。"引申为信任。《问上·第29章》:"忠臣不信。"又引申为诚信,意义虚化。《问下·第26章》:"信于朋友。"最后虚化为副词真实、确实。《杂上·第5章》:"衣之新也,信善矣。人之故,相知情。"

三、《晏子春秋》字的假借义

《晏子春秋》字的假借义不在少数。今举数例：

干 本义为盾牌。《方言》："盾,自关而东……或谓之干;关西谓之盾。"《外篇第八·第2章》："非不知能扬干戚钟鼓竽瑟以劝众也。"假借为：(1)动词,冒犯。《问上·第23章》："干崇虎之暴。"(2)动词,求取。《问上·第6章》："以干霸王之诸侯。"

戚 本义为一种类似斧钺的兵器。《说文》："戚,戉也。"假借为形容词,亲近。《谏上·第13章》："戚者治之。"

盘(盤) 本义为敞口的浅形盛器。《说文》："槃,盛槃也。盤,籀文,从皿。"假借为安乐、游乐。《杂下·第16章》："又好盘游、玩好。"

所 本义是伐木的声音。《说文》："伐木声也。《诗》曰:'伐木所所。'"假借为名词,处所、地方的意思。《杂下·第8章》："将使于吴王之所。"又假借为结构助词。《问上·第16章》："所言不义。"

除 本义为宫殿的台阶。《说文》："除,殿陛也。"《玉篇·阜部》："除,殿阶也。"《汉书·苏武传》："扶辇下除。"假借为除去。《外篇第七·第6章》："且天之有彗,以除秽也。"

垂 本义为边际、边疆。《说文》："垂,远边也。"《字汇·土部》："垂,疆也。"《汉书·谷永传》："北无薰粥冒顿之患,南无赵佗吕嘉之难,三垂晏然,靡有兵革之警。"假借为下垂。《谏下·第5章》："能使垂衣裳朝诸侯,不敢伐其功。"

盖 本义为屋顶的茅草。《说文》："盖,苫也。"《尔雅·释器》："白盖谓之苫。"郭注："白茅苫也。今江东呼为苫。"假借为发语词或副词,大概。《问下·第12章》："寡人闻大国之君,盖回曲之君也。"《杂下·第8章》："吾闻晏婴,盖北方辩于辞、习于礼者也。"

殆 本义为危险。《说文》:"殆,危也。"假借为副词,表推测,大概之义。《谏下·第5章》:"夫子曷为至此?殆为大台之役夫?"《谏下·第10章》:"上山则见虎,下泽则见蛇,殆所谓不祥也?"

豆 本义为一种食器。《说文》:"豆,古食肉器也。"假借为一种植物果实。《杂下第7章》:"'大小何如?'曰:'如豆。'"

之 本义为动词,到……去。罗振玉《增订殷虚书契考释》:"卜辞从止,从一,人所之也。《尔雅·释诂》:'之,往也。'当为'之'之初谊。"《礼记·檀弓》:"若魂气则无不之也。"《外篇第八·第6章》:"孔子去鲁之齐。"假借为代词。《谏上·第1章》:"则诸侯行之以国危。《谏下·第2章》:"今子大夫教之。"《外篇第八·第4章》:"语有之:言发于迩,不可止于远也。"

夫 本义为丈夫,即男人。《说文》:"夫,丈夫也。"假借为语气词"夫"和代词"夫"。(1)代词。《问上·第9章》:"治国何患?患夫社鼠。"(2)语气词。《外篇第八·第15章》:"夫行不可不务也。"《外篇第八·第16章》:"百姓将谁告夫!"

汝 本是河流名称。《说文》:"汝,水名。"假借为第二人称代词,你。《谏上·第25章》:"尔罪有三:公使汝养马而杀之,当死罪一也;……汝杀公马,使怨积于百姓,兵弱于邻国,汝当死罪三也。"《外篇第七·第13章》:"汝为吾君主鸟而亡之,是罪一也。"

恶 本义为罪恶。《说文》:"恶,过也。"假借为疑问代词或叹词。(1)疑问代词,哪里、怎么。《谏下·第17章》:"固有受而不用,恶有拒而不受者哉?"(2)叹词,唉。《外篇第八·第12章》:"恶,然乎?若使沐浴,寡人将使抱背。"

共 本义为供给。《问上·第 27 章》:"燕、鲁共贡。"假借为副词,共同。《谏上·第 15 章》:"与灵山、河伯共忧。"

姑 本义为名词,丈夫的母亲、媳妇的婆婆。《尔雅·释亲》:"称夫之母曰姑。"《外篇第七·第 15 章》:"姑慈妇听。"假借为副词,暂且。《杂下·第 3 章》:"景公畋于梧丘,夜犹早,公姑坐睡。"

第四章

《晏子春秋》多义词研究

第一节 《晏子春秋》多义词的数量统计

一个词如果只有一个义项,那么,这个词就叫做单义词;如果有两个或两个以上的义项,这个词就叫做多义词。关于一个词的义项的归纳,有不同的标准。有的学者以词汇意义为标准,只要词汇意义相同,不管语法意义、色彩意义如何,都作为一个义项。我们不采纳这个观点。我们认为,在进行专书研究的时候,对于一个多义词,它的几个意义只要在词汇意义、语法意义、色彩意义等一个方面有所不同,就应该把它们归纳为不同的义项。例如,"温"在《晏子春秋》中有两个意义:(1)形容词,温暖。如:"温而知人之寒。"(《谏上·第20章》)。(2)使动用法,使热,使温暖。如:"刷手温之。"(《杂下·第7章》)如果只以词汇意义为标准,则二者应合而为一,亦即"温"为单义词,含有1个义项:"形容词,温暖";如果不仅以词汇意义为标准,还考虑语法意义,那么它就是多义词,即含有2个义项:"形容词,温暖"和"使动用法,使温暖"。我们采取后一种做法。因为这样可以将"温"在《晏子春秋》中的意义描述得更细致、精确一些。

《晏子春秋》有多义词792个,其中单音多义词734个,占多义词总量的93%;复音多义词58个,占多义词总量的7%。可见,单音多义词占绝对优势。这说明单音词在先秦古汉语中非常活跃,扮演着重要角色。多义词中,2个(含2个)以上、5个以下义项的词635个,占多义词总量的80%;5个(含5个)以上、10个以下义项的词147个,占多义词总量的19%;10个(含10个)以上义项的词(我们暂称之为"超多义项词")10个,占多义词总量的1%。多义词的数量依义项的从少到多递减。这说明古人已经意识到词的义项太多会给语言交际带来弊端,因此不提倡造就太多的超多义项词。

第二节 《晏子春秋》多义词示例

一般来说,多义词所含义项的多少,标志着该词被运用频率的高低。所含义项越多,它被使用的机会就越多,即含义多少跟使用频率是正比例关系。以下按义项的多少分3类,每类随机抽取10个词,举例展示词的义项的多少与使用频率的关系。(词条后面括号中的数字是其在《晏子春秋》中出现的总频次,释文后面括号中的数字是该义项出现的频次,为节省篇幅,例句不加引号,仅在后面括号中用数字标注该句子在《晏子春秋》中所在的篇章次第。《晏子春秋》分为8篇,即内篇谏上第1篇,内篇谏下第2篇,内篇问上第3篇,内篇问下第 4 篇,内篇杂上第 5 篇,内篇杂下第 6 篇,外篇上第 7 篇,外篇下第 8 篇。每篇又分若干章。下面例句后边的数字,是该句在《晏子春秋》中的篇章数。例如:使师开鼓琴(6,5),句子后边的"6,5"表示该句子出现在"内篇杂下第 6 篇第 5 章")

一、2 个(含 2 个)以上、5 个以下义项的词例

寒(12):①形容词,寒冷(9)。天不寒乎?(1,20)。②名词,寒冷(3)。衣足以掩形御寒(2,14)。

患(25):①动词,忧愁、担心(14)。所患者三(3,29)。②名词,祸患(11)。为众屏患(4,11)。

悔(3):①动词,后悔(2)。无悔往行(4,26)。②名词,后悔(1)。夫愚者多悔(5,20)。

姣(5):①形容词,美(4)。寡人有女少且姣(6,24)。②意动用法,认为美(1)。窃姣公也(8,12)。

款(4):①动词,叩、敲(3)。前驱款门曰(5,12)。②人名,即裔款(1)。据与款谓寡人能事鬼神(7,7)。

力(34):①名词,力量(7)。力多足以胜其长(1,2)。②名词,能力(16)。以管子为有力(1,12)。③名词,人力、劳力(15)。劳其力以疲之(2,1)。④名词作状语,用力(1)。此皆力攻勍敌之人也(2,24)。

令(75):①动词,使、命(51)。令国致乐不已(1,5)。②名词,命令、官令(21)。令三出(1,7)。③连词,假使(1)。令章遇桀纣者(1,4)。④形容词,善也(2)。君令臣忠(7,15)。

满(9):①动词,充满(6)。一子可满朝(7,11)。②使动用法,使充满(1)。且合升斗之微以满仓廪(2,17)。③动词,使满足(1)。遂欲满求(2,20)。④动词,达到(1)。晏子长不满六尺(5,25)。

木(8)：①名词，树木(1)。山林之木(7,7)。②木头、木料(6)。熏之则恐烧其木(3,9)。③名词作状语，像木头一样(1)。木干鸟栖(7,11)。

侵(8)：①动词，侵占(1)。不侵生民之居(2,20)。②动词，侵害(1)。有司不侵(4,11)。③动词，侵犯(6)。侵大国之地(3,5)。

二、5个(含5个)以上、10个以下义项的词例

当(30)：①动词，承担、承当(5)。不当民务(1,9)。②动词，对当、对应(4)。齐当之(1,21)。③介词，表示时间，在(7)。当是时(1,16)。④助动词，应当(11)。不当从此门入(6,9)。⑤名词，底(2)。寸之管无当(2,1)。⑥动词，合乎(1)。使当其理(5,13)。⑦动词，处于、位于(1)。鹖当陛，布翌，伏地而死(6,4)。

法(26)：①名词，法律、法令(11)。刑罚中于法(3,11)。②动词，作为法令(2)。苟可法于国(2,2)。③动词，效法(7)。法其节俭也(2,14)。④形容词，合法(4)。行不法不为也(3,27)。⑤名词，法则(1)。上爱民为法(3,18)。⑥名词，方法(1)。故臣闻义谋之法(3,12)。

多(47)：①形容词，表示量大，与"少"相对(27)。名山既多矣(6,13)。②动词，赞许(1)。则是多忠臣者(1,12)。③副词，表程度深(6)。任大无多责焉(3,26)。④名词，量多的东西(4)。吾不敢贪多(6,15)。⑤动词，有很多(8)。其朝多饿死人(7,11)。⑥动词，使动用法，使多(1)。寡其官而多其行(3,27)。

恶(40)：①名词，恶人、恶事(3)。百恶可去(1,21)。②动词，憎恶(28)。逆于己者恶之(1,7)。③形容词，丑陋(3)。乃此则老且恶(6,24)。④形容词，悲惨(1)。桀纣之卒不能

恶焉(1,16)。⑤形容词,粗劣(1)。是奚衣之恶也?(7,26)⑥意动用法,以为粗劣(1)。古者尝有处橧巢窟穴而不恶(2,14)。⑦形容词,羞愧、羞耻(1)。苟得不知所恶(4,20)。⑧疑问代词,哪里,怎么(4)。恶有拒而不受者哉?(2,17)⑨叹词,唉(1)。恶,然乎?(8,12)

反(47):①动词,违背、逆(12)。反圣王之德(1,1)。②副词,反而、反倒(5)。寡人反取病焉(6,10)。③"返"的古字,动词,返回(13)。再拜而反曰(4,16)。④"返"的古字,使动用法,使返回(3)。反亡君(4,12)。⑤动词,退还、返还(8)。皆反其桃(2,24)。⑥动词,翻动、翻开(5)。食鱼勿反(5,19)。⑦动词,反穿(1)。睹弊冠反裘负刍(5,24)。

犯(21):①动词,侵凌(4)。强者犯弱(1,2)。②动词,违反(6)。是先犯我令(2,2)。③动词,触碰(6)。犯槐者刑(2,2)。④动词,折犯(1)。勇不足以犯君之颜(8,18)。⑤动词,碰撞(2)。相犯以为乐(6,2)。⑥动词,做,干(2)。君子不犯非礼(6,22)。

废(18):①动词,废掉(4)。废长立少(1,11)。②动词,废除(2)。废厚葬之令(2,22)。③动词,停止(2)。于是废公阜之游(3,10)。④动词,罢黜(3)。见不善则废之(7,22)。⑤形容词,败(2)。身不废矣(4,30)。⑥形容词,荒废(2)。内外不废(7,7)。⑦动词,毁掉(1)。废台榭(7,2)。⑧形容词,衰微(2)。曲行则道废(4,21)。

高(15):①形容词,尺寸高大(4)。累卑然后高也(2,17)。②形容词,地位高贵(1)。君位之高(1,14)。③形容词,德行、思想崇高(2)。意莫高于爱民(4,22)。④动词,认为崇高(2)。是以民乐其政而世高其德(1,16)。⑤动词,使动用法,使高大,建高(2)。使人高之而勿罪也(2,18)。⑥名词,高度(3)。高三仞(2,15)。⑦作状语,往高,向高(1)。犹俾而訾高橛者(7,17)。⑧姓,指高强(3)。栾、高不让(6,14)

卑(16)：①形容词,空间位置低下(2)。卑亦从以罪(2,18)。②名词,空间位置低下的事物(1)。累卑然后高(2,17)。③形容词,人的地位低下(8)。是以卑而不失义(3,22)。④形容词使动用法,谦卑(2)。请卑辞重币(3,5)。⑤形容词,言行低下(1)。所论之卑也(1,14)。⑥动词,低头(1)。君受玉卑(5,25)。⑦形容词使动用法,压制(1)。尊孽卑宗(1,11)。

轻(31)：①形容词,重量轻(2)。冬轻而暖(2,13)。②形容词,轻易(1)。不任于上则轻议(4,19)。③形容词,轻率(1)。轻进苟合(4,30)。④名词,容易的事(2)。从轻不为进(4,30)。⑤意动用法,轻视(15)。而轻其礼(3,7)。⑥动词,被轻视、鄙视(5)。权轻诸侯(7,22)。⑦使动用法,减轻(3)。止役轻税(3,11)。⑧使动用法,降低身份(1)。不轻身而事巫(1,14)。⑨使动用法,减轻重量(1)。大带重半钧……不欲轻也(7,9)。

三、10个(含10个)以上义项的词例

长(31)：①形容词,空间延展大,与短相对(3)。置表甚长(3,9)。②形容词,人身材高(1)。汤质皙而长(1,22)。③形容词,时间长久(10)。天明象而致赞,地长育而具物(3,22)。④形容词,辈分长的(1)。夫阳生生而长,国人戴之(1,11)。⑤形容词,长寿(1)。使君之年长于胡(1,13)。⑥形容词,长度(1)。其长尺(2,13)。⑦名词,身高(2)。晏子长不满六尺(5,25)。⑧名词,首领(6)。卒列无长(4,17)。⑨名词,长子(4)。废长立少(1,11)。⑩名词,长处(1)。先君能以人之长续其短(3,6)。⑪名词,有长处的人(1)。不掩贤以隐长(3,20)

出(81)：①动词,出去、出门(49)。遂走而出(1,5)。②

动词,说出(9)。不择言而出之(1,6)。③动词,发布、发出(3)。令三出(1,7)。④动词,驱逐、逐出(5)。出之关外也(1,5)。⑤动词,生出(1)。虫出而不收(1,16)。⑥动词,出现(5)。彗星之出(1,18)。⑦动词,发放、散发(2)。乃令出裘发粟与饥寒者(1,20)。⑧动词,出逃(2)。栾、高不胜而出(6,14)。⑨动词,放出(2)。出犯槐之囚(2,2)。⑩动词,流出(1)。公汗出惕然(5,9)。⑪动词,在……之外(1)。夫不出于尊俎之间(5,16)。⑫动词,偏离(1)。出质(8,18)。

及(46):①动词,追赶上(2)。公驱,及之康内(1,5)。景公弗能及(5,12)。②动词,表时间,等到(13)。及其衰也,行安简易,身安逸乐(1,7)。③动词,及难、遭难(6)。祸必及其身(5,1)。④动词,(时间)到(2)。自昔及今(2,20)。⑤动词,到达(3)。及太行、孟门(3,2)。⑥动词,轮到(2)。及晏子(1,10)。⑦动词,比得上(3)。不及人,以为师(8,4)。⑧动词,顾及(1)。不及丑侪(4,20)。⑨动词,遇到,逢遇(1)。及其少而姣也(6,24)。⑩形容词,来得及(2)。噎而遽掘井,虽速亦无及也(5,20)。⑪连词,至于(1)。及夫大贤(4,20)。⑫连词,与(2)。劫诸将军、大夫及显士、庶人于大宫之坎上(5,3)。⑬介词,涉及(8)。施及使臣(4,15)。

人(168):①名词,一般意义(33)。凡人之所以贵于禽兽者(1,2)。②名词,人民(10)。岂能胜亿兆人之诅?(7,7)。③名词,他国(7)。不以众强兼人之地(4,11)。④名词,有人(3)。见人有断雍门之横者(7,9)。⑤名词,女子(1)。且人固以壮托乎老(6,24)。⑥名词,人才(20)。任人之长(3,24)。⑦名词,别人(50)。夺人之居(2,20)。⑧名词,齐人(2)。臣请缚一人(6,10)。⑨名词,曲沃人(1)。吏请杀其人(2,3)。⑩量词(10)。景公有男子五人(1,10)。⑪名词,下属(20)。令人操刀解养马者(1,25)。⑫用作状语(1)。车驰而人趋(2,5)。⑬名词,国君(4)。今为人子臣(7,11)。⑭名词,酷吏(2)。故聚敛之人行(3,5)。⑮名词,使者(3)。使人问大国(6,16)。⑯名词,强人(1)。岂以人为足恃哉?(8,7)

上(123):①方位词,……之上(16)。公置酒于泰山之上(7,2)。②名词,指官位(15)。贤者处上而不华(3,11)。③名词,指高位(1)。则是千万人之上也(5,26)。④名词,王位(4)。古者明君在上(5,11)。⑤名词,物体的上部(3)。兑上而丰下(1,22)。⑥名词,代指君王(69)。上作事反天时(3,22)。⑦名词,表示事物的一个方面(9)。今上无仁义之理,下无替罪诛暴之行(1,1)。⑧动词,呈上(2)。吏告毕上(1,5)。⑨动词,登上(6)。民单服然后上(5,7)。⑩名词作状语,向上(1)。冲之,其气下回而上薄(8,9)。

亡(42):①动词,消亡(4)。礼亡而政从之(1,6)。②动词,灭亡(21)。国将亡(1,15)。③使动用法,使灭亡(2)。亡国之行也(3,25)。③动词,离去(3)。二十七日而彗星亡(7,2)。④动词,逃亡(5)。为社稷亡(5,2)。⑤使动用法,使逃跑(2)。使烛邹主鸟而亡之(7,13)。⑥动词,丢失(1)。膳豚肩亡(5,22)。⑦为动用法,为……逃亡(2)。(君)为社稷亡,则亡之(5,2)。⑧动词,死亡(1)。吾失夫子则亡(8,17)。⑨形容词,荒唐(1)。从乐而不归谓之亡(4,1)。

下(100):①方位名词,下面、下部(10)。兆在路寝之台牖下(2,20)。②方位名词,低处(2)。若水之流下也(3,8)。③动词,下沉,向下(3)。乡者防下六尺(5,7)。④动词,施降(1)。天之下殃(1,21)。⑤动词,走下(7)。晏子下车抱之(2,20)。⑥名词,臣下,百姓(60)。相三君而善不通下(7,27)。⑦动词,到,去(3)。下泽见蛇(2,10)。⑧动词,屈尊(3)。下贤以身(4,2)。⑨形容词,低下,卑劣(2)。意莫下于刻民(4,22)。⑩名词,低沉(1)。偻身而下声(1,22)。⑪状语,对下面而言(5)。下有恩于民(4,8)。⑫名词,下面(2)。而使婴服之于下(7,25)。⑬动词,流下(2)。泣数行而下(7,2)。⑭名词,所论事物的最后一方面(1)。其次,易进易退也;其下,易进难退也(3,13)。

子(125):①名词,子女(1)。国人负携其子而归之(3,8)。②名词,儿子(14)。有子而可怒(8,8)。③名词,女儿(1)。其子往辞晏子之家(2,2)。④名词,子孙(1)。以燕翼子(2,19)。⑤名词,太子(3)。立子有礼(1,11)。⑥名词,臣子(1)。故天下皆愿得以为子(7,11)。⑦量词,人(15)。公召三子者而问之(8,9)。⑧意动用法,以为子民,治理(2)。不可使子民(8,1)。⑨对人尊称(86)。寡人愿以请子(1,9)。⑩名词,指晏子(1)。子曰:"吾恐死而俗变……"(6,29)。

重(32):①形容词,苛重、严重(3)。今君税敛重(3,11)。②动词,多一倍(2)。今又重此(1,9)。③形容词,重要(1)。夫狱,国之重官也(2,1)。④沉重(3)。履重(2,13)。⑤使动用法,加重(2)。是重寒也(2,13)。⑥使动用法,使厚重(8)。重其禄(2,24)。⑦意动用法,重视(5)。轻国而重乐(7,19)。⑧使动用法,抬高(1)。而后明行廉辞地之可为重名也(5,18)。⑨形容词,严重(1)。怨罪重积于百姓(8,16)。⑩动词,尊重(1)。君不如阴重孔子(8,6)。⑪名词,重量(2)。履重不节(2,13)。⑫名词,困难(1)。从重不为进(4,30)。⑬动词,被尊重、被重视(2)。为人者重(3,5)。

我们对以上3类多义词的10个词例出现的频次做两种计算:(1)总和计算。10个词出现频次相加的总和分别是183、291、821;(2)平均计算。个体平均出现频次分别是18.3、29.1、82.1。说明词的出现频次与其义项多少成正比关系,即义项越多,出现频次越高,反之亦然。当然这个计算是粗略的,但在一定程度上可以说明问题。

第三节 《晏子春秋》多义词产生的途径

多义词最初应该是单义的,随着交际的需要,按照语言的发展规律,词义由单义演变为多义。葛本仪说:"多义词的各个义项,都是在该词已有意义的基础上发展出来的。出现这样的发展情况,原因是多方面的,但主要取决于人们的认识和思维能力的发展。人们在社会中生活着,由于对各种客观事物的不断认识和接触,就有可能在不同的事物中,发现它们的某些联系或者某些共同的方面,因而也就有可能用指称甲事物的词去指称乙事物,这种实践的结果,就促成了词的义项增加和发展。"[①]为适应交际的需要,人们采用了多种不同的方法和途径增加词的义项,创造了多义词。对于《晏子春秋》来说,多义词产生的途径大致有四种,即活用、引申、比喻、假借(包括通假)。下面分别说明:

一、活用

活用,即一个词临时改变其通常的语法功能,充当具有其他语法功能的词用。详述见第四章中"《晏子春秋》实词的活用"一节。《晏子春秋》实词活用现象甚多,今举数例:

哀　28个义项。本义为怜悯。《说文》:"哀,闵也。"《诗经·小雅·鸿雁》:"爰及矜人,哀此鳏寡。"引申为悲哀。《广雅·释诂二》:"哀,痛也。"《离骚》:"虽萎绝其亦何伤兮,哀众

---

① 葛本仪《汉语词汇研究》,第86页。北京:外语教学与研究出版社,2006年7月。

芳之芜秽。"《谏上·第 11 章》："以为乐淫则哀。"运用意动用法,产生以为悲哀之义。《杂上·第 2 章》："哀吾君不免于难。"又活用为名词,当悲哀之事讲。《谏下·第 11 章》："君国者不乐民之哀。"

饱 6 个义项。本义为形容词,吃饱。《说文》："饱,厌也。"《玉篇》："食满也。"这个意义《晏子春秋》出现 6 次。例如:《杂下·第 18 章》："使者不饱。"《晏子春秋》又运用使动用法,赋予它使吃饱,够吃之义。例如:《杂下·第 25 章》:"臣得暖衣饱食。"

暴 5 个义项。本义为暴晒。《说文》："晞也。"引申为暴露、裸露。运用使动用法,赋予使裸露之义。例如:《外篇第七·第 11 章》："袒肉暴骸。"又引申为形容词,暴虐。形容词活用为名词,暴虐的人。例如:《谏上·第 1 章》："诛暴不避强。"

卑 7 个义项。本义为击甲。何琳仪《战国古文字典》:"卑,从支,从甲,会击甲之义。"假借为低矮,引申为地位低贱。又作使动用法,谦卑。《问上·第 5 章》："请卑辞重币。"还作使动用法,压制。《谏上·第 11 章》："尊孽卑宗。"

弊 本义为仆倒。《周礼·大司马》："质明弊旗。"《晏子春秋》有引申义疲顿,竭尽。又作形容词使动用法,使劳顿。《问下·第 17 章》："罢民弊兵。"又用为使竭尽。《杂下·第 16 章》："弊其力。"

病 6 个义项。本义为病重。《说文》："疾加也。"《仪礼·既夕》："疾病外内皆扫。"注："疾甚曰病。"《问下·第 29 章》："晏子病,将死。"引申为痛苦、劳累。《问上·第 10 章》:"身病甚。"可用为使动用法,使劳累。《谏上·第 18 章》:"孰为高台,病人之甚也?"

薄 9 个义项。本义为草木茂密。《说文》："林薄也。"王注:"《广雅》:'草丛生为薄'。"假借为形容词,少、轻。可用为使动用法,使轻薄、减轻。《问上·第5章》:"薄身厚民。"《外篇第七·第2章》:"薄赋敛。"又活用为名词,缺点、不足。《问上·第6章》:"以人之厚补其薄。"

二、引申

引申即由本义延伸出来相关的词义的现象。这是《晏子春秋》最重要的增加词的义项的方面。

比 5个义项。本义为亲密。《说文》:"比,密也。二人为从,反从为比。"段注:"今韵平上去入皆录此字,要密义足以概括之,其本义谓相亲密也。"《晏子春秋》引申出下列意义(例句后括号为其在《晏子春秋》中的篇章数,下同):①动词,亲近、勾结。比奸邪以厚养(4,19)。②动词,并、排。则君使吏比而焚之而已(2,1)。③动词,与……平等。于是重鲁之币,毋比诸侯(5,18)。④时间副词,将要。比死者勉为乐乎?(1,8)。⑤时间副词,等到。比至(1,23)。

兵 5个义项。本义为兵器。《说文》:"兵,械也。"段注:"械者,器之总名。"《晏子春秋》有下列义项:①名词,兵器。吾仗兵而却三军者再(2,24)。②名词,军队。以兵降城(2,3)。③名词,士卒。其役杀兵四人(2,4)。④名词,战争。诸侯得无有兵乎?(5,12)。⑤动词,发动战争。好兵而忘民(3,25)。其中第1项为本义,其余皆为引申义。

藏 4个义项。本义为藏匿。《说文新附》:"藏,匿也。汉书通用臧字。从艸,后人所加。"《晏子春秋》有下列义项:①动词,隐藏。夫藏大不诚于中者(7,14)。②动词,积藏。藏余不分(5,22)。③名词,仓库。朽弊于藏(2,19)。④名词,积藏的东西。府无藏(3,7)。其中第1个义项为本义,其余皆为引申义。

臣 5个义项。本义为奴隶、臣仆。《尚书·费誓》:"臣妾逋逃。"孔传:"役人贱者,男曰臣,女曰妾。"《晏子春秋》有下列义项:①名词,臣仆。我犹且为臣(5,24)。②意动用法,当作臣仆。是与臣我者同矣(5,24)。③名词,大臣。请问为臣之道(4,5)。④动词,做大臣、臣服。晏子臣于庄公(5,1)。⑤古人表示谦卑的自称。臣非不知也(6,11)。第1个义项为本义,第2个义项为意动用法,第5个义项为假借义,其余皆为引申义。

辞 7个义项。本义为诉讼。《说文》:"辞,讼也。"《晏子春秋》有下列义项,皆为引申义:①动词,言说。请饮而后辞乎?(6,12)。②名词,言辞。察实者不讥其辞(5,24)。③动词,告辞。不辞而入(5,24)。④动词,推辞。终辞而不受(1,12)。⑤动词,谢罪。公乃辞乎晏子(1,22)。⑥动词,辞退。三年而辞焉(7,23)。⑦动词,辞去。婴请辞(7,24)。

从 10个义项。本义为跟随。《说文》:"本作从。相听也,从二人。"段注:"从者,今之從字,從行而从废矣。"《晏子春秋》有下列义项:①动词,跟从。公从之(1,5)。②动词,听从、顺从。君正臣从谓之顺(1,7)。③形容词,宽容。姑慈而从(7,15)。④动词,追逐。从兽而不归谓之荒(4,1)。⑤动词,相继。礼亡而政从之(1,6)。⑥动词,整治、断罪。从之以罪(2,18)。⑦动词,参与。入从其政(7,7)。⑧动词,去、走向。夫从南历时而不返谓之流(4,1)。⑨介词,自。从狗门入(6,9)。⑩通假"纵",动词,纵容、放纵。从君之欲(2,21)。第1个义项为本义,第10个义项为假借义。其余为引申义。

出 12个义项。本义为从内而外。《集韵》:"出,自内而外也。"《晏子春秋》有下列义项:①动词,出去、出门。遂走而出(1,5)。②动词,说出。不择言而出之(1,6)。③动词,发布、发出。令三出(1,7)。④动词,驱逐、逐出。出之关外也(1,5)。⑤动词,生出。虫出而不收(1,16)。⑥动词,出现。

彗星之出(1,18)。⑦动词,发放、散发。乃令出裘发粟与饥寒者(1,20)。⑧动词,出逃。栾、高不胜而出(6,14)。⑨动词,放出。出犯槐之囚(2,2)。⑩动词,流出。公汗出惕然(5,9)。⑪动词,在……之外。夫不出于尊俎之间(5,16)。⑫动词,偏离。出质(8,18)。第1个义项为本义,其余为引申义。

及 13个义项。本义为追赶、追赶上。《说文》:"逮也。从又人。"段注:"及前人也。会意。"《晏子春秋》有下列义项:①动词,追赶上。公驱,及之康内(1,5)。景公弗能及(5,12)。②动词,及难、遭难。祸必及其身(5,1)。③动词,(时间)到。自昔及今(2,20)。④动词,到达。及太行、孟门(3,2)。⑤动词,轮到。及晏子(1,10)。⑥动词,比得上。不及人,以为师(8,4)。⑦动词,顾及。不及丑侪(4,20)。⑧动词,遇到、逢遇。及其少而姣也(6,24)。⑨形容词,来得及。噎而遽掘井,虽速亦无及也(5,20)。⑩介词,涉及。施及使臣(4,15)。⑪动词,表时间,等到。及其衰也,行安简易,身安逸乐(1,7)。⑫连词,至于。及夫大贤(4,20)。⑬连词,与。劫诸将军、大夫及显士、庶人于大宫之坎上(5,3)。第1个义项为本义,其余为引申义。

下 14个义项。本义为下面、下部。《说文》:"下,底也。"《晏子春秋》有下列义项:①方位名词,下面、下部。兆在路寝之台牖下(2,20)。②方位名词,低处。若水之流下也(3,8)。③动词,下沉、向下。乡者防下六尺(5,7)。④动词,施降。天之下殃(1,21)。⑤动词,走下。晏子下车挹之(2,20)。⑥名词,臣下、百姓。相三君而善不通下(7,27)。⑦动词,到、去。下泽见蛇(2,10)。⑧动词,屈尊。下贤以身(4,2)。⑨形容词,低下、卑劣。意莫下于刻民(4,22)。⑩名词,低沉。偻身而下声(1,22)。⑪状语,对下面而言。下有恩于民(4,8)。⑫名词,下面。而使婴服之于下(7,25)。⑬动词,流下。泣数行而下(7,2)。⑭名词,所论事物的最后一方面。……其次,易进易退也;其下,易进难退也(3,13)。第1个义项为本义,其余为引申义。

制 6个义项。本义为裁制。《说文》:"制,裁也。"《晏子春秋》有下列义项:①动词,制作。是故制乐以节(1,11)。②名词,制度、规矩。禁之以制(6,2)。③动词,符合规矩、制度。是非制也(6,14)。④动词,设立。制规矩之节(8,2)。⑤动词,牵制、抑制。则臣为制也(1,4)。⑥动词,控制局面。全善之君能制(3,12)。皆为引申义。

子 10个义项。本义为子女。《说文》:"子,十一月阳气动,万物滋,人以为称,象形。"《玉篇》:"子,儿也。"《晏子春秋》有下列义项:①名词,子女。国人负携其子而归之(3,8)。②名词,儿子。有子而可怒(8,8)。③名词,女儿。其子往辞晏子之家(2,2)。④名词,子孙。以燕翼子(2,19)。⑤名词,太子。立子有礼(1,11)。⑥名词,臣子。故天下皆愿得以为子(7,11)。⑦量词,人。公召三子者而问之(8,9)。⑧意动用法,以为子民,治理。不可使子民(8,1)。⑨对人尊称。寡人愿以请子(1,9)。⑩名词,指晏子。子曰:"吾恐死而俗变……"(6,29)。第1个义项为本义,第10个义项为假借义,其余为引申义。

灭 本义为消失。《说文》:"灭,尽也。"《晏子春秋》有下列义项:①动词,消亡、消逝(5)。道不灭(4,30)。②动词,灭亡(9)。是以桀纣以灭(1,1)。③动词,使动,使灭亡(2)。灭贼乱之徒(4,12)。④动词,淹没(1)。其身灭轨(2,15)。⑤通假"搣",动词,拔取(1)。左右灭葭而席(2,9)。第1个义项为本义,第5个义项为假借义,其余为引申义。

道 本义为道路。《说文》:"道,所行道也。一达谓之道。"《论语·阳货》:"道听而途说。"《晏子春秋》"道"有如下意义:①动词,走路。今君不道顺而行僻(2,21)。②名词,办法、手段。与民为仇之道也(1,9)。③动词,从、由。苟进不择所道(4,20)。④名词,古代一种哲学。晏子知道(3,5)。⑤名词,准则、标准。失君道矣(1,7)。⑥名词,主张、学说。信其道(1,14)。⑦动词,谈论、言说。道忠者不听(3,22)。⑧名词,规律。不以害生道(2,21)。⑨通假"瘅",使动用法,使败坏。道世之教也(8,2)。第9个义项为假借义,其余都为引申义。

三、比喻

这是利用事物的相似性,通过联想而使词产生新的意义的方法。例如:

风 本义为空气流动的现象。《文选·风赋》注引《博物志》:"风,阴阳击发气也。"《晏子春秋》有如下意义:①名词,冷风。以避风也(2,14)。②名词,作风。则圣人之风也(4,2)。其中第2义项为比喻。"风格"、"作风"与"风"有相似之处;通过流动或传播,对别人产生影响。

高 本义是高峻。《说文》:"高,崇也。象台观高之形。"《晏子春秋》有如下意义:①形容词,尺寸高大。累卑然后高也(2,17)。②形容词,地位高贵。君位之高(1,14)。③形容词,德行、思想崇高。意莫高于爱民(4,22)。④动词,认为崇高。是以民乐其政而世高其德(1,16)。⑤动词,使动用法,使高大,建高。使人高之而勿罪也(2,18)。⑥名词,高度。高三仞(2,15)。⑦作状语,往高、向高。犹倮而訾高橛者(7,17)。⑧人名,即高强。栾、高不让(6,14)。其第1义项是本义。与地势、尺寸高峻相似,人的地位、思想超过于别人也称"高",其第2、3义项就是这种比喻义。

归 本义为女子出嫁。《说文》:"归,女嫁也。"《晏子春秋》有如下意义:①动词,出嫁。有妻而见归(8,8)。②动词,归还。使人送之归(2,2)。③动词,归附。百姓归之(1,14)。④动词,归属。声名归之君(2,5)。⑤通假"馈",动词,赠给。公一归七年之禄(7,22)。第1义项是本义。第2个义项"归还"是比喻义,因其与女子出嫁到夫家有所归依相似,因此是比喻义。

贵 本义为商品价钱高。《说文》:"贵,物不贱也。"《玉篇》:"多价也。"《晏子春秋》有如下意义:①形容词,价格高。屡贱而踊贵(4,17)。②形容词,地位高贵,可贵。凡人之所以贵于禽兽者(1,2)。③形容词作名词用,高贵的人。贵不凌贱(3,7)。④使动用法,使高贵。疏爵而贵之(3,19)。⑤意动用法,认为可贵。始吾望儒而贵之(8,4)。其中第1个义项是本义。第2、3个义项"人的地位、价值高贵"和本义"物品价值高"相似,故为比喻义。

寄 本义为托身于某处。《说文》:"寄,托也。"《广雅·释诂》:"寄,依也。"《晏子春秋》有如下意义:①动词,寄身,生存。寡人得寄僻陋蛮夷之乡(7,17)。②动词,寄存物品。偏枎寄于路寝(7,11)。其中第1个义项是本义,第2个义项是比喻义,因为寄存物品与人托身某处相似。

贱 本义为物品价值低下。《说文》:"贾少也。"段注:"贾,今之价字。"《晏子春秋》有如下意义:①形容词,商品价格低。踊贵而屦贱(6,21)。②形容词,地位低。臣虽贱,亦得择君而事之(3,28)。③低贱的地位。体贵侧贱(4,5)。④名词,地位低的人。贵不凌贱(3,7)。⑤意动用法,以为贱,轻视。高勇而贱仁(3,8)。⑥形容词,低劣。行莫贱于害身也(4,22)。⑦谦辞。非贱臣之所敢议也(7,15)。其中第1个义项是本义,第2、3、4个义项"地位低贱"、"低贱的地位"、"地位低贱的人"是比喻意义,它们与商品价钱低有相似之处。

降 本义为下降或降落。《说文》:"降,下也。"《尔雅·

释诂》："降,落也。"《晏子春秋》有如下意义：①动词,降落。风雨不降(3,22)。②动词,身份、地位降低。降在皂隶(4,17)。③动词,施降。神将降福于寡人(1,14)。④使动用法,使投降,降服。以兵降城(2,3)。其中第1个义项为本义,第2个义项为比喻义,因为"地位下降"与"物体降落、下降"相似。

交 本义是腿交叉。《说文》："交胫也。"《中华大字典》："按,交胫乃交之本义。交胫谓之交。引申之为凡交之称。"《晏子春秋》有如下意义：①动词,结交。尽忠不豫交(3,1)。②名词,交情、交游。交之所以长久也(5,18)。③名词,外交。诸侯之交(4,16)。④动词,勾结。邪行交于国也(2,21)。⑤副词,互相。上下交离(1,19)。其中第1、2个义项都有"交互"的意思,与"腿交叉"有相像之处,故是比喻义。

焦 本义为烤焦。《说文》："火所伤也。"《六书故》："燔之近炭也。"《晏子春秋》有如下意义：①形容词,枯焦。发将焦(1,15)。②形容词使动用法,热。焦心热中(7,11)。其中第1个义项"枯焦"与本义"烤焦"相似,故是比喻义。

解 本义为割开动物肢体。《说文》："判也。从刀判牛角。"《晏子春秋》有如下意义：①动词,肢解。令人操刀解养马者(1,25)。②动词,解释,说解。善解予惑(1,12)。③动词,解除。朝韦囚解役而归(2,8)。④动词,脱下。解衰去绖(2,20)。⑤动词,卸下。遂解左骖以赠之(5,24)。其中第1个义项为本义。其余义项皆有"开"的意味,与"割开动物肢体"有相似之处,因此是比喻义。

开 本义为开门。《说文》："开,张也。"段注："张者,施弓弦也。门之开,如弓之张;门之闭,如弓之弛。"《晏子春秋》有如下意义：①动词,开门。为开凶门(7,11)。②动词,舒缓、开导。开之以礼颜(5,26)。其中第1个义项为本义;第2个义项为比喻义,因为"开导"有使人思想打开的意思,与开门相似。

四、假借(包括通假)

假借是指借用其他词语的语音或词形来表达词义的方法。详述见"第八章第二节《晏子春秋》之假借字"。

罢 本义是放遣有罪过的人。《说文》："遣有罪也。"《晏子春秋》有如下意义：①动词，停止。遂罢酒(1,2)。②形容词，通假"疲"，疲劳，劳顿。臣恐罢民弊兵(5,17)。第2个义项与本义无关联，而音相近，故为通假。

布 本义是麻质织物。《说文》："枲织也。从巾，父声。"《晏子春秋》有如下意义：①动词，铺展。夫布荐席，陈簠簋者有人(5,12)。②动词，展开。鹄当陛，布翌，伏地而死(6,4)。③动词，发布。布常无艺(7,7)。④"膊"的通假字，形容词使动用法，使枯干。布唇枯舌(7,11)。⑤名词，布匹。衣十升之布(6,19)。第4个义项与本义无关联，音相近，故为通假。

策 本义为马鞭。《说文》："马箠也。"《晏子春秋》有如下意义：①动词，用鞭子赶马。策驷马(5,25)。②名词，计策，谋略。请从士师之策(1,7)。③通"册"，名词，简牍。申之以策(7,24)。第2、3个义项与本义没有联系，而音同，所以是假借义。

阿 本义为大山或山的弯处。《说文》："大陵曰阿。一曰：阿，曲阜也。"《晏子春秋》有如下意义：①地名，即东阿。请复治阿(5,4)。②形容词，偏袒。听狱不阿(3,7)。其中第1个义项"地名，即东阿"是假借义，因为它与本义无任何联系。

旧(舊) 本义为一种鸟。《说文》："鸱舊，舊留也。"《晏子春秋》有如下意义：①形容词，陈旧的。卒复其旧宅(6,22)。②副词，旧时。齐旧四量(4,17)。③名词，过去的样子。皆如其旧(6,22)。3个义项与本义皆无联系,所以为假借义。

厥 本义为挖掘。《说文》:"发石也。"段注:"发石故从厂。引伸之,凡有撅发皆曰厥。若《释言》曰:'厥,其也。'此假借也。假借盛行而本义废矣。"《晏子春秋》有如下意义:①指示代词。厥德不回(7,6)。②动词,通假"结",结冰。阴水厥(5,17)。2个义项皆是假借义。

且 本义为盛物品的容器。《说文》:"荐也。从几,足有二横。一,其下地也。"段注:"且,古音俎,所以承藉进物者。"今人或以为是"祖"的初文,像男性生殖器。《晏子春秋》有如下意义:①连词,况且。且不乐治人,而乐治马(1,9)。②连词,又。亦老且恶矣(6,24)。③副词,将。民且有饥色(1,15)。④衬音助词。式歌且舞(7,10)。⑤通假"组",名词,丝带。带球玉而冠且(2,15)。这些义项都与本义没有联系,故为假借义。

苟 本义为草名。《说文》:"艸也。"《急就篇》:"苟贞夫。"注:"苟,草名。"《玉篇》:"菜也。"《晏子春秋》有如下意义:①连词,如果,假使。苟能说其君以取邑(6,19)。②形容词,苟且。苟进不择所道(4,20)。作为连词义与本义无联系,故为假借义。

若 本义为择菜或草名。《说文》:"择菜也。从艸右。右,右手也。一曰,杜若,香艸。"《晏子春秋》有如下意义:①连词,如果。君若欲无礼(1,2)。若舜焉则婴不识(8,5)。②动词,像。见善若避热(1,16)。③动词,比得上。衣莫若新,人莫如故(5,5)。④指示代词,这、这些。而犹出若言(2,19)。皆与本义无联系,故为假借义。

陈 本义为地名,即宛丘。《说文》:"宛丘也,舜后妫满之所封。"段注:"陈本太暤之虚,正字。俗假为陈列之陈。"《晏子春秋》有下列义项:①国名。穷陈、蔡(8,4)。②动词,陈设。钟鼓不陈(1,5)。③动词,陈列、展示。及庄公陈武夫(7,19)。④动词,陈说。群臣陈过而谏(2,22)。⑤"阵"的古字,阵地。臣闻介胄坐陈不席,狱讼不席,尸坐堂上不席(2,9)。以上第1个义项为本义,其余皆为假借义。

治 本义为水名。《说文》:"治水出东莱曲城阳丘山,南入海。"《晏子春秋》有下列义项:①动词,整治、治理。不可以治乱(4,25)。②名词,政事。且夫上正其治(2,1)。③形容词,清平,太平(9)。吾闻相贤者国治(2,8)。④形容词,混乱。夫逼迩于君之侧者,距本朝之势,国之所以治也(4,13)。⑤动词,烹制。趣庖治狗(2,23)。⑥动词,医治。医不能治病(2,21)。⑦动词,修养。洁于治己(4,20)。⑧动词,修治。吾君好治宫室(6,16)。⑨形容词,和睦。夫子之家事治(7,7)。⑩动词,从事。不治其事者(7,19)。⑪名词,通假"埴",黏土,可以制陶器。景公令兵抟治(2,4)。最后一个义项为假借义。

第四节 《晏子春秋》多义词存在的意义

一、积极意义

多义词不是凭空而来的,它是适应语言交际的需要而产生的。符淮青先生说:"单义词在语言中是少数。语言用的语音形式是有限的,太多会造成记忆的沉重负担,不易掌握,不便交际。"①所以,出于用词的经济性原则,避免语音或词形过多带来的麻烦,人们就选择了用较少的语音或词形表达更多的内容的方法——赋予一个语音或词形更多的意义。拿《晏子春秋》来说,它共有多义词792个,其中2个(含2个)以上、5个以下义项的词635个,5个(含5个)以上、10个以下义项的词147个,10个(含10个)以上义项的词10个。假如按照最少义项数计算,即按653个2义项词,147个5义项词,10个10义项词来计算,共有2141个义项。若改用单义词表达,需要增加词1349个(2141-792=1349)。所以,《晏子春秋》运用多义词,减少了用词量,在某种意义上减少了读者的负担。

二、消极意义

多义词虽然减轻了记忆负担,但却加重了理解负担。因为多个意义用一个语音形式或词形来表达,就必须提高参与语言交际者的语言理解力和词语意义的细致分辨力。因为要准确理解一个包含多种意义的词在某种语言环境中的所指,你就必须有相应的词义鉴别力,否则容易造成误解和混淆。也拿《晏子春秋》来讲,它的792个多义词,每个词语在特定语言环境中究竟表达什么意思,需要读者费一番思考才能正确把握,这不能不说是额外的负担。

但总的来讲,多义词的积极意义还是大于消极意义,这是必须说明的。

---

① 符淮青《现代汉语词汇》,第52页。北京:北京大学出版社,1985年3月。

第五章

《晏子春秋》词的兼类与活用研究

第一节 《晏子春秋》词的兼类

一、词的兼类的含义

词的兼类指一个多义词的义项分属于不同词类的现象,又叫一词多类。例如,"书"既有"书籍"之义,为名词;又有"书写"之义,为动词,我们就说"书"兼动、名两性。又如,"之"既作代词,又作动词,还做助词,兼属三个词类。在专书研究中是把兼类词算一个词类,还是归为不同的词类,学者们有不同观点。毛远明先生是这样说的:"多义词的各义项,有的只属于一个词类,归类也不成问题;而更多的是分属于不同的词类。如名词,经过词义引申,可以转化为动词或形容词;动词和形容词也一样。遇到这种情况,判定该词的类属则要小心谨慎,多费些思考。我们的做法是,先确定这个词的本义,本义是什么词类,就把它归到那一类,而不过问其引申意义的类属,以免纠缠。"①

我们的观点和做法与毛远明先生有所不同。我们认为,将一个词的本义的词性作为该词词性的类属,描述太粗略,不能全面反映该词的语法特征和功能。例如,"书"这个词,在《晏子春秋》中一共出现8次,有5个义项,分属于名词和动词两个词类。细节如下:①动词,写字,出现1次。《谏下·第1章》:"则婴有壹妾能书。"②名词,文字。出现1次。《杂上·第19章》:"纪有书。"③名词,书籍。出现2次。《杂下·第6章》:"毋反书。"④名词,书信。出现1次。《外篇第七·第22章》:"有纳书者曰。"⑤名词,遗书。出现3次。《杂下·第30章》:"凿楹纳书焉。""书"的本义为"写字",动词。《说文》:"书,箸也。从聿,者声。"《释名·释书契》:"书,亦言著也。著之简纸永不灭也。"《广雅·释言》:"书,记也。"如果以此将《晏子春秋》中的"书"这个词只归属于动词,很可能使人误解,以为"书"只属于动词一个词类,这与"书"在《晏子春秋》中的实际不符。如上所示,"书"在《晏子春秋》中不但是动词,还是名词,而且名词义项占了4个,比例为4/5,是动词的4倍。如果忽略了这个事实,对"书"的词类描述就不准确了。所以,我们主张在专书词汇研究中,将一个词的各义项的词类归属详细加以描述,最后归纳总结,看共有多少词类。如上述的"书",5个义项,有一个义项属于动词,4个义项属于名词。最后归纳,"书"分属于两个词类,即名词和动词。

根据以上观点,我们将《晏子春秋》的词汇归纳为如下词

---

① 毛远明《左传词汇研究》,第179页。重庆:西南师范大学出版社,1999年12月。

表。在这个词汇表中,一个词是单类还是兼类一目了然:如果某个词只在一个词类标目下出现,就是单词类词;如果它在不同的词类标目下出现,就分别属于不同的词类。如"春",只在单音名词标目下出现,它就是单类词;"事",同时出现在单音名词和单音动词标目之下,因此它是兼类词。

《晏子春秋》词汇表

(一) 复音词

1. 名词

(1) 专有名词

A. 人名(按词头拼音第一个字母顺序排列)

a 艾孔
b 鲍氏　鲍叔　柏遽　伯禽　伯戏　卜商
c 成甫　崇侯　崔氏　崔子　崔杼　楚人　楚王
　 楚巫
d 大戏　东野　丁公　定公　杜扃
e 恶来
f 范会　范昭　费仲　夫差
g 高纠　高强　高氏　高子　管子　管仲　国子
h 河伯　和氏　胡公　桓公　桓子　会谴
j 季次　季蒍　简公　桀纣　箕伯　景公　鞠语
k 开疆　康王　孔丘　孔子
l 灵公　灵王　栾氏　鲁公　鲁工　鲁君
m 梅伯　墨子
n 宁戚
p 平公
q 齐侯　齐君　齐人　庆封　庆氏　屈建

r	穰苴						
s	师开	史固	史嚚	叔向	竖刁		
t	太公	太姬	太甲	汤武	田氏	推侈	
w	韦囧	文王	五帝	武丁	无宇	吴王	武王
	於何						
x	隰朋	休相	弦宁	弦章			
y	颜回	夷吾	裔款	晏子	晏婴	阳生	伊尹
	婴子	幽厉	虞遂	原宪	越王		
z	章子	昭伯	昭公	曾子	赵武	庄公	仲父
	仲尼	仲由	直柄	祝固	祝佗	烛邹	宰我
	子贡	子牛	子叔	子游	子羽	子尾	子胥
	祖乙（以上为双音节词）						
b	北郭骚	北郭子	柏（伯）常骞				
c	陈桓子	陈子阳	楚灵王	淳于人			
d	东郭牙						
f	逢伯陵	逢于何					
g	公孙接	古冶子					
h	韩子休						
j	晋平公						
l	梁丘据	鲁昭公					
m	泯子午						
p	盆成适	蒲姑氏					
q	秦缪公						
s	爽鸠氏	睢休相					
t	田桓子	田开疆	田无宇				
y	晏桓子	羊舌氏	越石父（以上为3音节词）				
d	东门无泽						
s	司马穰苴	司马子期（以上为4音节词）					

B. 地名、国名、官职及朝代名

b	北海	邶殿	柏寝				
c	长庲	成周	遄台				
d	大台	大夫	大田	砥柱	东海	东门	东阿
	东廓	东邑					
e	尔稽						
f	封人						
g	槁邑	公阜	公邑	棺人	广门		
h	衡鹿	胡宫	虎门	淮北	淮南		
j	击柝	箐室					
l	琅琊	灵山	灵台	路寝			
m	麦丘	孟门					
n	牛山						
p	平阴						
q	齐国	祈望	乾溪	顷宫	曲城	曲潢	
s	士师	申田	寿宫	司过	司空	暑梁	
t	太宫	太卜	太师	泰士	泰祝	太行	泰山
w	梧丘	无盐					
x	夏商	相国	行人				
y	翌州	营丘	雍门	虞侯	羽人	囿人	
z	宰人	章华	朝歌	朝舞	职计	中牟	中卿
	州款	舟鲛	周室	祝宗	宗祝	转附(以上为双音节词)	

x 西曲潢

z 兹于兑(以上为3音节词)

C. 星宿、音乐、乐器、昆虫名

b 北里　变星

c 谗鼎

f 茀星

g	钩星						
h	彗星						
j	焦冥						
n	南斗	孽星					
s	枢星						
t	泰吕						
w	维星						
y	荧惑						

(2) 普通名词

b	八风	霸王	白骨	白茅	百川	百恶	百官
	百僚	百姓	蚌蜄	保妾	暴国	暴君	暴上
	悲色	陂池	陂泽	北方	本朝	逼迩	偪迩
	鄙民	婢子	婢妾	币帛	辟拂	嬖妾	嬖人
	弊车	弊邑	辟王	表缀	宾客	傧者	宾主
	兵革	兵甲	兵车	冰月	不诚	不辜	不祥
	不肖	布帛	布衣	布缕	部娄		
c	察吏	察士	财货	财力	才能	佚夫	佚佞
	谗人	谗谀	谄德	谄人	长兵	长途	常法
	常患	常行	仓粟	仓库	仓廪	苍天	苍玉
	草木	朝属	车轮	臣仆	臣下	城矩	承令
	池沼	尺寸	尺蠖	慈爱	辞令	重驾	仇雠
	仇敌	丑倅	刍豢	楚棘	麓苴	川泽	衰绖
	衰斩	春夏	存亡				
d	大臣	大带	大盖	大国	大匠	大节	大略
	大山	大事	大暑	大体	大贤	大小	大殃
	大义	大鼋	大钟	大罪	丹书	旦日	当今
	当年	当世	道殣	道路	道途	道术	道义
	德行	德义	德音	翟人	帝位	帝王	地下
	绖带	登降	东方	冻饿	冻水	动作	短褐

			惰民	惰君			
e	阿党	恶人	恶言	迩臣	耳目	二体	
f	法仪	法治	繁驵	方国	飞鸟	非礼	非议
	非誉	菲履	诽誉	废民	废置	废罪(置)	
	风雨	封邑	夫妇	福兆	服牛	服裘	服丧
	服位	罘罔	凫雁	浮云	辅拂	斧锧	簠簋
	黼黻	府藏	府金	府粟	袝柩	富强	妇人
	妇侍	父母	父兄	父子			
g	改月	盖庐	干戚	高山	高台	歌人	葛藟
	庚申	功烈	公法	公宫	公侯	公患	公家
	公量	公令	公命	公乘	公室	公市	公子
	公掌	公正	公族	宫殿	宫矩	宫室	工贾
	工女	弓矢	恭俭	狗马	古常	沽常	孤独
	孤寡	孤老	骨肉	鼓舞	瓜桃	鳏寡	官吏
	关市	棺椁	广水	圭璧	圭璋	规矩	鬼神
	贵富	贵贱	贵人	贵戚	贵强	国郊	国族
	国人	国事	国家	国城	国都	国门	国民
	国权	国泽	国政	国治	过失		
h	骸骨	海食	海内	海滨	寒暑	寒温	寒塗
	蒿种	好恶	和羹	和柔	禾苗	横木	后宫
	后世	后人	后嗣	狐白	胡狗	萑蒲	荒怠
	黄金	黄布	毁非	毁誉	秽德	讳言	魂魄
	货财	货赂	祸灾				
j	期年	其年	饥寒	饥渴	饥氓	饥色	鸡豚
	藉敛	籍敛	极大	极细	季世	家货	加利
	家量	家老	家门	家施	家室	家事	家俗
	家粟	菅屦	奸驱	奸邪	俭力	简易	简慢
	贱臣	贱妾	荐席	谏言	将军	交委	交游
	教令	教训	节俭	介胄	金藏	金壶	金石

	今日	今夕	今昔	斤斧	津人	荆棘	近臣
	进退	经纪	井里	景行	境内	境外	九歌
	酒醴	酒徒	橘柚	屦辨	具官	巨户	爵位
	爵禄	君臣	君侧	君道	军行	军吏	君上
	君庭	君子	君长				
k	康庄	口实	寇雠	枯槁	哭声	窟穴	苦酒
	筐篋	馈膳					
l	栏牢	劳苦	老人	老弱	老少	雷日	藜藿
	礼貌	礼颜	礼义	礼乐	里旅	里人	里室
	里裘	利取	利泽	立木	廉隅	良臣	良工
	良匠	良邻	良马	良医	良玉	梁肉	蓼藿
	列士	列舍	邻国	流水	六翮	六律	龙舟
	龙蛇	路世	乱夫	乱国	乱世	乱行	乱贼
m	美山	昧财	昧旦	蛮夷	门闾	门人	氓寡
	麋鹿	免粟	面目	民财	民力	民氓	民人
	民务	民心	明德	明君	明年	明日	明上
	明神	明堂	明王	明主	名山	名实	冥臣
	某日	木石	木事	目力	暮夜	沐浴	门弟子
n	男女	男子	馁民	馁食	内宠	内隶	内妾
	内外	内子	能士	年谷	鸟兽	佞人	牛马
	农时	驽马	女富	女子			
p	盘游	朋友	匹夫	辟邪	偏树	贫贱	贫苦
	贫氓	贫民	贫穷	品人	仆御	蒲苇	
q	七音	其次	弃罇	前驱	墙阴	怯君	窃权
	亲戚	亲疏	禽兽	琴瑟	卿位	黥民	庆赏
	穷通	秋蓬	秋风	球玉	曲刃	衢闾	权臣
	权重	权宗	畎亩	雀觳	困府	群臣	群徒
r	人臣	人待（侍）	人君	人民	人事	人性	
	人主	人人	仁人	任器	日夜	日月	日中

	戎马	戎士	容止	襦袴	孺子	乳虎	润湿
s	三保	三军	三王	三族	三代	三归	三类
	三献	山川	山林	山谷	山木	山人	山阴
	善恶	善人	膳豚	商旅	赏邑	赏誉	赏罚
	上帝	上客	上君	上令	上士	上下	社鼠
	社稷	身服	身体	身养	身游	深忧	神明
	蜃蛤	升斗	声名	声乐	生道	生事	生死
	生养	盛德	盛君	圣人	圣王	圣相	乘马
	乘舆	失行	尸车	食味	食馈	什伍	时宜
	使臣	使令	使者	市买	市租	嗜欲	世国
	世君	世民	世俗	世世	士待（侍）	士民
	是非	思虑	私财	私臣	私恚	私家	私量
	私晙	私问	私义	私邑	死力	死命	死骴
	死罪	四方	四封	四海	四量	四邻	四时
	四维	四物	四乡	四支	兕虎	驷马	松柏
	讼夫	首服	书社	菽粟	术客	庶民	庶人
	树国	树木	俗流	俗人	粟米	素绣	夙夜
	衰世	爽壏	水土	税敛	岁事	圣贤人	
t	苔菜	台榭	太上	太子	唐园	縢履	天道
	天时	天下	天子	天地	田畴	田野	条枚
	条理	条缨	通患	通人	童子	偷窳	土事
	豚肩	脱粟					
w	外臣	外宠	外隶	外内	危国	威强	威严
	威仪	委积	玩好	玩好	玩物	万民	万乘
	万国	亡国	亡君	王室	王子	网罟	韦庐
	帏幕	文德	文绣	文章	污池	诬行	无道
	无功	无主	无罪	五彩	五声	五味	武夫
	武功						
x	西方	牺牲	醯醢	蹊径	习俗	喜色	舄履

	细民	细物	细人	细腰	下陈	下吏	下流
	夏后	夏殷	夏谚	先臣	先君	先人	先生
	先圣	先王	弦歌	贤君	贤良	贤能	贤人
	贤王	贤相	闲士	显士	县鄙	羡获	羡禄
	羡赏	羡食	羡刑	乡里	相相	小国	小人
	小事	小子	孝弟	孝子	邪逆	邪辟	邪僻
	邪人	邪术	邪行	心力	薪橑	薪蒸	信君
	信行	星辰	刑罚	刑杀	刑政	刑辟	行义
	兄弟	凶门	宣武	璿室	选射	学士	血气
y	颜色	燕客	谚言	阳冰	妖祥	铫耨	野鄙
	野草	野人	夜分	业土	一气	衣带	衣衾
	衣裳	衣服	衣冠	衣裘	衣食	仪法	倚庐
	义理	异日	异姓	益友	义劳（羡荣之误）		
	意气	逸乐	阴水	阴阳	殷人	殷夏	殷众
	淫暴	淫君	淫乐	淫民	淫事	饮食	隐揉
	婴儿	勇力	勇士	用财	游士	游观	有司
	右手	鱼鳖	鱼盐	渔盐	鱼肉	愚君	愚人
	庚肆	谀臣	谀巧	谀人	竽瑟	虞夏	隅胧
	宇溜	玉门	欲辟	械樸	御夫	狱讼	狱谳
	渊泽	元端	元豹	远臣	怨业	怨治	乐人
	刖跪						
z	灾害	灾伤	宰夫	斋具	宅人	馈肉	战车
	栈轸	长年	长少	长上	长率（幼）	长幼	
	丈夫	葬埋	昭功	朝食	朝夕	朝昔	糟糠
	蚤岁	皂隶	燥湿	哲冲	哲夫	哲妇	泽人
	争受	征兆	烝枣	整齐	正道	正公	正闺
	正谏	正生	正士	正昼	政刑	政教	榆巢
	缁布	子臣	子孙	之间	枝叶	直兵	直辞
	直木	直席	直言	职业	知虑	至圣	至贤

志念	志意	钟鼓	忠臣	中免	中食	终日
终身	终月	重官	众民	众强	众人	众子
宗孽	宗庙	宗族	周觞	走狗	昼夜	诸父
诸子	属托	驵华	卒列	罪戾	罇觯	尊俎
左骖	左手	左右				

2.代词

A. 谦称

b　鄙臣　鄙人　婢妾　弊邑
g　寡君　寡人
j　贱臣　贱妾　贱史
x　小人

B. 尊称

e　二三子
f　夫子
w　吾子
x　先生
z　子大夫

C. 疑问代词

h　何必　何如　何为　何若　曷若　曷为　曷以
　　胡为　胡不
j　几何
n　奈何
r　如何　如之何　若何　若之何
w　恶乎
x　奚为　奚如
y　庸何

D. 其他

b　彼己
c　此其

g 各自

3. 数词

五六(约数)　十一　十二　十七　十有七　十有八
十有余　十数　三十七　四十　五十　六十　七十
八十五　数十　百数　三百　五百　数百　二千七百
三千　万三千　万七千　七十万　九十七万　百万
千万　亿兆　无几

4. 动词

(1) 一般动词

a　案据

b　罢归　罢酒　谤讟　保义　抱背　暴露　备具
　　备载　背弃　倍弃　偪迩　比数　比周　蔽谄
　　闭藏　避席　避走　弊车　弊冠　便僻　便事
　　宾服　病酒　病水　并重　播亡　薄视

c　采听　蚕桑　尝试　唱善　藏馀　朝服　陈骴
　　持国　持节　辞罪　承嗣　成文　成章　弛罢
　　慈惠　琩耳　充数　崇尚　从席　从政　出见
　　出猎　出令　出入　出田　出游　出犇　出亡
　　出政　处哀　处封　处身

d　大祭　道义　得命　得罪　第长　雕文　蹲行

f　发席　伐木　发(鬓)　笒　繁饰　反市　诽谤
　　废朝　废酒　分布　分争　粪洒　丰厚　奉馈
　　奉命　奉生　奉数　奉托　伏匿　拂杀　防塞
　　服政　抚存　俛就　负携　负载　赋敛

g　改容　改席　高大　高台　高誉　割地　歌舞
　　更容　更席　更正　公布　共贡　贡职　苟合
　　鼓舞　管龠　光辅

h　害伤　好色　合衽　合骨　合好　和集　厚葬
　　还忌　豢牧　扐夺　回逆　毁非

j	即位	即世	疾视	疾驰	给事	祭祀	加多
	加冠	加罪	假贷	驾御	菅屦	兼岁	僭令
	践有	荐罪	交举	交恶	交游	交友	矫夺
	矫诬	节养	介胄	矜恤	进伐	进师	进死
	纠合	就赐	就位	就席	就燕	举兵	举火
	举酒	举声	举事	据（居）处	聚居	聚敛	
	决竭	决狱					
k	刻镂	垦辟	哭泣	圹纮			
l	劳思	离散	离易	苙修	立功	立命	立政
	粒食	利通	粮食	裂断	霖雨	凌轹	流失
	流涕	流亡	龙蛇	镂刻	禄仕	辂车	鹿裘
	旅食						
m	埋葬	芼敛	美乐	梦见	瞢见	靡散	靡弊
	没世	没身	谋事	缪事	沐浴		
n	纳善	难非	鸟兽				
p	朋党	辟道	譬之犹				
q	稽首	起病	起舞	弃去	强食	强谏	切磋
	亲谒	亲治	寝病	请老	请命	请求	请身
	穷处	诎身	诎下	趋翔	去剖	乞骸骨	
r	任用	任使	日暮	日晏	入朝	入见	入殓
	入身	入坐					
s	洒除	散兵	散师	赏赐	尚司（同）	舍命	
	生长	施贶	施行	失哀	失爱	失德	失廉
	失伦	失容	失守	失行	失序	失言	失义
	失正	失忠	失尊	丝蚕	私色	试尝	视事
	侍坐	四量	送死	收恤	守职	守尊	受命
	输掠	疏远	庶几	述职	刷涕	所谓	
t	太息	谈议	袒免	涕泣	涕潢	田猎	听赁（任）
	畋渔	听朝	听命	听狱	听治	偷业	痛疾

	痛诛	徒处	徒居	徒行	退朝	退处	退食
w	望睹	望见	危覆	危坐	威戮	为类	为人
	为政	违席	委坏	谓之	闻命	问疾	无别
	无礼	五献					
x	下拜	下席	闲立	相见	相似	相望	相与
	信用	兴师	兴事	行歌	行哭	刑死	幸存
	恤劳	许诺	削迹	削行	学问	巡求	巡狩
	逊辞						
y	延及	言诺	延坐	掩形	燕赏	燕翼	扬美
	养求	养世	仰天	野处	衣衾	衣食	依归
	壹心	仪世	以为	以……为……		抑手	抑首
	易施	意者	隐处	隐匿	淫蛊	淫愚	营处
	壅蔽	拥蔽	拥塞	用兵	用法	用令	用事
	用飨	忧耻	优游	游猎	游泳	有道	有德
	有礼	有请	有事	有数	有为	有无	有以
	有罪	零途	踰越	燠休	豫交	元冠	说颂
	贾坠	陨失					
z	斩伐	斩刈	占梦	占瞢	长幼	长育	蚤朝
	振赡	征伐	征敛	支解	执法	直称	直言
	致乐	自得	自立	自顺	自刎	自养	钟爱
	种时（蒔）	从酒	从欲	周觔	走入	奏酘	
	诛赏	诛僇	诛虐	诛杀	祝祀	专制	罪法
	罪诛	尊醮	尊举	作工	作穷	作色	作事
	作为	佐佑					

(2) 助动词

可以

5. 形容词

| a | 哀乐 | 安和 | 安乐 | 奄然 | 傲然 | 傲物 | |
| b | 罢弊 | 班白 | 暴虐 | 卑狭 | 逼介 | 敝撤 | 变（褊）小 |

	不道	不回	不德	不给	不仁	不祥	不肖
	不孝	不幸	不义	不忠			
c	谗谀	谗谄	谄谀	常然	诚信	持久	迟速
	侈靡	辞让	慈惠	愁苦	愁忧	从容	黜慢
	蹴然	惙惙					
d	殚乏	诞意	得意	冻寒	冻馁	冻饿	怼怨
	多寡	惰倦	惰懈				
e	阿党	阿私					
f	蕃祉	繁充	烦乱	方立	肥利	非度	废灭
	忿急	忿怒	忿然	丰义（羡）		怫然	富贵
	富利						
g	刚柔	高大	高下	仡仡然	公正	槁暴	孤疾
	觚羸						
h	浩裾	和调	忽忽	欢然	欢忻	荒亡	回乱
	回曲	回邪	惛乱	惛忧			
j	饥饿	饥饿	饥寒	疾怨	疾徐	济济	僭嫚
	骄暴	骄泰	骄汰	节适	洁清	咎怨	蹶然
	喷然						
k	恺悌	刻廉	空虚	恐惧	恐慎	枯槁	苦病
	宽惠	狂僻	喟然	喷然			
l	老悖	老薄	老耄	老弱	老寿	廉政	漻漻
	零落	流连	流洒	癃老	录录	落落	
m	缦密	昧墨	萌通	迷惑	靡曼	密近	明惠
	敏逊	莫莫	默然				
p	滂滂	芘芘	丕显	罢弊	僻陋	辟邪	贫富
	贫穷	颇邪					
q	奇僻	强暴	强梁	愀然	轻重	清浊	清清
	穷困	穷通	穷约	湫隘	全善	逡循	逡巡
r	仁爱	仁义					

s	慑畏	奢侈	伤苦	圣贤	庶几	衰微	爽垲
	傃傃						
t	贪昧	堂堂	惕然	侻顺	妥妥		
w	望羊	危乱	危失	畏慑	无别	无德	无度
	无能	无私	无为	无邪			
x	溪盎	喜乐	贤质	相相然	器尘	小大	小心
	邪辟	邪逆	腥臊	凶饥	朽弊	朽蠹	巡遁
y	俨然	扬扬	夭昏	翼翼	噎噎	佚怠	溢尤
	抑损	淫侈	淫乱	淫乐	淫湎	淫佚	淫纵
	勇力	尤佚	有道	有德	有礼	有力	有数
	有为	怨疾	约病				
z	杂彩	诈伪	昭昭	仄陋	贼乱	锃然	自得
	直易	治平	忠廉	忠信	周流(疏)	专一	
	专易	庄敬					

6.副词

(1)语气副词

b　不亦
d　得微　得无　独庸
f　非乃
n　乃夫
q　岂不
s　庶其
w　未尝　无乃　毋乃
x　奚曾
y　犹且

(2)时间副词

e　俄而　而后
g　古者
j　既而　既已　今者

n 乃今
s 少间
w 未尝　未几　无几　无几何　无日　无时
x 昔者　夕者　乡者　向者
y 夜分　夜者　移时　已后　有间　有日
z 昼者

（3）敬谦副词
　　不辱

（4）情态副词
　　不得已

7. 连词
c 从而
d 得令
e 而况
k 况乎
q 且夫
r 然后　然则　然而　若夫　若乃　若使
s 是故　是以　虽然　虽使　所以
y 于是　于是乎　於是
z 之所为　之所以

表示选择关系的固定组合：与其……不如……　与其……岂如……

表示并列关系的固定组合：既……且……　既……又……

8. 助词
e 而已　而已矣　耳矣　耳也
j 嗟乎
s 所以（相当于"所"，结构助词）
w 呜呼　唯唯

y 焉乎 也夫 也已 也哉 也者 也乎哉

z 者也 之所(结构助词,相当于"所")

之所以(结构助词,相当于"所")

9.介词

s 所以(表示动作、行为所依凭的方式)

w 为……所……(表被动)

z 在于(介词,表处所)

(二)单音词

1.名词

(1)专有名词

A. 人名

b 柏 伯 鲍 稟

g 高 孤 国

h 胡 桓

j 建 接 桀 纠 据

k 孔 款 适

l 栾

q 骞 庆 丘

s 舜

t 汤 田 荼

w 微 文 武

x 卻 胅 羨 襄 胥 续

y 冶 婴 雍 禹 虞 原

z 章 纣 杼

B. 地名、国名、民族名、朝代名

c 蔡 陈 楚

d 狄 翟(狄)

e 阿

g 姑 穀
h 狢 胡 狐
j 纪 晋 莒 剧
l 蓼 聊 鲁
q 齐 寝
r 戎
s 商 摄 宋
t 台 滕
w 吴
x 夏 许
y 燕 殷 尤
z 菑 淄 邹 周

C. 星宿、文学作品名

f 茀
h 彗
s 《诗》 四
x 心 虚

(2) 普通名词

a 爱 哀
b 霸 败 板 邦 宝(室) 宝 暴 本 报 栖
  北 背 笔 鄙 辟 髀 陛 璧 币 弁 表
  兵 宾 冰 病 薄 博 帛 卜 布 苍 倡
c 侪 猜 财 骖 谗 长 常 仓 苍 倡
  策 笑 侧 朝 草 车 臣 称 诚 城 池
  尺 侈 辞 赐 次 虫 宠 仇 初 刍 厨
  衰 传(儒) 春 唇 寸
d 大 带 带(劳) 当(底儿) 党 刀 道 德 等
  敌 弟 地 经 冬 东 动 豆 胆 度 短
  多

e	恶	厄	恩	尔(迩)					
f	法	发	方	防	非	诽	费	分	风	封	缶
	否	夫	肤	服	福	幅	拂(弼)	辅	釜	府
	富	妇	父	傅	复					
g	高	告	歌	格	根	羹	工	功	公	宫	躬(肱)
	贡	狗	姑	骨	觳	鼓	古	故	官	棺	管
	关	冠	观	盥	珪	规	闺	轨	贵	国	过
h	海	醢	骸	害	寒	汗	埠	患	河	褐	鹤
	后	厚	壶	虎	槐	欢	黄	获	悔	惠	贿
	讳	魂	耆	火	祸	货	惑				
j	积	耆	期	疾	迹	极	藉	戟	纪	祭	伎
	系	计	节	甲	豜	家	葭	驾	教	槛(楹)	间
	剑	谏	肩	金	巾	奸	荐	贱	将	交	郊	阶
	睫	今	就	君	宑	旧	苴	禁	经	颈	井	境
	敬	酒	钧		军	口		居	橘	具	屦
	爵					毂	觖	困			
k	坎	康	可	客	劳	老	雷	累	李	里	理	廪	力
l	腊	贲	敛	笠	丽	廉	垒	僚	林	邻	辂	间
	礼	利	领	令	流	旒	量	路	鹿	禄	媚
	缕	履	芒	卵	乱	伦	论				
m		马	瞢	冕	面	美	美(水)	袂	梅	门	盟	母
		墓	木	难	南	庙	民	名	铭	命	陌	谋
n		男	虐		内	能	逆	年	鸟	孽	佞	农
o		女	偶								
p		区	旁	庖	辔	皮	僻	篇	偏	贫	仆	朴	樸
q		妻	齐(资)	衹	綦	气	器	前	强	强	巧	妾

	亲囚	琴绚	轻躯	情权	勍群	卿	穷	秋	丘	求	裘
r	热	人儒	仁弱	刃	仞	任	日	驲	容	肉	辱
s	丧裳盛时事守	瑟色上身实是薮水	少儒神（罚）侍寿税	山舌蛇蠡实世书绥	苦舍肆史私鼠岁	膳社湿失使笥粟穗	善深失始死崇	商生师室嗣俗孙	鲊声尸势驷术损	赏食市手数所	尚石士首树	乘
t	台途	坛塗	堂徒	桃土	体豚	蹄托	绨	涕	天	田	头
w	外文	王贔	望问	妄(妾)污	巫	危诬	威舞	委武	味物	位	尾
x	西贤飨(享)序兄	醢闲(享)新轩	蹊闲象薪穴	昔显枭心血	习县鸮信	席县(悬)小星	细乡笑形	下相削行	夏祥邪姓	先相刑幸	鲜响性凶
y	烟野役影囿誉愿	言邑勇鱼狱约	颜叶翌踊余欲乐	盐业弋优愚玉	燕夜艺麂笭御	谚衣义由与圆	殃医益游(斿)语缘	疡宜阴(斿)黿	阳意音牖辕	养意("德"的异体字)银友远	要 楹 右 雨 怨
z	札则	宅泽	宰贼	赞征	长政	葬正	朝智	兆志	枣制	责(债)职	执

植	指	枳	质	秩	雉	知(智)	治	茈	资
赀	脂	子	中	忠	钟	种	踵	众	宗	粥
珠	竹	主	祝	足	卒	族	且(组)	驵	状
坠	罪	尊	鳟	拙	左	阼			

2. 代词

(1)第一人称

w 我 吾

y 予 余

(2)第二人称

e 尔 而(尔)

r 汝

(3)己身代词

j 己

z 自

(4)谦称、尊称

A. 谦称

c 臣

g 孤

p 仆

q 妾

B. 尊称

g 公

j 君

z 子

(5)第三人称代词

q 其

z 之 诸

(6)指示代词

b 彼

c 此
f 夫
j 厥
r 若　然
s 是　时(是)
t 它
y 焉
(7) 兼词
z 之　诸
y 焉
(8) 疑问代词
a 安
h 何　曷　盍　胡
s 谁　孰
w 恶
x 奚
y 焉
(9) 不定代词
g 各
h 或
m 莫
3. 数词
半　一　壹　两　再　二　三　四　五　六　七　八
九　十　百　千　万　诸　倍
4. 量词
(1) 度量
b 步
c 尺　寸
j 金

l 里
r 仞
s 升
z 总

(2)容量
d 豆
f 釜
o 区
s 升 乘
z 钟

(3)重量
j 钧

5.动词

(1)一般动词

a	安	按	哀	爱	傲				
b	拔	把	霸	罢	白	拜	败	半	谤	饱	保
	暴	报	悲	卑	背	倍(背)	弊	备	被	犇	本
	偪	比	毕	便	偋	蹩(擗)	辩	擯	辟	避	弥
	躄	蔽	鞭	搏	卜	变	别	步	并	病	播
	驳	薄			补	布					
c	察	裁	焯	骖	残	尝	唱	藏	朝	巢	操
	策	侧	撤	彻	耻	陈	臣	称	乘	承	持
	驰	弛	冲	佽	宠	敕	饬	斥	辞	慈	刺
	赐		传	创	垂	从	抽	瘳	除	憚	粗
	穿		带	带(劳)	盗	逮	错	代	戴	敌	单
d	大	殚	当	导	斗	道	得	贷	待	敚	吊
		定	东	夺	动	蠹	睹	德	登		遁
		多			堕			度	断		

e	恶	贰							
f	发	伐	罚	法	烦	繁	反	返	犯	妨	防
	飞	非	悱（诽）	费	废	分	焚	复	偾	丰	封
	逢	奉	浮（罚）	服	伏	拂	复	抚	俯	俛
	辅	附	缚	幅	富	覆	傅	负	腹	袝
g	改	盖	高	告	干	歌	革	给	耕	更	寡
	怪	广	归	贵	跪	攻	共	供	孤	酤	沽
	罟	穀	鼓	贾	顾	冠	灌	官	观	裹	过
h	骇	害	号	耗	好	合	阖	齕	荷	贺	恨（很）
	后	厚	呼	化	华	怀	缓	欢	患	挥	回
	悔	毁	惠	会	讳	祸	获				
j	讥	击	疾	藉	及	急	极	积	计	系	寄
	济	忌	继	祭	加	嘉	假	嫁	驾	兼	监（鉴）
	间	减	俭	建	谏	荐	见	贱	降	焦	骄
	交	姣	教	接	结	节	解	劫	竭	洁	戒
	诫	疥	禁	矜	进	近	尽	敬	究	就	咎
	救	拘	居	举	惧	据	距	聚	具	拒	捐
	绝	橛（撅）	厥（结）		掘	决	觉	均	君		
k	开	垎	伉	考	苛	刻	咳（阂）	可	恐	哭
	枯	苦	夸	宽	款	匡	亏	阃	馈	愧	捆
	梱									
l	来	赖	劳	乐	累	立	历	利	离	理	礼
	苙	连	敛	硷	量	裂	猎	临	陵	凌	领
	令	留	流	镂	禄	戮	僇	挛	乱	虑	论
	落									
m	满	没	美	卖	盟	梦	瞢	縻	勉	面	涵
	免	灭	悯	慭	明	鸣	命	拟	墨	谋	牧	怒	暖
n	纳	南	难	内（纳）		逆	溺	凝		
	虐									

o	偶								
p	叛 聘	佩 破	配 剖	烹	疲	匹	偏	摽	贫	平	屏
q	欺 潜 轻 驱 却	栖 遣 请 趋	齐 嗛 倾 趣	起 强 庆 趣(趋)	乞 切 庆(荐)	祈 挈 取	启 窃 穷 去	弃 亲 求 全	泣 侵 曲 劝	搴 勤 屈 权	迁 寝 诎 悛
r	襄 辱	让 乳	饶 入	热 若	忍	任	容	荣(营)	揉	如
s	杀 尚 射 实 饰 恃 收 属 遂	塞 丧 审 石 饰(饬)	店 烧 生 时 思 守 树 酸	擅 少 声 识 事 授 数 顺	赡 绍 升 食 试 死 授(援)	善 舍 省 始 视 似 受 束 损	散 捨 申 使 仕 嗣 售 速	伤 涉 胜 逝 示 祀 书 宿	商 赦 盛 适 嗜 肆 殊 刷	赏 设 失 弑 噬 驷 疏 率	上 设(许) 施 释 侍 讼 赎 水 睡 随
t	贪 听 脱	弹 通	祖 同	探	叹 投	慆 涂	逃 图	体 吐	替 传	畋 推	退	调 托
w	玩 为 无	鞔 违 舞	王 委 务	亡 伪 恶	往 畏	忘 谓	望 温	危 文	微 闻	威 问	维 污
x	息 衔 象 兴	熙(嬉) 陷 向 兴(與)	王 献 削	夕 羡 小 行	席 县(悬) 效 刑	袭 笑 凶	喜 相 谢 修	洗 享 泄 修(循)	暇 飨 新 休	下 飨(享) 薪	先 信

143

		羞	朽	徐	许	恤	畜	蓄	续	悬	选	学

y 羞 朽 徐 许 恤 畜 蓄 续 悬 选 学
　熏 燕 言 巡 驯（训） 掩 撙 厌 偃 映 伴
　扬 养 延 严 宴 遏 衣 依 移 遗 疑
　贻 宜 仰 要 饐 议 诣 易 异 意 义（议）
　邑 把 已 益 缢 淫 引 饮 隐 应 迎
　营 拥 役 因 踊 檃 游 游 犹 有 右
　遇 与 壅 踊 俞 淫 蹈 蹫 谕 渔 语
　予 雨 诶 渝 豫 寓 逾 欲 誉 愈 冤
　援 远 怨 愿 曰 斋 跃 说 云 愠

z 杂 宰 杖 在 仗 载 葬 沾 斩 占 战 湛 彰
　张 责 择 贼 赞 振 召 征 诏 争 凿 正 遭 折
　织 知 之 枕 植 葬 止 祉 正（匀） 制 治 赠
　致 炙 资 执 子 中 忠 置 踵 至 宗
　周 走 奏 眥 诛 逐 祝 助 终 筑 主 著
　铸 卒 足 诅 专 壮 撞 注 罪 尊 遵
　啄 酌 佐 作 坐 追

(2) 助动词
d 当 得
g 敢
j 见（表被动）
k 可 克 肯
l 竜（能）
n 能
s 受（表被动）
y 宜 欲 愿

6. 形容词
a 哀 爱 安

b	饱	暴	悲	卑	悖	鄙	弊	便	别	病	并
c	博	薄	惭	残	谄	苍	昌	长	常	称	成	诚
d	材	醒	迟	佗	赤	淡	得	笃	短	兑(锐)	粗	迤
d	大	瘁	殆	急	殚							顿
e	多		惰									
e	阿	俄	饿	恶	迩							
f	乏	法	繁	非(骄)	费	奋	丰	腐(恭)	富		谷	厚
g	甘	高	槁(骄)	恭	工	共	苟	过				悟
g	古	故	固	寡	怪	广	贵	果	恨	秽		
h	骇	酗	寒	旱	和	合(给)	黄	黑	惠	后		
h	华	坏	欢	骒	荒			回				
h	浑(温)	惑				惶						
j	饥	急	疾	嫉	及	几	霁	济	加	俭	坚	
j	贱	僭	焦	姣	狡	骄	结	竭	节	矜	谨	
j	尽	惊	静	扃	久	旧	巨	遽	具	惧	倨	
k	苛(苟)	劳	老	利	连	廉	狂	愧	困	恺	令	流
l	滥	聋	陋	乱	俚	偻	良	吝			缪(谬)	
m	隆	慢	茂	美	猛	迷	靡		敏	明		
n	侵	暮	矮	逆	溺	怒	虐	暖	迫	屈	曲	
p	难	罢	僻(辟)	怯	僻	轻	平	贫	勤	穷	弱	生
q	蓬	威	强	群		清					甚	殊
q	齐	铨	让	热	仁	柔	荣	辱				盛
r	全	鬓	畜	善		深	神	审				疏
s	然	鳏	私	死	肆	失	奢	时	是	寿		
s	少											
s	胜											

t	熟 贪	速 谄	遬 调	肃 听	衰 通	酸 同	顺 痛	偷	偸	
w	完 谓("调"的讹字)	婉	亡	往 温	威 汗	微 武	危	危(诡)	违	伪
x	希(稀) 闲 幸	惜 贤 凶	皙 咸 朽	习 显 虚	喜 羡 徐	细 小	孝	狭 懈	瑕 新	下 信	鲜 兴
y	颜 佚 馀	严 瘖 愚	厌 淫 郁	餍 阴 缘	晏 隐 远	扬 赢(挺) 怨	野 勇 约	逸 说	异 忧 哲	义 友	易 有
z	湛 正 忠 遵(逡巡)	彰 政(正) 重	长 众	早 知(智) 周 拙	蚤(早) 直 驵 浊	昭 治 足	质 著	贼 智 专	贞 壮	箴 中 醉	尊

7. 副词

(1) 范围副词

b 毕 遍 徧 并 竝

d 独

f 凡

g 共

j 兼 皆 仅 尽 俱

m 每

t 特 徒

w 维 惟 唯

x 偕

y 亦

z 直 祗 专

(2) 语气副词

c 曾

d	殆	独		
f	凡	反		
g	盖			
h	何	合(盍)	胡	
j	几			
n	乃	迺		
q	其	岂		
s	适	孰	庶	
w	妄			
x	奚	焉		
y	焉	庸		

(3)否定副词
b	不			
f	非	匪	否	弗
m	靡	莫		
w	未	毋	无	勿

(4)情态副词
b	必		
c	诚		
g	故	固	果
j	交		
s	尚		
x	相	信	
y	亦	犹	
z	正		

(5)数量副词
d	迭	
f	复	
g	更	

l 屡
s 数
y 又
z 载(再次)
(6) 时间副词
b 比
c 常 尝
f 方
g 姑 故
h 后
j 即 既 将 今 旧 立
n 曩
q 前 且
r 日
s 时
x 昔 先 新
y 已
z 终 卒
(7) 程度副词
d 大
h 何
j 极 遽
s 少 甚
y 已 亦 愈
z 滋 最
(8) 敬谦副词
g 敢
j 敬
q 窃 请

r 辱
x 幸

8.介词

b 比
c 从
d 当
h 乎
j 及
r 如 若
w 望 为 谓
y 以 矣(以) 因 用 由 于 於 与
z 之 自

9.连词

c 诚
e 而
g 苟 故 固 顾
j 及 即
k 况
l 令
n 乃
q 且
r 然 如 若
s 使 虽 遂
w 维
y 以 因 由 与
z 则

10.助词

(1)结构助词

q 其(相当于"之")

s 是(宾语前置标志)　所
z 之(表修饰、限制和取消句子独立性)　者
(2)称音助词
q 其　且
r 然(附着词后)
s 式
y 以(表示方位)　聿(附着词前)
z 载(附着词前)　止
(3)语气助词
e 耳
f 夫(句首)　夫(句尾)
g 盖
h 乎(句中)　乎(句末)
w 维　为　恶
x 嘻　兮
y 焉　耶　邪(耶)　也　意(噫)　矣(句末)　矣(句中)
　　以(矣)　已(矣)　欤
z 哉　者

二、《晏子春秋》词的兼类分析

(一)《晏子春秋》兼类词的类型

《晏子春秋》有兼类词 517 个,按其所兼词类的多少可分为以下几种类型:

(1)兼 2 个词类的词

这类词有 384 个。例如:

霸　①动词,称霸。《谏上·第 9 章》:"以霸诸侯。"②名

词,霸主,霸业。《谏下·第 15 章》:"昔仲父之霸何如?"

殆 ①形容词,危险。《问下·第 16 章》:"殆哉吾过。"②副词,表揣测,大概、可能。《谏下·第 10 章》:"殆所谓不祥也。"

鼓 ①名词,打击乐器。《谏上·第 22 章》:"鼓毁将瘗。"②动词,奏乐。《杂下·第 5 章》:"使师开鼓琴。"

寡 ①形容词,少。《谏下·第 24 章》:"士众而桃寡。"②使动用法,使少。《问上·第 27 章》:"寡其官而多其行。"

俭 ①形容词,俭朴。《谏下·第 20 章》:"其台榭俭。"②形容词,少、轻。《问上·第 26 章》:"俭于籍敛。"③使动用法,使俭朴。《杂下·第 20 章》:"俭居处者,名广于外。"

款 ①动词,叩、敲。《杂上·第 12 章》:"前驱款门曰。"②名词,人名,即裔款。《外篇第七·第 7 章》:"据与款谓寡人能事鬼神。"

立 ①动词,存在、立身。《谏上·第 1 章》:"身立威强。"②动词,立尊位(太子、君王)。《谏上·第 1 章》:"废长立少。"③动词,居尊位。《谏上·第 16 章》:"婴闻明王不徒立。"④动词,站立。《谏上·第 20 章》:"立有间。"⑤动词,树立、建立。《杂上·第 13 章》:"能立社稷。"⑥动词,治理。《谏下·第 2 章》:"明君莅国立政。"⑦时间副词,立刻。《杂上·第 10 章》:"可立而以闻。"

神 ①名词,神仙。《问上·第 22 章》:"神降福而不靡。"②形容词,神异、灵异。《谏上·第 12 章》:"上帝神。"

事 ①名词,事情、事业。《外篇第七·第 15 章》:"夫智与惠,君子之事。"②动词,有事做、做事。《谏上·第 20 章》:"士既事者兼月。"③动词,侍奉。《问上·第 29 章》:"晏子以一心事百君者也。"

(2)兼 3 个词类的词

这类词有 108 个。例如:

费 ①名词，费用、财物。《杂上·第 14 章》："下伤其费。"②形容词，浪费。《谏下·第 14 章》："用财甚费。"③使动用法，过多花费。《外篇第八·第 2 章》："以为费财留工。"

夫 ①名词，女子配偶，丈夫。《谏下·第 22 章》："妻专其夫。"②指示代词，这，这个；那，那个。《问上·第 9 章》："患夫社鼠。"③句前助词。《外篇第八·第 15 章》："夫行不可不务也。"④句末语气助词。《外篇第八·第 19 章》："百姓将谁告夫！"

胡 ①名词，北方少数民族之一。《谏下·第 1 章》："今夫胡貉戎狄之蓄狗也。"②人名，齐国先君胡公静，享国长久。《谏上·第 13 章》："使君之年长于胡。"③疑问代词。《杂上·第 26 章》："夫子胡为忧也？"④疑问副词，为什么。《外篇第七·第 15 章》："胡必然也？"

交 ①动词，结交。《问上·第 1 章》："尽忠不豫交。"②名词，交情、交游。《杂上·第 18 章》："交之所以长久也。"③名词，外交。《问下·第 16 章》："诸侯之交。"④动词，勾结。《谏下·第 21 章》："邪行交于国也。"⑤副词，互相。《谏上·第 19 章》："上下交离。"

节 ①名词，节气。《谏下·第 13 章》："故鲁工不知寒温之节、轻重之量。"②名词，节操。《谏上·第 16 章》："则持节以没世耳。"③名词，礼节、节度。《外篇第八·第 2 章》："制规矩之节。"④名词，节奏、节拍。《杂上·第 3 章》："按之成节而后去。"⑤动词，守节操。《谏下·第 24 章》："二子同桃而节。"⑥动词，有节制。《谏上·第 3 章》："愿君节之也。"⑦动词，抑制、限制。《问下·第 4 章》："节欲则民富。"⑧形容词，调顺。《杂上·第 17 章》："寒温节。""节"虽有 8 个义项，但按词性归纳，却只属名词、动词、形容词 3 个词类。

君 ①名词，国君、君王。《谏上·第 14 章》："然后为帝王之君。"②动词，做君主、统治。《杂上·第 2 章》："君民者。"③尊称代词,臣对君之尊称。《谏下·第 8 章》:"君不听臣,臣将逝矣。"④尊称代词,对一般人的尊称。《杂上·第 20 章》:"君何年少,而弃国之蚤?""君"有 4 个义项,属 3 个词类:名词、动词、代词。

流 ①名词,水流。《谏下·第 24 章》:"潜行逆流百步。"②动词,流淌。《问上·第 8 章》:"若水之流下也。"③形容词,流连。《问下·第 1 章》:"夫从南历时而不反谓之流。"

乱 ①形容词,混乱、无秩序。《谏上·第 3 章》:"内无乱行。"②动词,扰乱。《谏上·第 11 章》:"故孽不乱宗。"③使动用法,使混乱。《谏上·第 16 章》:"今君以政乱国。"④名词,变乱。《外篇第八·第 15 章》:"国人以为有乱也。""乱"有 4 个义项,属 3 个词类:名词、动词、形容词。

虐 ①形容词,暴虐、酷虐。《谏上·第 24 章》:"罪不知谓之虐。"②名词,暴虐之事。《谏下·第 5 章》:"晏子助天为虐。"③名词,灾害。《问上·第 22 章》:"风雨不降虐。"④动词,虐待。《问下·第 19 章》:"用于上则虐民。""虐"有 4 个义项,属名词、动词、形容词 3 个词类。

(3)兼 4 个词类的词

这类词有 24 个。例如:

且 ①连词,况且。《谏上·第 9 章》:"且不乐治人,而乐治马。"②连词,又。《杂下·第 24 章》:"亦老且恶矣。"③副词,将。《谏上·第 15 章》:"民且有饥色。"④衬音助词。《外篇第七·第 10 章》:"式歌且舞。"⑤通假"组",名词,丝带。《谏下·第 15 章》:"带球玉而冠且。"

少 ①形容词,年轻。《杂上·第 5 章》:"君何年之少,而弃国之蚤?"②形容词,数量少。《谏下·第 22 章》:"何爱者之少邪?"③名词,幼子。《谏上·第 11 章》:"废长立少。"④动词,有少量。《外篇第七·第 20 章》:"仓库少内。"⑤副词,少量、略微。《谏上·第 15 章》:"寡人欲少赋敛以祠灵山。"

时 ①名词,季节、时限。《谏上·第15章》:"齐大旱逾时。"②名词,时代、时期。《谏上·第16章》:"当是时。"③名词,当时、时下。《问上·第21章》:"涉时所议。"④名词,时机、时势。《问上·第1章》:"威当世而服天下,时耶?"⑤时间副词,隔段时间,时时、经常。《外篇第七·第22章》:"小国时朝。"⑥形容词,调顺。《谏上·第18章》:"风雨不时。"⑦形容词,按时间规律。《杂上·第12章》:"君何为非时而夜辱?"⑧通假"是",指示代词,这是。《问下·第27章》:"得之时其所也。"

维 ①动词,维护、保持。《外篇第八·第4章》:"不维其行,不识其过,不能自立也。"②判断词,是、为。《谏上·第15章》:"其维有德。"③副词,惟独、只。《外篇第七·第15章》:"维礼可以已之。"④连词,因为。《外篇第七·第1章》:"夫麋鹿维无礼,故父子同麀。"⑤衬音助词。《杂上·第3章》:"维子图之也。"

为 ①动词,建造。《外篇第七·第2章》:"为台榭。"②动词,表示判断。《谏上·第1章》:"汤武用兵而不为逆。"③介词,表目的。《杂上·第16章》:"吾为子舞之。"④连词,表原因。《谏上·第23章》:"为社稷宗庙之不享乎?"⑤介词,表被动。《谏下·第8章》:"而为诸侯笑。"⑥介词,表对象。《谏上·第15章》:"今为之奈何?"⑦句末语气词。《谏下·第12章》:"何以礼为?"

新 ①意动用法,认为新鲜,即重视。《问下·第30章》:"新始好利。"②形容词,新的。《杂上·第14章》:"令器必新。"③名词,新人、新事物。《问上·第21章》:"欢乎新。"④时间副词,刚刚。《杂下·第5章》:"景公新成柏寝之台。"

幸 ①形容词,幸运。《谏上·第15章》:"其幸而雨乎?"②形容词,侥幸。《问上·第21章》:"而幸以求进。"

③名词,宠幸。《问下·第27章》:"不要幸。"④敬谦副词。《谏上·第5章》:"愿夫子之幸存寡人。"⑤名词,好运。《外篇第八·第4章》:"有幸见爱。"⑥动词,有好运。《问下·第27章》:"先其难乎而后幸。"

有 ①动词,表存在。《谏下·第3章》:"有斩竹者焉。"②动词,表领有。《谏下·第18章》:"高大者有赏。"③动词,通假"宥",赦免。《问上·第9章》:"腹而有之。"④动词,专擅。《问下·第5章》:"庆(荐)善而不有其名。"⑤形容词,夸耀。《外篇第七·第27章》:"行补三君而不有。"⑥名词,具有的财物。《外篇第七·第11章》:"既夺人有,又禁其葬。"⑦动词,表余数。《谏上·第5章》:"霖雨十有七日。"⑧副词,表动作连续,又。《杂上·第23章》:"虽有槁暴。"

与 ①动词,给予、赐予。《谏上·第19章》:"睹饥者与之食。"②动词,参与。《杂上·第12章》:"臣不敢与焉。"③动词,亲附、拥戴。《问上·第5章》:"百姓不与。"④动词,结交、往来。《杂上·第29章》:"则不与。"⑤动词,与……共同享有、共同承担。《杂上·第14章》:"故天子与天下。"⑥动词,辅佐。《问下·第20章》:"身无以与君。"⑦名词,同伙、党羽。《问上·第21章》:"而阴为之与。"⑧介词,同、和。《谏下·第12章》:"吾欲与夫子燕。"⑨连词,和。《谏下·第3章》:"则其中有金与玉焉。"

载 ①动词,乘车。《谏下·第2章》:"载过者驰。"②动词,拉载。《杂上·第24章》:"因载而与之俱归。"③名词,车辆。《外篇第七·第22章》:"晏子归,备载。"④通假"再",副词。《外篇第八·第8章》:"载一愿!"⑤称音助词。《谏上·第9章》:"载骖载驷,君子所诫。"

(4) 兼5个词类的词

这类词有1个:

恶 ①名词,恶人、恶事。《谏上·第21章》:"百恶可去。"②动词,憎恶。《谏上·第 7 章》:"逆于己者恶之。"③形容词,丑陋。《杂下·第 24 章》:"乃此则老且恶。"④形容词,悲惨。《谏上·第 16 章》:"桀纣之卒不能恶焉。"⑤形容词,粗劣。《外篇第七·第 26 章》:"是翯衣之恶也?"⑥意动用法,以为粗劣。《谏下·第 14 章》:"古者尝有处橧巢窟穴而不恶。"⑦形容词,羞愧、羞耻。《问下·第 20 章》:"苟得不知所恶。"⑧疑问代词,哪里、怎么。《谏下·第 17 章》:"恶有拒而不受者哉?"⑨叹词,唉。《外篇第八·第 12 章》:"恶,然乎?""恶"有 9 个义项,属名词、动词、形容词、代词、叹词 5 个词类。

(二)《晏子春秋》兼类词产生的原因与途径

兼类词的产生,是有限的词语与无限的事物矛盾运动的结果。世界上的事物数不胜数,层出不穷,但用来表达事物的词语有限,这就产生了矛盾。怎样用有限的词语表达无限的事物?最经济的方法就是一个词语担当数种职务,即一个词语表达多种意义,而这多种意义极有可能兼属不同的词类。这就是兼类词产生的原因。一个词语要表达多种意义,途径不外乎引申、假借、活用等。下面分别叙述:

(1)词义的引申

词义的引申是《晏子春秋》兼类词产生的最重要途径。例如:

流 本义为水流淌,动词。《说文》:"水行也。"有以下义项:①动词,水流淌。《问上·第 8 章》:"若水之流下也。"②名词,水流。《谏下·第 24 章》:"潜行逆流百步。"③形容词,流连。《问下·第 1 章》:"夫从南历时而不反谓之流。"其中第 2、3 个义项为引申义,分别为名词和形容词,增加了"流"的词类归属。

论 本义为谈论,动词。《说文》:"论,议也。"有以下义项:①动词,议论、评论。《谏上·第 14 章》:"所论之卑也。"②名词,言论。《谏下·第 1 章》:"下审其论。"③动词,依照、根据。《外篇第七·第 24 章》:"昔圣王论功而赏贤。"其中第 2 义项为引申义,为名词,增加了"论"的词类归属。

命 本义为命令,动词。《说文》:"命,使也。"有以下义项:①动词,命令、让。《谏上·第 10 章》:"君命其臣。"②名词,命令、指令。《问下·第 10 章》:"得奉君命。"③动词,命名、叫。《问下·第 20 章》:"命之曰处封之民。"④名词,生命。《杂上·第 3 章》:"舍命不渝。"⑤名词,天命、命运。《外篇第七·第 6 章》:"不贰其命。"其中第 2、4、5 个义项为引申义,名词,增加了"命"的词类归属。

听 本义为用耳朵听声音,动词。《说文》:"听,聆也。"有以下义项:①动词,以耳听。《问下·第 2 章》:"止车而听之。"②动词,听从。《谏上·第 2 章》:"公湎而不听。"③动词,断狱。《问下·第 14 章》:"谨听节俭。"④形容词,听话。《外篇第七·第 15 章》:"妇听而婉。"其中第 4 个义项为引申义,形容词,增加了"听"的词类归属。

通 本义为到达,动词。《说文》:"通,达也。"段注:"通、达双声。《禹贡》:'达于河。'《今文尚书》作'通于河'。"有以下义项:①形容词,仕途亨通。《问上·第 13 章》:"故通则视其所举。"②形容词,顺畅。《问上·第 6 章》:"志意不通。"③形容词,精通。《外篇第七·第 17 章》:"微事不通。"④动词,告知。《外篇第七·第 24 章》:"通之诸侯。"⑤动词,交往。《外篇第八·第 11 章》:"男女有别而不通。"⑥动词,传递。《外篇第七·第 27 章》:"相三君而善不通下。"⑦动词,传承。《外篇第七·第 24 章》:"通之子孙。"⑧形容词,全部。《杂上·第 29 章》:"通国事勿论。"⑨使动用法,使畅通。《谏上·第 3 章》:"足以通气和好而已矣。"其中第 1、2、3、8 个义项为引申义,形容词,增加了"通"的词类归属。

习 本义为练习飞翔,动词。《说文》:"习,教飞也。"《礼记·月令》:"鹰乃学习。"有以下义项:①形容词,熟悉。《杂上·第 21 章》:"孰谓晏子习于礼乎?"②名词,习惯、习俗。《问上·第 18 章》:"古者百里而异习。"两个义项都是引申义,分别为形容词和名词,增加了"习"的词类归属。

野 本义为郊野、郊外,名词。《说文》:"野,郊外也。"段注:"邑外谓之郊,郊外谓之野。"有以下义项:①名词,田野、原野。《杂上·第 3 章》:"鹿生于野。"②名词,分野。《谏上·第 21 章》:"虚,齐野也。"③形容词,野蛮、粗野。《外篇第七·第 17 章》:"吾闻齐君盖贼以慢,野以暴。"④名词作状语,在野地。《谏上·第 15 章》:"于是景公出,野居暴露。"其中第 3 个义项为引申义,形容词,增加了"野"的词类归属。

(2)文字的假借(包括通假)

辟 本义为君王,名词。《尔雅·释诂》:"辟,君也。"有以下义项:①动词,开启。《谏上·第 22 章》:"辟门召占梦者。"②动词,开垦。《谏上·第 23 章》:"为田野之不辟。"③动词,罢黜。《问上·第 26 章》:"辟梁丘据无使受报。"④"僻"的古字,形容词,行为偏邪。《谏下·第 23 章》:"行辟若此。"⑤名词,"癖"的古字,嗜好。《问上·第 7 章》:"不以饮食之辟害民之财。"⑥动词,"避"的古字,躲避。《问下·第 15 章》:"以辟饥渴寒暑。"其中 4、5、6 义项为假借义,而"辟"的本义为"君王",为名词,4、6 义项分别是形容词和动词,增加了"辟"的词类所属。

罢 本义为贬黜,动词。《说文》:"遣有罪也。"有以下义项:①动词,停止。《谏上·第 2 章》:"遂罢酒。"②形容词,通假"疲",疲劳、劳顿。《谏下·第 16 章》:"日晏不罢。"《问上·第 1 章》:"国罢民害。"③通假"疲",使动用法,疲劳、劳顿。《杂上·第 17 章》:"臣恐罢民弊兵。"其中第 2、3 个义项为通假而产生,而第 2 个义项为形容词,增加了"罢"义项的词类归属。

共 本义为"供给",动词。《说文解字注》:"《周礼》、《尚书》供给、供奉字,皆借'共'为之。"有以下义项:①"供"的古字,动词,供给。《问上·第5章》:"燕、鲁共贡。"②副词,共同。《谏上·第15章》:"与灵山、河伯共忧。"③动词,共有。《外篇第七·第1章》:"与夫子共之。"④形容词,恭敬。《杂下·第13章》:"共立似君子,出言而非也。"其中第2个义项为假借义,副词,增加了"共"义项的词类归属。

合 本义为合拢、闭合,动词。《说文》:"合,合口也。"朱芳圃《殷周文字释丛》:"字象器盖相合之形。"有以下义项:①动词,汇集。《谏下·第17章》:"合升斗之微以满仓廪。"②动词,符合。《问上·第10章》:"政必合于民。"③动词,会盟。《问下·第3章》:"九合诸侯。"④通假"盍",疑问代词,为什么。《外篇第八·第12章》:"合色寡人也?"⑤通假"给",形容词,充足。《问上·第2章》:"君得合而欲多。"其中第4、5个义项为假借义,分别为代词和副词,增加了"合"义项的词类归属。

旧(舊) 本义为鸱枭一类猛鸟,名词。《说文》:"鸱舊,舊留也。"假借为以下义项:①形容词,陈旧的。《杂下·第22章》:"卒复其旧宅。"②副词,旧时。《问下·第17章》:"齐旧四量。"③名词,过去的样子。《杂下·第22章》:"皆如其旧。"第1、2个义项分别为形容词和副词,增加了"旧"义项的词类归属。

且 本义为始祖,名词,在甲骨文中用为此义,但此义在古籍中稀见。《说文》:"且,荐也"。即"俎"初文,恐不确。有以下义项:①连词,况且。《谏上·第9章》:"且不乐治人,而乐治马。"②连词,又。《杂下·第24章》:"亦老且恶矣。"③副词,将。《谏上·第15章》:"民且有饥色。"④衬音助词。《外篇第七·第10章》:"式歌且舞。"⑤通假"组",名词,丝带。《谏下·第 15 章》:"带球玉而冠且。"其中第 5 个义项为假借义,是名词,增加了"且"义项的词类归属。

时 本义为季节、时令,名词。《说文》:"时,四时也。"段注:"春夏秋冬之称。"有以下义项:①名词,季节、时限。《谏上·第 15 章》:"齐大旱逾时。"②名词,时代、时期。《谏上·第 16 章》:"当是时。"③名词,当时、时下。《问上·第 21 章》:"涉时所议。"④名词,时机、时势。《问上·第 1 章》:"威当世而服天下,时耶?"⑤时间副词,隔段时间,时时、经常。《外篇第七·第 22 章》:"小国时朝。"⑥形容词,调顺。《谏上·第 18 章》:"风雨不时。"⑦形容词,按时间规律。《杂上·第 15 章》:"君何为非时而夜辱?"⑧通假"是",指示代词,这是。《问下·第 27 章》:"得之时其所也。"其中第 8 个义项为假借义,是代词,增加了"时"义项的词类归属。

(3)词类的活用

哀 ①形容词,悲哀。《谏上·第 11 章》:"以为乐淫则哀。"②意动用法,以为悲哀。《杂上·第 2 章》:"哀吾君不免于难。"③活用为名词,悲哀之事。《谏下·第 11 章》:"君国者不乐民之哀。"其中 2、3 义项为词类活用,增加了"哀"义项的词类归属。

安 ①动词,安于。《谏上·第 7 章》:"行安简易。"②形容词,安宁、安全。《谏上·第 16 章》:"危国仰以安。"③形容词使动用法,使安宁、安心。《外篇第八·第 15 章》:"而安万民之心。"④疑问代词。《谏上·第 18 章》:"安得为和?"第 3 个义项为词类活用,增加了"安"义项的词类归属。

败 ①形容词使动用法,使颓败。《杂上·第 9 章》:"灌之则恐败其途。"②活用为名词,败亡之事。《杂下·第 15 章》:"利过则为败。"2 个义项都为词类活用,增加了"败"义项的词类归属。

饱 ①形容词,吃饱。《杂下·第 18 章》:"使者不饱。"

②形容词使动用法,使吃饱,够吃。《杂下·第 25 章》:"臣得暖衣饱食。"第 2 个义项为词类活用,增加了"饱"义项的词类归属。

悲　①形容词,悲伤。《谏上·第 17 章》:"寡人今日游悲。"②形容词意动用法,可怜。《杂上·第 8 章》:"公悲之。"第 2 个义项为词类活用,增加了"悲"义项的词类归属。

病　①形容词,病重。《杂下·第 29 章》:"晏子病,将死。"《外篇第七·第 7 章》:"今君疾病。"②名词,疾病。《谏上·第 12 章》:"病不已。"③形容词,痛苦。《问上·第 10 章》:"身病甚。"④名词,困窘的境地。《杂下·第 10 章》:"寡人反取病焉。"⑤名词作状语。《谏下·第 21 章》:"闻晏子病死。"。⑥使动用法,使劳累。《谏下·第 18 章》:"孰为高台,病人之甚也?"第 6 个义项为词类活用,增加了"病"义项的词类归属。

博　①形容词,多、丰厚。《杂下·第 21 章》:"其利博哉!"②形容词活用为名词,地域广大的国家。《问下·第 8 章》:"地博不兼小。"第 2 个义项为词类活用,增加了"博"义项的词类归属。

第二节　《晏子春秋》实词的活用

一、实词活用的概念

"在古代汉语里,各类词都有它一定的意义和语法功能。它们经常能和哪些词结合,在句子里可以担任什么职务,充当什么成分,都是比较固定的。譬如名词经常用做主语、宾语及定语,动词经常用作谓语,形容词经常用作定语、谓语和状语,副词经常用作状语,等等。但是,在文言文里我们常常可以看到,有些词按照当时的语言习惯,在一定的语言环境里可以灵活运用,就是说在句子里临时改变了原有的意义,丧失了原有的语法功能,暂时改作别类词使用,从而获得了别类词的语法特点。这就是一般所说的实词的活用"。[①]

二、《晏子春秋》实词活用的分析

《晏子春秋》中实词活用的现象非常多。我们统计出有活用现象的词语487个,涉及例句485个。参照白兆麟师《文法学及其散论》,总结归纳出《晏子春秋》实词活用的规律若干条。

(一)名词、形容词用作一般动词

1.名词用作动词

(1)名词位于代词、名词或名词性词组之前,可作动词用。下列句中加方括号的词语为活用者。下同。

使师开[鼓]琴(6,5)。
而[贾]匹马矣(5,23)。
[君]民者(5,2)。
[培]其下(5,3)。
[墨]缘(7,11)。
君[商]鱼盐(6,16)。
乡者防[下]六尺(5,7)。
仲尼[相]鲁(8,6)。

---

① 白兆麟师《文法学及其散论》,第27页。北京:九州出版社,2004年6月。

［薪］之樵之(4,13)。
［刑］无罪(1,12)。
行不善者天［殃］之(1,21)。
［衣食］其一(4,17)。
不可以［仪］世(8,1)。
若夫［左］婴［右］婴之人不得举(7,23)。
社稷是［主］(5,2)。
［罪法］妾父(2,2)。
夫子［礼］之(5,24)。
有［舆］死人以出者(2,3)。
［踵］门见晏子曰(5,27)。
［冠］条缨(7,11)。
［策］驷马(5,25)。
［罪］不知谓之虐(1,24)。

(2)名词位于助动词或副词之后，可用作动词。

夫民不苟［德］(1,14)。
致能［歌］者(1,5)。
寡人不［席］而坐地(2,9)。
今［庚申］,雷日也(8,9)。

(3)名词位于介宾词组之前（有的介词省略），可用作动词。

夫［偪迩］于君之侧者(4,13)。
晏子［臣］于庄公(5,1)。
［管龠］其家者纳之公(5,1)。
［丝蚕］于燕(5,5)。
而［壹心］于邪(2,15)。

(4)名词前面或后面有连词"而"（或"以"、"则"等），与动词或动词性词组连接，可用作动词。

遂［鞭］马而出(1,8)。

诛之则为人主所案据,[腹]而有之(3,9)。
寡人欲少赋敛以[祠]灵山(1,15)。
俗人之有功则[德](5,24)。
釜十而[钟](7,10)。
五丈夫[罟]而骇兽(6,3)。
饰[弦歌鼓舞]以聚徒(8,1)。
其中有枣,[华]而不实(8,13)。
是以鬼神不飨其国以[祸]之(7,7)。
无力于民而[旅食](5,1)。

(5)名词处于助词"者"字之前或"所"字之后,可用作动词。

将以尔所[傅]为子(1,10)。
我无所[监](鉴)(7,6)。
古之[王]者(1,14)。

(6)在叙述句中,名词处于另一个名词(或名词性词组)之后而构成主谓关系,或者单独处于谓语的位置上,可用作动词。

民[歌舞]之也(7,10)。
穰苴[介胄]、操戟立于门(5,12)。
其行[石]也(4,4)。
其行[水]也(4,4)。
齐旧[四量](4,17)。
景公[疥](7,7)。
横木[龙蛇],立木[鸟兽](2,15)。
景公[疥]且[疟](1,12)。
立宫何为[夕](6,5)。
若死者[刑](6,16)。
孰[暇]患死(1,18)。
遂[痁](7,7)。

而[声]欲保之(1,16)。
而[声]矜恤之义(3,21)。
解衰去绖,[布衣、縢履,元冠、呲武],踊而不哭(2,20)。
[杖],[菅屦],食粥(5,30)。
[霖雨]十有七日(1,5)。
今[辂车]乘马(6,25)。
不厚[禄]贤人(1,9)。
再[乳]再飞(8,14)。
载[骖]载[驷],君子所诫(1,9)。
[蚕桑]豢牧之处不足(5,5)。
[犷纮、珫耳],恶多所闻也(7,9)。
从欲厌私,[高台、深池],撞钟舞女,斩刈民力(7,7)。

2.形容词用作动词

形容词有时可跟宾语,或跟介词短语,相当于一个动词的功用。

[愎]谏[傲]贤者(3,1)。
[弟长]乡里(4,20)。
宽惠[慈]众(2,3)。
[慈惠]殷众(4,17)。
则是[多]忠臣者(1,12)。
其朝[多]饿死人(7,11)。
名[广]于外(6,20)。
[骄]士慢智者(5,29)。
[近]逸[好]优(1,18)。
且小人[近]市(6,21)。
无以[苛]民也(1,24)。
今君不[明]先忘之制(1,24)。
用于上则[虐]民(4,19)。
由[偏]之也(7,8)。

[苛]上而[饶]下(3,17)。
齐人固[善]盗乎(6,10)。
君不如阴[重]孔子(8,6)。

(二)动词、形容词、名词的使动用法

1.动词的使动用法
以[覆]社稷(1,7)。
[回]吾以利(5,3)。
以兵[降]城(2,3)。
[离散]百姓(1,7)。
[裂]其衣(6,1)。
[裂断]其衣带(6,1)。
君[裂]地而封之(3,19)。
古者尝有[纰]衣[挛]领而王天下者(2,14)。
太上[靡散]我(2,5)。
厚葬[破]民贫国(8,1)。
哲妇[倾]城(1,9)。
[去]老者(8,10)。
今君[去]礼(1,2)。
吾仗兵而[却]三军者再(2,24)。
无信谗人[伤]其心(3,26)。
冶独[生]之(2,24)。
菽粟[食]凫雁(7,8)。
众口[铄]金(1,12)。
尊贤而不[退]不肖(4,24)。
不以威强[退]人之君(4,11)。
[亡]国之行也(3,25)。
使烛邹主鸟而[亡]之(7,13)。
[危覆]社稷(1,7)。

[威]人以众强(3,5)。

撞钟[舞]女(7,7)。

请礼鲁而[息]吾怨(5,17)。

维礼可以[已]之(7,15)。

景公[饮]诸大夫酒(8,18)。

其[折]骨[决]皮,可立得也(2,1)。

令[止]之(2,4)。

[止]其财(2,3)。

[寘坠]下民者众矣(3,6)。

而[陨失]其国者(3,25)。

2.形容词的使动用法

[齐]之以味(7,5)。

[遂]欲[满]求(2,20)。

[寡]其官而[多]其行(3,27)。

今品人饰礼[烦]事(8,2)。

[繁]钟鼓之乐(2,2)。

[丰]乐[侈]游(2,20)。

我欲[丰厚]其葬(2,22)。

君[疏]辅而[远]拂(1,12)。

[富]民[安]众难乎(4,7)。

使人[高]之而勿罪也(2,18)。

[高大]其垄(2,22)。

[孤]妾身(2,2)。

[广]政教(1,9)。

疏爵而[贵]之(3,19)。

野人[骇]之(1,24)。

[先]君[后]身(6,16)。

[慢]听[厚]敛则民散(4,14)。

[薄]身[厚]民(3,5)。

而[缓]门间之政(5,4)。
而况夺其财而[饥]之(2,1)。
[厚]藉敛而忘民(1,19)。
[极]宫室之观(2,2)。
[急]门间之政(5,4)。
[俭]居处者,名广于外(6,20)。
[焦]心[热]中(7,11)。
[洁]沐浴、饮食(2,21)。
[洁]身守道(3,22)。
[竭]其财(6,16)。
大臣得[尽]其忠(4,10)。
[均]贫富(3,11)。
[布]唇[枯]舌(7,11)。
[苦]身为善者,其赏厚(2,13)。
公说,使有司[宽]政(7,7)。
无[亏]之以利(3,18)。
使令不[劳]力(1,19)。
何以[乐]吾身(5,12)。
爱人则能[利]之(1,7)。
不[留]生事(2,21)。
今君以政[乱]国(1,16)。
且合升斗之微以[满]仓廪(2,17)。
景公为长庲,将欲[美]之(2,6)。
[明]所爱而贤良众(1,7)。
以[明]君德(1,14)。
以[怒]明神(1,22)。
臣得[暖]衣[饱]食(6,25)。
[劳]其力而[疲]之(2,1)。
[厚]葬破民[贫]国(8,1)。

以[平]其心(7,5)。
请散师以[平]宋(1,22)。
止役[轻]税(3,11)。
大带重半钩……不欲[轻]也(7,9)。
今君[穷]民财力(2,2)。
善饮酒[穷]乐(4,2)。
是以辞令[穷远]而不逆(3,6)。
[曲]行则道废(4,21)。
明君不[屈]民财者(2,7)。
所谓仅[全]其四支以从其君者也(7,19)。
此[全]功之道也(5,24)。
下[审]其论(2,1)。
今孔丘[盛]声乐以[侈]世(8,1)。
今君[疏远]贤人(3,7)。
足以[通]气[和]好而已矣(1,3)。
一民[同]俗(3,18)。
[危]宗庙(1,7)。
刷手[温]之(6,7)。
是掩上之明,[污]下之行(6,28)。
[节]上而[羡]下(2,14)。
今[朽]尸以[留]生(2,21)。
[徐]其日(5,6)。
而[严]其听(2,1)。
从欲[厌]私(7,7)。
以新乐[淫]君(1,6)。
左右[淫蛊]寡人(7,1)。
盛为声乐以[淫愚]其民(8,1)。
夫二子[营]君以邪(2,15)。
[优游]其身以没其世(4,18)。

[冤]报者过(3,26)。
[远]其兆(5,6)。
以[怨]百姓(2,13)。
又不能[说]人者穷(3,15)。
则不[愠]朋友、所识(8,8)。
身服不[杂]彩(2,14)。
吾以[彰]晏子之教也(7,1)。
不能[正]其君(5,28)。
是[重]寒也(2,13)。
[重]其禄(2,24)。
而后明行廉辞地之可为[重]名也(5,18)。
[尽]力不能[周]役(1,19)。
庆氏之邑[足]欲(6,15)。
[卒]吾所好(2,8)。
故[尊]其位(2,24)。

3.名词的使动用法
举贤[官]能(3,13)。

(三)形容词、名词的意动用法

古者尝有处橧巢、窟穴而不[恶](2,14)。
而世[非]其行(1,16)。
是以民[乐]其政而世[高]其德(1,16)。
公[怪]之(2,3)。
始吾望儒而[贵]之(8,4)。
窃甚[嘉]之(4,14)
高勇而[贱]仁(3,8)。
窃[姣]公也(8,12)。
是以民[苦]其政(1,16)。
无[乐]有君矣(1,5)。

而世有所[美]焉(6,13)。
君苟[美乐]之(1,9)。
圣人所[难](2,1)。
而[轻]其礼(3,7)。
景公能行其所[善]也(1,20)。
[新]始[好]利(4,30)。
夫子何[小]寡人甚也(7,14)。
其次结邪而[羞]问(3,12)。
公[异]之(1,21)。
以千里之途为不足[远](5,26)。
[轻]国而[重]乐(7,19)。
[色]寡人(8,12)。
请[私]而无为罪(7,17)。
[邑]狐与榖(1,12)。
不可使[子]民(8,1)。
则[过]之(6,12)。
上[利]其功(2,24)。

(四)为动用法

[乐]贤而[哀]不肖(5,8)。
二子[死]之(2,24)。
(君)为社稷亡,则[亡]之(5,2)。

(五)数词用作动词

鄙人之年[八十五]矣(1,13)。
蒿种苾敛不[半](7,10)。
不[二]其命(7,6)。
釜[十]而钟(7,10)。

(六)动词、形容词用作名词

(1)动词、形容词位于名词、数词、代词或形容词之后,受其修饰或限制,可用作名词。

百[恶]可去(1,21)。
吏[告]毕上(1,5)。
公[积]朽蠹(4,17)。
勿伤吾[仁]也(1,25)。
因欲登彼[相相]之上(6,13)。
管子有一[美],婴不如也(1,12)。
故三[邪]得行于世(8,2)。

(2)动词、形容词位于代词"其"和助词"之"之后,跟前边的词语构成偏正词组,可用作名词。

下之[润湿],不能及也(2,14)。
其[动作]侻顺而不逆(2,16)。
不尽人之[欢](5,18)。
法其[节俭]则可(2,14)。
弛鸟兽之[禁](1,24)。
皆如其[旧](6,22)。
而惟图耳目之[乐](1,9)。
矜衣服之[丽](2,15)。
不胜其[任](6,12)。
不务其[美](2,14)。
其[赏]厚(2,13)。
非其[私暱],孰能任之(5,2)。
民之[望]也(5,2)。
吾疑其[为人](8,4)。
使有终月之[委](1,5)。
是宋之[先](1,22)。

止海食之[献](3,10)。
臣节其衣服饮食之[养](6,25)。
使得其[宜](5,13)。
极其[游泳]之乐(4,15)。
而阴为之[与](3,21)。
遣其[执](5,17)。
不强其[拙](3,24)。
臣献其[否](7,5)。
臣献其[可](7,5)。
知其[贫富](3,26)。
能禁暴国之[邪逆](3,1)。
既夺人[有],又禁其[葬](7,11)。

(3)动词、形容词位于动词(或动词性词语)或介词之后,构成述宾关系或介宾词组,可用作名词。

此足以观[存亡]矣(3,15)。
而不害于[动作](2,14)。
吾不敢贪[多](6,15)。
刑不足以防[非](3,25)。
君子不犯[非礼](6,22)。
君疏[辅]而远[拂](1,12)。
出则行威以取[富](7,14)。
远[公正]而托之不顺(3,14)。
且天之下殃,固于[富强](1,21)。
并重[赋敛](7,20)。
晏子事之以[恭俭](7,27)。
勇士不以[众强]凌[孤独](2,2)。
贵不凌[贱](3,7)。
不辞[贵富](5,1)。
弱之事[强](3,8)。

子近市,识[贵贱]乎(6,21)。
不宜无[后](1,22)。
夫尺蠖食[黄]则其身黄(8,18)。
自勒于[饥寒](4,20)。
以辟[饥渴、寒暑](4,15)。
厚[藉敛]而忘民(1,19)。
而死狗有[祭](2,23)。
是设[贼]树[奸]之本也(1,11)。
比[奸邪]以厚[养](4,19)。
举[俭力、孝弟](5,4)。
体[贵]侧[贱](4,5)。
延及[交游](6,18)。
为益[敬]矣(2,14)。
逊辞以避[咎](5,30)。
择[居]所以求士(5,23)。
以[枯槁]为名(4,25)。
今君爱[老](5,8)。
不持利以伤[廉](4,18)。
薄[敛]已责(7,7)。
洁[沐浴]、饮食(2,21)。
举[贤]官[能](3,13)。
晏子助天为[虐](2,5)。
而易之以[僻](1,9)。
富不傲[贫](3,7)。
睹[贫穷]若不识(3,21)。
诛[暴]不避[强](1,1)。
从[轻]不为进(4,30)。
国人以为有[乱]也(8,15)。
而慢于[庆赏](3,25)。

赦过而救[穷](3,17)。
得[求]而返[邪]者弱(3,23)。
使令过[任](7,19)。
其得上辟于[辱](4,19)。
强者犯[弱](1,2)。
齐人固善[盗]乎(6,10)。
能终[善]者也(1,16)。
相与塞[善](4,13)。
贵戚不荐[善](1,1)。
闻[善]不行(3,12)。
内则蔽[善恶]于君上(3,9)。
民轻[赏罚](1,3)。
以[赏誉]自劝者(1,3)。
兼傲[生死](2,20)。
以避[湿]也(2,14)。
吾今有[恃]乎(8,7)。
愿有[私问]焉(4,10)。
送死不失[哀](2,21)。
夫盛之有[衰](7,2)。
不为无[损]也(6,4)。
不以贪昧为[非](7,26)。
罚[偷寙](5,4)。
其友因奉[托]而谓复者曰(5,27)。
忠不避[危](7,11)。
身立[威强](1,1)。
无[委积]之氓(1,5)。
奄然寡[闻](3,8)。
吾每有[问],而未尝自得也(4,20)。
是彰[污]而逆[教]也(6,28)。

崔子为[无道](5,3)。
臣闻赏[无功]谓之乱(1,24)。
收卹[无主](4,17)。
威戮[无罪](1,1)。
婴命有[系]矣(5,3)。
圣王见[贤]以乐[贤](5,8)。
虽有[贤能](3,13)。
婴非敢为[显]受也(6,12)。
是以鬼神用[飨](7,7)。
大之事[小](3,8)。
不举[俭力、孝弟](5,4)。
特以与左右为[笑]耳(2,23)。
而壹心于[邪](2,15)。
不以[邪辟]为累(7,26)。
欢乎[新](3,21)。
其祝史荐[信](7,7)。
拔置[县](悬)之木(2,2)。
如鱼有[依](4,15)。
身安[逸乐](1,7)。
言无[阴阳](3,14)。
行本[淫暴](1,1)。
是无[勇]也(2,24)。
好[勇]而恶贤者(5,1)。
今君营处为[游观](7,11)。
权[有无](3,11)。
兵加于[有罪]而不顿(3,6)。
佞不吐[愚](3,7)。
一[意]同[欲](3,11)。
不可止于[远]也(8,4)。

寡人不足以有[约]也(1,5)。
关市省[征](3,26)。
晏子事之以[整齐](7,27)。
曲而不失[正]者(4,21)。
而面示[正公]以伪廉(3,21)。
故虽有[至圣、大贤](1,8)。
不以[众强]兼人之地(4,11)。
敝撤无[走],四顾无[告](1,5)。
今鲁处[卑]而不贪乎[尊](5,18)。

(4)动词、形容词位于另一动词、形容词或动词性词组之前,在句中作主语。

不免[冻饿]之切吾身(5,24)。
[慈爱、利泽]加于百姓(3,5)。
[动]无违事(7,7)。
[非誉](循)乎情(3,21)。
[贵强]恶之(5,4)。
百姓之[咎怨诽谤],诅于上帝者多矣(1,12)。
[诽誉]为类(8,4)。
[废置]不周于君前(7,22)。
[废罪]顺于民(3,11)。
[辅拂]无一人(5,20)。
[富]不傲贫(3,7)。
[富]者,人之所欲也(6,15)。
且夫[孤老]冻馁(2,23)。
[孤寡]不振(1,9)。
[鳏寡]不恤(2,23)。
[贵]不凌贱(3,7)。
则[贵贱]不相逾越(2,1)。
[籍敛]过量(7,19)。

民愁苦约病,而[奸驱]尤佚(1,8)。
[交]之所以长久也(5,18)。
[交委]多(5,18)。
[进退]无辞(7,7)。
[居处]佚怠(3,6)。
[巨]可以补国,[细]可以益晏子者,三百篇(5,26)。
[决狱]不避贵强(5,4)。
[劳苦]施于百姓(3,5)。
[劳思]不可以补民(8,1)。
不知[老]之将至(6,13)。
于是[老弱]有养(5,8)。
[公积]朽蠹,而[老少]冻馁(4,17)。
而[利取]分寡(7,15)。
[慈爱利泽]加于百姓(3,5)。
[埋葬]甚厚(8,2)。
[缦密]不能(3,15)。
故[佞]不吐愚(3,7)。
[贫苦]不补(4,1)。
[亲疏]不得居其伦(4,10)。
[使令]过任(7,19)。
[是非、贤、不肖]杂(8,2)。
[市买]悖,故商旅绝(3,11)。
[送死]不失哀(2,21)。
[田猎]则不便(1,9)。
[听狱]不阿(3,7)。
[听治]不留(7,14)。
[威严]拟乎君(2,2)。
故明所爱而[贤良]众(1,7)。
[大]之事小(3,8)。

故明所爱而[邪僻]繁(1,7)。
[刑杀]不称(2,2)。
[学问]不厌(6,13)。
三年而[誉]必闻于国(5,4)。
[怨]积乎百姓(6,28)。
[征敛]无度(7,7)。
[争受]少(5,18)。
[属托]行(7,20)。

(七)名词(或代词)、动词作状语

1. 名词(或代词)作状语,有 4 种情况:
(1)表示比喻。这是用名词所表示的事物的行动特征,来描绘动词所表示的行动的方式或状态。
[鹤]跃而出(2,24)。
[木]干[鸟]栖(7,11)。
(2)表示处所。表示处所的名词直接放在动词的前面,说明动作、行为发生的处所。
[东]耕海滨(7,22)。
百姓[内]安其政(4,8)。
景公[外]傲诸侯(3,5)。
故令诸子无[外]亲谒(3,26)。
[西]伐晋(3,2)。
于是景公出,[野]居暴露(1,15)。
敢问[正道]直行则不容于世(4,30)。
(3)表示工具、方式或依据。名词直接放在动词的前面,表示动作、行为的方式或所用的工具。
而[面]示正公以伪廉(3,21)。
[车]驰而人趋(2,5)。
齐人甚好[毂]击(6,2)。

梁丘据[肩]人歌人虞(1,6)。
此皆[力]攻[勋]敌之人也(2,24)。
冲之,其气[下]回而[上]薄(8,9)。
君[身]服之(1,3)。
[声]受而[色]说之(8,2)。
[手]裂兕虎(1,1)。
公[自]治国(5,5)。

(4)表示动作行为发生的时间。

故[春]省耕而补不足者谓之游(4,1)。
景公[春夏]游猎(2,8)。
[暮夜]求之必存(2,22)。

2.动词作状语

作状语的动词(或名词作动词用),不再表示动作行为,而是表示动作行为的方式。在作状语的动词之后用连词"而"或"以"同谓语动词相连接的情况较多。

[载]过者驰,[步]过者趋(2,2)。
晏子[朝服]以至(7,1)。
不[谗谀]以求进。(4,20)。
[跪]请抚疡(6,7)。
使[襚]去之(1,18)。
[徒行]见公(1,5)。
于是乎[正德]以幅之(6,15)。
婴又得[布衣、鹿裘]而朝(7,26)。
[循海]而南(4,1)。
[南面]而立(2,15)。

(八)名词用作形容词

有的名词,能表示事物的特征,与形容词作用相似,因此可作形容词用。

伊尹黑而短,[蓬]而髯(1,22)。

汤质皙而长,[颜]以[髯](1,22)。

在以上实词活用句子中,各类词的活用目标和数字分配如下:名词作动词用73个,名词使动用法1个,名词意动用法6个,名词作状语22个,名词作形容词3个,共105个;数词作动词用4个;动词使动用法33个,动词为动用法2个,动词作名词用85个,动词作状语10个,共130个;形容词作动词用16个,形容词使动用法91个,意动用法21个,形容词为动用法2个,形容词作名词用118个,共248个。从这个统计数字可以看出,形容词的用法最灵活,动词次之,名词又次之。

在以上词类活用数字中,名词作动词用73个,动词作名词用85个,形容词作动词130个(直接作动词16个,使动用法91个,意动用法21个,为动用法2个),形容词作名词118个,反映出名词充当动词,动词充当名词,形容词充当动词,形容词充当名词,是很普遍的现象。这说明,在《晏子春秋》时代,实词分类观念还不太强,特别是动词和形容词的界限比较模糊。

第六章

《晏子春秋》同义词研究

第一节 同义词的概念及确定标准

关于同义词问题,专家们各有其说。

葛本仪在《汉语词汇研究》中指出:语言中意义相同或相近的词就叫同义词。因为同义词具有意义相同或相近两种情况,因此,它又可以区分为等义词和近义词两种不同的类型。等义词就是指词的词汇意义、语法意义和色彩意义都完全相同的同义词。这类同义词也可以称为绝对同义词。近义词就是指意义相近的同义词。这类词也可称为相对同义词。分析近义词的意义相近情况,主要在词义的三个内容方面。近义词在语法意义上都是相同的,在词汇意义上有相同和相近之分,在色彩意义上则有相同和不同之分。具体来讲,又有以下几种情况:第一种,词汇意义相同,语法意义相同,色彩意义不同的近义词;第二种,词汇意义相近,语法意义相同,色彩意义不同的近义词;第三种,词汇意义相近,语法意义和色彩意义都相同的近义词。词义包括词汇意义、语法意义和色彩意义三个方面,但是在构成同义词的时候,三种意义的作用是不一样的。事实证明,只有词汇意义的相同和相近,才是确定同义词的根本依据。①

  毛远明的《左传词汇研究》云:"什么是同义词?这个看似简单的问题人们的认识却并不统一。分歧的事实,说明问题的复杂性。目前一般的看法是,语言中一组组意义相同或相近而又有细微差别的词称同义词。这样定义,还需要加以说明。一组同义词总是共有一个或者几个相同或相近的义位,表达相同或十分近似的概念。其理性意义是相同的,这是同义词聚合的基础;但是,同义词每个词语之间又有差别,它们在补充意义、风格特征、感情色彩、搭配意义等方面,又有各自不同的含义。正是这些差别,同义词才可能在语言中充分发挥其细腻、精确的表义功能,同时也才有它存在的条件和价值。就具体的义位而言,同一类聚必须有共同的词义成分。相同的词义成分越多,共同拥有的词义成分越靠近中心义素,同义聚合便越紧密,同义的程度就越高。反之,相同的词义成分越少,共同拥有的词义成分越远离中心义素,同义聚合便越松散,同义的程度便越低。根据词义等同的程度,可以细分为同义词、近义词,甚至还可能包括经过限定的类义词群聚。正因为有伸缩性,同义聚合尺度的掌握便可能因人而异,划分出来的同义聚合单位的多少,也会明显的不

---

  ① 葛本仪《汉语词汇研究》,第 94—100 页。北京:外语教学与研究出版社,2006 年 7 月。

同。作为专书同义词研究,我们倾向于条件适当宽松。"①

赵克勤在《古代汉语词汇学》中说:"鉴于古汉语同义词有与现代汉语同义词不同的特点,我们从古汉语的实际情况出发,给古汉语同义词下了这样一个定义:两个或两个以上的词,它们所包含的一个意义相同,而在其他意义、风格特征、感情色彩或用法上存在着细微的差别,就叫同义词。这个定义包含了几个要点:第一,只能以词的一个意义而不是全部意义来确定同义词。王力先生指出:'所谓同义,是说这个词的某一意义和那个词的某一意义相同,不是说这个词的所有意义和那个词的所有意义都相同。'这种说法是非常正确的。第二,多义词的各个意义不是同等重要的,有主要和次要之分,有常用与不常用之分,但只要有一个意义相同,不管这个意义是否是主要的、常用的,都可看成同义词。"②

综合上述观点,我们认为:语言中意义(词汇意义、语法意义、色彩意义)相同或相近的词,就叫同义词。意义完全相同的词,叫等义词;意义相近的词,叫近义词。由于等义词在同义词研究中的意义不大,所以我们在进行《晏子春秋》词汇研究时所说的同义词,一般就指近义词。确定同义词,应该有这样两个条件:第一,类聚的词至少有一个义位相同或相近,不管这个义位对该组词成员来说是主要义位还是非主要义位;第二,属于同一词类。只要同时具备以上两个条件,相聚的词汇就可以构成同义词。

---

① 毛远明《左传词汇研究》,第218—224页。重庆:西南师范大学出版社,1999年12月。

② 赵克勤《古代汉语词汇学》,第121—122页。北京:商务印书馆,1994年6月。

第二节 《晏子春秋》同义词词类分布

根据上述同义词的确定标准，我们从《晏子春秋》中统计出同义词700多组，其在各词类的分布如下：

(1) 名词（297组）

鄙人、鄙臣　县鄙、野鄙　国城、国都　政、治、国政、国治、国事　权、国权、国泽　人、民、氓、万民、国人、国民、人民、民人、百姓、布衣、民氓、生民、庶民、鄙民、细人、小人（小百姓）　众、众人、众民　品人、匹夫　里人、里旅、良邻　农、野人　贫、贫民、贫氓、贫贱、贫苦、贫穷　学士、士民、上士、察士　恶、百恶　惰民、恶人、奸驱、奸邪、辟邪、淫民、偷窳贼、奸、乱夫、乱贼　婢子、婢妾、保妾　辟拂、嬖人、嬖妾　内妾、内宠　逼迩、私暱、左右、耳目　妻、妾、内子　战车、兵车、弊车、栈轸　兵、兵革　介胄、甲　斧锧、斤斧、干戚　布、帛、布帛、布缕　财、贿、货、币帛、财货、财力、货财、货赂、用财　藏、府金、金藏　薪燎、薪蒸　官、吏、官吏　宰、宰人、百僚、百官、朝属、群臣　权臣、有司　臣、臣下、大臣、人臣　辅拂、辅拂　宰、相、相国　薮、泽、陂泽、川泽、渊泽　池、池沼、汙池　路、途、塗、道路、道途　陌、蹊、蹊径　康、康庄、长塗、景行　惰君、怯君　暴君、暴上　宫、室、观、堂、宅、舍、盖庐、宫殿、宫室　公室、王室　文室、璿室　仓粟、府粟、仓、廪、府、仓库、仓廪、庚肆、困府　菽粟、粟米、年谷　璧珠、玉、圭璧、圭璋　球玉、苍玉、良玉　玩物、玩好　屦、履、菲履、乌履　公族、国族　大国、世国　海内、四海、天下　狗、走狗、狗马、胡狗　白豢、鸡豚　牛马　鸟兽、禽兽　鹿、麂、麋鹿　鸟、鷇、弋、雉、鹤、飞鸟、雀鷇、凫雁　老、家老、老人父、父母、父兄　金石、金玉　楚棘、荆棘　秩、禄　爵、位、爵位、爵禄　福、禄　军吏、将军　兵、卒、戎士、武夫　兵、军师、兵甲、三军、军行、什伍、卒列　馈肉、梁肉　藜藿、蓼藿、苔菜　工贾、工商　市、关市　乡、里、乡里、井里　天、帝、王、天子、帝王、万乘、辟王　君、上、君上、人君、人主、君长、长上　明王、圣王　善人、仁人　贤良、忠臣　贤、能、大贤、圣贤、至贤、能士　圣人、圣贤人　女、工女、女子、妇人、女富　畎亩、田畴、田野、唐园　葭、萑蒲、蒲苇　日、某日、异日　山川、山谷　山林、山木　木、林　神、鬼神、上帝　天、太上　马、骖、驷、繁驵、乘马、驷马、戎马　草木、树木　草、野草　枝叶、条枚　祝、泰祝、祝宗　太师、冥臣　泰士、宗祝　歌、乐　歌人、乐人　虞侯、衡鹿　御、御夫、仆御　臣、仆、臣仆、皂隶　黼黻、文章　素绣、文绣　居处、住行　常患、公患、通患　帏庐、帱幕　酒、酒醴　醢、縻醢、醯醢　刑政、刑辟、刑罚　律、经、常、法、艺、常法、经纪、仪法、法仪、公法、法治、四维　教、教令、教训、政教　功、事、业、功烈　功、业土道、德、行、义、行义、德义、道义、德行　过、失、罪、过失、罪戾　恩、惠、泽、利泽　裘、鹿裘、里裘　衣、服、裳、衣裳、衣服、衣冠、衣裘、衣衾　琴、瑟、琴瑟、竽瑟　狱讼、狱谳　男、男子、丈夫　子、男子　卿、卿位、大夫、子大夫　罘罔、网罟　仇、仇敌、寇仇　昧旦、旦日　亲、骨肉、亲戚　童子、孺子、婴儿　食、膳、饮食、馁食、食味、口实、馈膳　初、始　邦、国、家、国家、社稷　境、四封、封、封邑、赏邑　国、城、廓（郭）、邑、鄙　陛、阶　冠、冕、弁　宾、客、宾客、上客　节、则、制度、规矩、制度　仁、义、礼、礼义、义理　权、权重　声、音、响　山、大山、高山、美山、相相　丘、梧丘、步娄　垄、墓、丘、兆土、途（涂）、治（埏）　台、高台、台榭　车、乘、舆、辂、轩、驷、辂车、乘舆、尸车　驾、重驾　居、所　职、位、服位　躯、身、体、形、支、身体、四支　首、头　窟、穴、窟穴　道、途、术、

道术　蚊、虫　门、户、闱、闾、门闾、衢闾、正闱　兄、弟　烟、火　禾、禾苗　皮、肤、肉　嗣、子、孙、子孙　鱼、鳖、鼋、大鼋、鱼鳖、蚌蜃　枭、鸮　金、银、黄金　囹、狱　苫、荐、席、荐席　刀、剑、戟　尸、骴、死、殣、死骴、道殣　筋、鳟、鳟鲕、弃鳟　踵、足　党、宗、族、宗族、三族　根、本　虐、业、殃、灾、害、祸、患、难、祸灾、灾伤、灾害、妖祥、大殃　师、傅　弟子、门人、小子、门弟子　棺、偏、棺椁、衬柩、偏衬　文、理　风、俗、习、习俗　俗流、俗人　能、力、任、才能　勇、力、勋、勇力　序、伦、理　名、声、节、声名、德音　魂、魂魄　神、鬼神、神明、明神　骸、骨、骸骨、白骨　血、汗　胡、狢、戎、狄、蛮夷　容、貌、状、容止　礼貌、礼颜　徒、类、族、卒、侪、丑侪　龙、蛇　虎、乳虎、兕虎　姓（生）、生、性、命　衰、绖、衰绖、衰斩　友、朋友、益友　豆、区、釜、钟　志、意、气、志念、志意、意气　橘、枳、橘柚　梅、桃、李　瓜桃　铭、刻镂　命、令　具、器、任器　事、物　藉、征、赋敛、藉敛、征敛、市租、税敛　刑辟、刑罚　谏、复、谏言　颜、色、面目、颜色　庖、宰夫　胫、颈、领　古、故、昔　世、代　季世、路世、乱世、衰世　年、岁　职、分　旁、侧　中、内　霸、霸王　报、告　冰、雪、冻水　薄、短(短处，缺点)　厚、长、美(长处，优点)　逸、佚、佚人、逸夫、逸佚、逸人、逸谀、谄人、谀臣、谀人　倡、优　尺、寸、尺寸、大小　言、辞　赏、赐、赍　初、始　春、夏、春夏　大、假(嘏)　刀、刃　土、地　秋、冬　困、厄、穷　风、雨、雪、风雨　富、贵、强、贵人、贵富、富强、威强、众强、贵戚、贵强　天、苍天、太上　带、大带　大略、大体　东、东方　邻、方国、邻国、四邻　非誉、诽誉、毁誉　非议、毁非　工、大匠、良工、良匠　防、埠、褐、短褐　后、后世、后人、后嗣　公、公侯、公令、公命　太子、王子、公子　宫矩、城矩　孤独、孤寡、孤老、鳏寡、珉寡、孤弱　寒暑、寒温　羹、和羹　委、积、委积　期、期年、其年　疾、病　豜、豚、膳豚　郊、国郊　廉、正流、水、流水　美、丽　暴、虐　邪、僻　工、巧　綦、绚　入、内　医、良医　次、其次　使、使臣、使者　私、私财　危、难、污　秽德　鲜、胙　圄、狱　枣、烝枣　资、费　钟、鼓、大钟、钟鼓　万国、诸侯　西、西方　先君、先王　孝弟、孝子　谚、谚言　殷人、殷众　夏、夏殷、殷夏、夏商　逸、诶巧　正谏、直辞、直言　知、智、知虑　庙、宗庙　诸子、众子　节时、天时　星、星辰　不辜、无罪　笥、筐箧

（2）动词（343组）

壅蔽、蔽谄（谙）、拥蔽、壅蔽、防塞、拥塞　诛、刑杀、诛杀、诛僇、诛虐、威戮　斩、斩伐、斩刈　征、伐、侵、攻、战、取、破、进伐、征伐　争、夺、取、扚、夺　输掠　拂杀、靡弊、靡散、散、离散、离易　疾、痛、疾怨、怨疾、痛疾、怼怨　会、宴、燕赏、燕飨　育、生、生长　落、零落　贾坠、陨失　爱、钟爱　保乂、案据、抚存　矜、振、矜恤、收恤、恤劳、振赡、燠休　哭、泣、涕洟、流涕、哭泣　赞、高、高誉、扬美　隐、垫处、徒处、徒居、伏匿、隐处　隐、隐匿、削跡　湎、背、倍、叛、弃、背弃、倍弃　弃、违、拂、逆　违席、避席、下席　失、流亡、流失、播亡　生死、存亡　升降、进退　镂、雕文、镂刻　死、亡、卒、没、殪、即世、没世、没身　言、语、曰、谓、告、申、陈、对、敛、辞、云、答、出、道、发　谓、曰、谓之　通、告　度、量、权、称、计、意、意者　挹（揖）、拜、下拜、稽首　谢、辞、辞罪（道歉）、辞（告辞）、去　开、启、辟、发　辟、屏、避、违、避走（躲避）、辟、垦辟、辟、诎（黜）、废、免（官职）　避、让、让（推辞）、辞（推辞）　送、辞送（送别）　送、遭　殃、正　匡　反、返、归、回、回逆　变、化、迁、移、易、易施　存、居、处、守、在、寓　踊、跃、踊、登、攀、上、升　出游、遊、流、出游、游观、盘游猎、田、畋、射、弋、渔、畋渔、田猎、出猎、游猎、出田　游、游泳　交、与、通、游、遊、交游、交友　逃、亡、走、出犇、出亡　毕、罢　成、就、遂　驰、驱、疾驰　步、行、徒行　走、趋、犇、行、

去、亡(离去)　残、毁、废、灭、亡、败、敝、坏、委坏　訾、毁、
非、诽、悱、谤、诽谤、谤讟、非议、毁非　议、论　非誉、诽誉、
毁誉　荐、进、举、选、尚　赞、使、任、用、信用、任用、任使、听
赁(任)、采听　进、荐、献、御　就、近、俛就　筑、断、绝、决、
裂、裂断　立、树、建、筑、治、作、起、为、兴、营处、作工、作事、
作、作为　仗、援、拥、执、持、操、摽、挈　立、莅、君、临、修、
治、理、敕、饰、饬、持、领、守、养、用、御、宰、职　流、动流
窥、望、睹、见、临、视、望睹、望见　拔、搴、灭、(搣)　把、持
报、复　备、具、备具　被、覆、加、降　涉、及、延及　追、及、
逮　至、及、逮来　逢、及、遭、遇　顾、及　剖、去剖　分、
别、体、侧　被(披)、袭、衣、戴、服、著　梦、梦见　使、命、令、
教、驱、役、谓　本、按、循　循、巡、巡狩　许、许诺、言诺
学、学习　尊、尚、尊举、崇尚　援、助、资　迁、离、移、散、逝
选、择　比、比周、相与　比、同、共、一　劳、罢、疲、弊　弊
(敝)、破　鞭、策　便、宜、利　效、法　争、辩　疾、病、寝病
播、弃、置、休、吐、忘　用兵、兴师、进师　散兵、散师　负、
负携、负载　责、数、讥、难非　搏、斗　卜、占　耕、种时(莳)
补、救　载、乘、驾、驾御　察、视、省、观、讥　裁、定　骖、
驷　试、尝、尝试、试尝　尝、噉、食、饮　杀、弑　唱(倡)、导、
观、示　藏、纳、闭藏　朝、听朝　朝、朝拜、上朝、朝见、朝居、
入朝、入见　谒、诣　改容、更容　改席、更席　撤、彻、去
损、减、洩、嗛、亏　承、当、佸　弛、罢、废、弛罢　弛、宽、缓、
轻、省、徐　丰、侈　耻、辱、戮、僇　享、祠、祭、祀、祭祀
祝祀、用事　爱、惠、慈、慈惠　刺、杀　推　赐、赏、宠、赏赐、
就赐、庆赏　冲、击、撞、犯　崇、尊、严、敬　从、追、逐、随、踵
瘳、愈、悛、已、起病　出、逐　出、释　出、见(现)　去、除、
削、屏　载、戴　穿、凿、掘　创、伤　伤、害、贼、害伤　垂、
落、下　存、在　错、行、施行、服　籴、贷、假贷　惮、惧、畏、
忌、恐、威　殚、尽、竭、穷、屈、毕　得、获、取　劳、吊、抚、问、

抚存、问疾　蠹、朽　遁、溺　多、繁、盛　多、赞　厌、恶
发、傅、布　浮、罚、刑、罪、责、坐、罪法、罪诛　犯、违　侵、
犯、陵、凌、加、凌轹　防、止　止、置、违(停止)　耗、费、用
分、发、散、委　发、布、分布　分、裂　偾　焚　封　赏、禄
奉、奉命　奉、养、奉生　侍、事、奉、养、御　服、宾服　当、
负、承、受、服、任　驾、御　服、俯、偾、临　辅、助、与、佐、右、
佐佑　附、归、怀、与、依归　亲、近、傅　归、赠、馈、施、赈
归、嫁、奔、入身　捆、缚　丰、富、贵、傅、教　祔、合骨、合祔
更、改、革、易、渝　盖、掩、捈、饰、慆、强食(饰)　干、乞、
祈、责、求、要、正(匡)、怀、请、请求、养求、有请　共、供、给、
赡　共贡、贡职　推、广　酤、沽、卖、售、商酤　买　穀、生
长　鼓、奏、击、调　抚、弹　顾、视、观　观　劝　号　哭　嗜、
好、说(悦)、喜、乐、善、美乐　龁、噬　衔　贺、庆、祝　丰、厚
患、忧耻　祸、殃　加　加、加多　积、累、存、聚、怨　聚居、
为类　收、取、敛、苴敛、聚敛　收、盛、殓、入殓　籍、计、数
縻、系　寄、讬、居、存、容　继、接　罪法、加罪、罪诛　嘉、
赞、赏　兼、并　咳(阂)、间　思、虑、建、图、谋、谋事、缪事
降、服、降、落　焦、热　骄、慢、轻、逃(慆)、玩、小、姣、美
结、织　解(脱去)、释(脱衣)、去、脱、解、支解　诫(届)、极
穷、疥、疟、痁　矜、伐、夸　禁、止　进、过、逾、历、愈、胜(超
过,抽象)　历(越过)、踊、越、踰越　尊、敬　敬、畏　究、审、
明、谕　知、识　就席、就燕　咎、过(犯过错)　居、守(丧)
弃、捐　听、听狱、决狱　考、察　考、击、款　苛、苦、刻、虐
可、能、克、得、可以　尊、立　面、临　倮、袒、免、暴　葬、埋
葬、送死　遂(满足)、满、赡　赦、免、舍、捨、释　愍、悯　牧、
蓄、养、豢牧　进、入　纳、献、入　收、受、内(纳)　享、受
凝、厥(结)　聘、使　巢、栖　齐、和、济(调剂)　舞、起舞
弃去、去(离开)　切磋、谈议、议　强谏、争　为政、亲治、从
政、立政、听治　官、仕、守职、有事　请老、请命、请身、乞骸

骨　下、诎身、诎下　勤、勉　寝、睡　求、巡求　取、致、至、
速　俊悔保、全　退　却　辞、退　容、纳　荣(营)、淫、淫
蛊、淫愚　揉、挛　拟、如、若、犹、似、相似　之、如、往、至、
适、下、造　善、能　专、擅　有　丧、失　尚司(同)、和　熏、
烧　声、称　诏(昭)、彰、明、声、扬、显、数、扬美　肆、从
(纵)、意　因、承、嗣、承嗣　授、予、与、遗　授、与(拥戴)
疏、疏远　设、树　刷、洗　顺、遂　听　休、息　休、息、
终、止、已、置　贪、图　叹、太息　听、闻　得命、听命、受命、
闻命、用令　属、托　亡、失　微、无、非　危、覆　危覆　维、
保、持　委、积　欺、伪　豫　为、谓　下、降　面、向　熙
(嬉)、笑　歌、行歌　哭、行哭　修、制　厌、足　恃、仰　隐
仰、仰天　谒、亲谒　贻、遗　毕、已　已、制　食、饮食、衣食
享、用飨　舆、载　御　敌、御　怨、愠　湛、沾　张、陈、置
诏、召　呼　植、树　御、佐、助(陪伴)　周、全　祝、祈　罢
酒、废酒　比数、充数、奉数　失德、失行、失义、失正、失忠、
失廉　佩、服(穿戴)　中、配、合(相合)　烹、治　日晏、日暮
盥、沐浴　连、续、接

(3)形容词(127组)

怠、惰、佚怠、荒怠　戚、亲、迩、近、密近　顿、困　恐、
惧、惊、骇、惶恐、恐慎、恐惧　悁忧、慑畏　矍然、蹴然　淫、淫
暴、淫侈、淫乐、淫乱、淫佚、淫纵　觉、惊　劳、苦　佚、逸、
闲　乐　欢、骊、乐、说、喜　逸乐、安乐、喜乐、欢忻、欢然　流、
连、流连、流湎、淫湎　仁、义、仁爱、仁义　穷约、约病　贼、
乱、贼乱　腐、朽、朽弊、朽蠹　变小(褊小)、小　充、实　醉、
醒　悲、哀　暴、虐、暴虐、骄暴　安、逸、安和、安乐　矜、奋、
傲、有、易　慢、僈、槁(骄)、骄、傲然、傲物、黜慢、僭嫚　浩裾
卑、下(低矮)　卑、贱　铨　鄙、陋、野、厌陋　病、痛、苦病
并、溺　广、博　惭、愧　薄、慢　残、废　昌、盛、隆　奢、侈、
侈靡、骄泰、骄汰　慈、爱、惠、宽惠　繁、充、繁充　遽、遄、

速、趣、薄　瘁、劳、苦、勤　仡仡然　危、殆　懈、怠　惰、惰倦、惰懈、佚怠　深、笃、厚　罢、弊、顿、废　罢弊　丰、繁、多、加、厚、丰义（羡）　阿、私、阿党、阿私　饥、饿、喂、饥渴、饥饿　寒、冻寒、饥寒、冻馁、冻饿　急、迫、疾、狡、蹶然　节、俭、倪、节适　坚、固　恶、回、乱、逆、辟、僻、违、颇邪、回乱、回曲、回邪、邪辟、邪逆、辟邪　奇僻　诡、谖谀、谖诡、诡谖　愁苦、愁忧　忽忽、惄惄　荒、缪（谬）、亡、荒亡、诞意　富、贵、富贵、富利　高、贵　公、中、正、公正、不回　平、和、调、同、和调、倪顺　困、难、谷　贫、贫穷、穷困　古、故、旧　寡、少、希（稀）、鲜　怪、异　广、厚　广、多　宽、广（缓）　宽（宽容）、从刿、苛、厚、重、刻廉　合（给）、充、足　迟、後　驺、华、驺华昏、乱、悟、悟乱　浑（浊）、暧、热　迷、惑、谣、迷惑　姣、美、令、济济　谨、翼翼、小心　长、久　吝、悋、啬　爱、利、肥利无度、非度　廉、正、廉政（正）、方立　怒、忿急、忿怒、忿然、怫然　疾怨、怨疾、怼怨、咎怨　高、高大、相相然　狂、狂僻　巨、大　细、小　洁清、清清　知（智）、敏、哲、明、神、明惠　老、老悖、老薄、老耄、老弱、癃老　茂、莫莫　通、萌通嘿、默然　殚、竭、尽、屈　完、全　群、众　然、是　强暴、强梁　逡循、逡巡、遵（逡巡）　和、柔、婉　弱、孺、鳏、腥臊善、良　肆、从（纵）　寿、老寿　殊、异　约、严、肃、庄敬、俨然　贪、贪昧　听、顺　苟、偷　危（诡）、伪、诈伪　汗、秽习、审、明　质、诚　狭、卑狭　湫隘　彰、显、扬、昭、昭昭迟、徐　凶、饥　厌、餍、足　闲、远　勇、勇力　有道、有德自得、扬扬　馀、羡　安、平、治、治平　忠、忠廉、忠信　不道、不仁、不德、不义　乏、殚乏　抑损、辞让

(4) 副词（19 组）

毕、皆、尽、俱　维、惟、唯、特、徒、直、衹　曾、乃　何、胡、奚　其、岂、庸　不、否、弗、无、勿、毋　莫、非、匪　诚、信、故、固　交、相　复、更　屡、数　又、载　既、已　曩、前、

昔、先　将、且　终、卒　极、最　已、亦　甚、愈、滋

(5)介词(5组)

从、由、自　如、若　乎、于、於、之　及、与　以、矣(以)、由

(6)连词(6组)

诚、苟、如、若　然、而　使、令　维、以、因、由　故、固　即、乃

(7)助词(3组)

乎、为、耶、邪(耶)、也、欤、哉　矣、已(矣)　夫、盖

从以上统计,我们可以看出各词类同义词类聚的组数:名词297组,动词343组,形容词127组,副词19组,介词5组,连词6组,助词3组,计799组。如果按百分比计算,名词、动词、形容词比例占绝对优势,占整个同义词类聚组数的96%;而副词、介词、连词、助词仅占4%。这说明《晏子春秋》一书中实词的同义词比较发达,而其中动词的同义词又最多,名词次之,形容词最少。拿它与年代稍前的《左传》作一下比较:在《左传》的539组同义词中,名词150组,动词263组,形容词96组,动词所占组数最多,名词居中,形容词最少,三者占同义词组数的94%,虚词仅占6%。[①] 通过比较,我们发现,《晏子春秋》与《左传》同义词在各词类的具体数字略有差异,但都是实词同义词占绝对优势,虚词同义词占比例很小。且实词同义词中,同义词所占比例按动词、名词、形容词由多到少递减。这说明,《晏子春秋》虽然稍迟面世,但在同义词发展规律上并未出现根本的变化。

---

① 毛远明《左传词汇研究》,第230页,重庆:西南师范大学出版社,1999年12月。

第三节 《晏子春秋》同义词辨析

一、《晏子春秋》正文对同义词的辨析

同《左传》等其他先秦典籍一样,《晏子春秋》正文中有不少为事物下定义或解释词义的文字,其中也不乏同义词辨析的内容。这些辨析材料,分析角度、分析方法、思想观点都有独特风格,值得重视。例如:

《谏上·第1章》:"公曰:'古者亦有徒以勇力立于世者乎?'晏子对曰:'婴闻之,轻死以行礼谓之勇,诛暴不避强谓之力。'故勇力之立也,以行其礼义也。""轻死以行礼谓之勇,诛暴不避强谓之力",既是对"勇"和"力"含义的解释,也是对二者含义的辨析,告诉读者,两词意义有相同之处,即都是指勇敢精神。但其意义也不完全等同,而是有着一定的差别,也就是涉及对象不同:"勇"指的是维护礼义的胆量,即为了维护礼义,将生命置之度外,拼死抗争;"力"指的是抗击强暴的勇气,即为了伸张正义,不怕邪恶势力强大,敢于以弱胜强。

《谏上·第18章》:"无几何,而梁丘据御六马而来……公曰:'据与我和者夫!'晏子曰:'此所谓同也。所谓和者,君甘则臣酸,君淡则臣咸。今据也,君甘亦甘,所谓同也,安得为和?'公忿然作色,不说。"此段文字中,晏子对同义词"和"与"同"的区别作了生动合理的解释。梁丘据是齐景公的佞臣,在很多事情上迎合景公的口味,附和景公的观点,拥护景公的行为,所以景公感慨地说:"据与我和者夫!""和"者,和

谐、融洽也。晏子是忠臣,向来对梁丘据的谄谀行为不以为然,故对景公的看法提出了异议。在晏子看来,"和"与"同"有着明显的区别:所谓"和",是同中有异,异中有同。具体到君臣关系,就是既要在国君正确时与其一致,也要在国君错误时坚持正义,陈君之过,补君之失。如果不分正误,不辨黑白,一味迎合国君,拥护国君,那算不上和谐、融洽,只能算"同",即等同、相同。晏子对"和"与"同"的区分,应该说理据性较强,富有启发性。

《晏子春秋》还有不少同义词辨析材料,不一一分析,谨排列如下,以备观览:

《谏上·第24章》:"景公射鸟,野人骇之,公怒,令吏诛之。晏子曰:'野人不知也。臣闻赏无功谓之乱,罪不知谓之虐。两者,先王之禁也。以飞鸟犯先王之禁,不可。'"

《谏下·第2章》:"(晏子)明日早朝,而复于公曰:'婴闻之,穷民财力以供嗜欲谓之暴;崇玩好,威严拟乎君,谓之逆;刑杀不辜谓之贼。此三者,守国之大殃。'"

《谏下·第21章》:"且婴闻之,朽而不敛,谓之僇尸;臭而不收,谓之陈胔。"

《谏下·第22章》:"晏子曰:'……婴闻之,臣专其君,谓之不忠;子专其父,谓之不孝;妻专其夫,谓之嫉。事君之道,导亲于父兄,有礼于群臣,有惠于百姓,有信于诸侯,谓之忠;为子之道,以钟爱其兄弟,施行于诸父,慈惠于众子,诚心于朋友,谓之孝;为妻之道,使其众妾皆得欢忻于其夫,谓之不嫉。'"

《问下·第1章》:"晏子再拜曰:'……闻天子之诸侯为巡守,诸侯之天子为述职。故春省耕而补不足者谓之游,秋省实而助不给者谓之豫。……夫从南历时而不反谓之流,从下而不反谓之连,从兽而不归谓之荒,从乐而不归谓之亡。古者圣王无流连之游,荒亡之行。'"

《问下·第23章》:"称财多寡而节用之,富无金藏,贫不假贷,谓之啬;积多不能分人,而厚自养,谓之吝;不能分人,又不能自养,谓之爱。故夫啬者,君子之道;吝、爱者,小人之行也。"

《外篇第八·第10章》:"(田)无宇曰:'位为中卿,田七十万,何以老为妻?'(晏子)对曰:'婴闻之,去老者,谓之乱;纳少者,谓之淫。且夫见色而忘义,处富贵而失伦,谓之逆道。婴可以有淫乱之行、逆古之道乎?'"

《谏下·第20章》:"晏子对曰:'……且婴闻之,生者不得安,命之曰蓄忧;死者不得葬,命之曰蓄哀。蓄忧者怨,蓄哀者危……'"

二、《晏子春秋》同义词辨析举例

同义词类聚的各个词之间,其意义相同或相近,这是同义词成立的前提。但我们更要看到它们之间细微的差异,因为,这细微的不同正是同义词存在的价值所在,它使语言表达更准确、更细腻和多文采,显示了我们祖先高超的语言才能。下面,择取若干同义词加以分析,以窥《晏子春秋》同义词面貌之一斑。

《晏子春秋》同义词之间的细微差别,主要体现在以下几方面:

(一)事物的形质与用途不同

刀、剑 两种金属刃具。《说文》:"兵也,象形。"段注:"刀者,兵之一也。"是一种一面带刃的兵器。《说文》:"剑,人所带兵也。"段注:"桃氏为剑,有上制,有中制,有下制。注云,此今之匕首也,人各以其形貌大小带之。"刀与剑都是金属制造,用来砍杀或击刺的兵器。但二者也有不同,刀是一面带刃,剑是双面带刃。另外,除了在战场上或特殊场合,刀一般不随身携带。剑却可以随身携带,既可作为防身工具,又可作为佩饰。《中华大字典》:"古人无所不佩兵,则剑也。……自天子至于庶人,咸皆带剑。剑之与刀,形制不同,名称各异。古者天子二十而冠带剑,诸侯三十而冠带剑,大夫四十而冠带剑……庶人有事则带剑,无事不得带剑。"《晏子春秋》中"刀"出现两次,皆在《谏上·第 25 章》中。其文云:"景公使圉人养所爱马,暴死。公怒,令人操刀解养马者。是时晏子侍前,左右执刀而进,晏子止而问于公。"《晏子春秋》中"剑"出现 5 例。《杂上·第 27 章》:"著衣冠,令其友操剑,奉笥而行。"

　　笥、筐箧　都是竹制盛具,但用途有差别。"笥"是方形器具,用来盛衣物或饭食;"筐"也是方形器具,但用来装饭食;"箧"则是收藏衣物等的器具。《说文》:"笥,饭及衣之器也。"段注:"《礼记·曲礼》注曰:'圆曰箪,方曰笥。箪,盛饭食者。'此饭器之证。《礼记》引《兑命》曰:'惟衣裳在笥。'此衣器之证。"可见,笥是方形竹器,用来盛衣物或食物。《诗经·召南·采蘋》:"于以盛之?维筐及筥。"毛传:"方曰筐,圆曰筥。"《说文》:"筐,匩或字。匩,饭器,筥也。"《说文》:"箧,匧或字,藏也。"杨伯峻《春秋左传词典》云:"箧,箱箧。卫人使屠伯馈叔向羹与一箧锦。"筐是盛食物的方形器物,箧是盛衣物的方形器具。筐、箧连文,泛指藏具。笥在《晏子春秋》中出现 2 例。《杂上·第 27 章》:"(北郭子)著衣冠,令其友操剑,奉笥而从,造于君庭。……因谓其友曰:'盛吾头于笥中,奉以托。'"筐、箧在《晏子春秋》中以连文形式出现,有 2 例。《问上·第 8 章》:"其与士交也,用财无筐箧之藏,国人负携其子而归之,若水之流下也。"《杂下·第 18 章》:"厚取之君,而不施与民,是为筐箧之藏也,仁人不为也。"

（二）事物的大小不同

门、闾、闺 门，房屋或城郭的出入口。《说文》："门，闻也。从二户。象形。"段注："闻者谓外可闻于内，内可闻于外也。"《一切经音义》引《字书》："一扇曰户，两扇曰门。"《左传·僖公二十八年》："长牂守门。"杨伯峻《春秋左传词典》云："城门。"闾是里巷的大门。《尚书·武成》："式商容闾。"《公羊传·成公二年》："二大夫出，相与踦闾而语。"《尔雅·释宫》："宫中之门谓之闱，其小者谓之闺。"门、闾、闺三者各有所指，大小有别。门指城门时，面积最大；闾是里巷的大门，次于门；闺是宫中小门，最小。门若指室门，则大小次于闾，大于闺。门在《晏子春秋》中出现 26 例，其中有 2 例指城门，其余指室门。指城门者，如：《外篇第八·第 15 章》："庄公阖门而图莒，国人以为有乱也，皆操长兵而立于闾。"指室门者，如：《问上·第二章》："门外生荆棘。"《外篇第七·第 1 章》："公下拜，送之门。"闾在《晏子春秋》中出现 1 例，即《外篇第八·第 15 章》："庄公阖门而图莒，国人以为有乱也，皆操长兵而立于闾。"闺在《晏子春秋》中出现 3 例，其中有 1 例指内室，2 例指宫中小门。指小门者：《杂下·第六章》："（晏子）出于闺，使人召占梦者。"《杂下·第 23 章》："景公谓晏子曰：'寡人欲朝夕见，为夫子筑室于闺内，可乎？'"

城、廓（郭） 城，聚居众人的地方。《说文》："城，以盛民也。"段注："言盛者，如黍稷之在器中也。"《谷梁传·隐公七年》："为保民为之也。"《墨子·七患》："所以自守也。"以上典籍对"城"的解释，或以比喻方式，或道以功用，角度不同，但都说出了它是聚居众人之所这样一个内涵。廓，"郭"的通假字，外城，即环绕城市而修筑的墙垣。《释名·释宫室》："廓也，廓落在城外也。"《孟子·公孙丑下》："三里之城，七里之郭。"由上可知，"城"、"廓"（郭）虽然都是环闭的墙垣，但"城"

在"廓"(郭)内,小于"廓"(郭)。"城"在《晏子春秋》中出现6例。例如:《谏上·第9章》:"哲夫成城,哲妇倾城。"《谏下·第3章》:"公曰:'以兵降城,以众图财,不仁。'""廓"在《晏子春秋》中出现1例:《谏下·第2章》:"负廓之民贱妾,请有道于相国。"

(三)构成事物的材料不同

屦、履、菲履、舄履 屦是用麻、葛制成的单底鞋。《诗经·魏风·葛屦》:"纠纠葛屦,可以履霜。"葛屦连文,屦前有一修饰语"葛",说明其材质。《左传·僖公四年》:"共其资粮扉屦其可也。"疏:"丝作之曰履,麻作之曰扉,粗者谓之屦。"《说文》:"屦,履也。"段注:"晋蔡谟曰,今时所谓履者,自汉以前皆名屦。屦、舄者,一物之别名。履者,足践之通称。按:蔡说极精。许以今释古,故云古之屦,即今之履也。"可见,屦与履是有区别的:屦是粗质材料,如麻、葛等纤维等制作的鞋子。履是精质原料,如丝缕等制成的鞋子;或者作为鞋子的泛称,同时包括粗质鞋子和精质鞋子。因此,履前可带修饰语,以明确其所指。例如菲履、舄履,菲履为草鞋,舄履为鞋的泛称。屦单用,在《晏子春秋》中出现3次。例如:《杂下·第21章》:"踊贵而屦贱。"履单用,在《晏子春秋》中出现6例。例如:《谏下·第13章》:"景公为履。"菲履出现1例:《问下·第20章》:"治唐园,考菲履"。舄履出现1例:《外篇第七·第9章》:"大带重半钧,舄履倍重,不欲轻也。"

台、榭 台,以土堆积而成、高而上平的建筑物。《诗经·大雅·灵台》:"经始灵台,经之营之。"传:"四方而高曰台。"榭,建在高台上的木质敞屋。《尚书·泰誓上》:"惟宫室台榭。"孔传:"土高曰台,有木曰榭。"《尔雅·释宫》:"有木者谓之榭。"郭注:"台上起屋。"《说文新附》:"榭,台有屋也。"《国语·楚语上》:"故先王之为台榭也,榭不过讲军实,台不过望氛祥。"台在《晏子春秋》中出现 18 例。例如:《谏下·第 7 章》:"景公筑路寝之台,三年未息。"《谏下·第 7 章》:"又为章华之台,五年又不息也。"榭在《晏子春秋》中以连文台榭出现 8 例。例如:《谏下·第 14 章》:"今君穷台榭之高,极污池之深而不止。"《外篇第七·第 8 章》:"景公赏赐及后宫,文绣被台榭,菽粟食凫雁。"

(四)动作、行为的方式不同

伐、侵 "伐"和"侵"都有攻打他人的意思,但是攻打方式有所不同。"伐"是攻打一方在某一方面或几方面抓住了对方的短处,认为攻打是有理的,因此大造声势,历数对方的罪过,公开实行其军事行动,所谓讨伐。而"侵"则是一种较强硬的军事行动,不说原因,不言道理,企图利用自己强大的军事实力征服对方。如果说"伐"有正义性的话,"侵"就是非正义的。正如《左传·庄公二十九年》所言:"凡师,有钟鼓曰伐,无曰侵。"有钟鼓就是公开化,无钟鼓就是隐秘化;因为前者占理,后者无理。《左传·僖公四年》:"齐侯以诸侯之师侵蔡,蔡溃,遂伐楚。""齐侯以诸侯之师侵蔡,蔡溃",就是齐侯依仗军事优势,率领诸侯军队无理由地侵入蔡国领土,并且把蔡国打败了。"遂伐楚"就是在取得侵略蔡国胜利的基础上,乘势进攻楚国。但对楚之战不是"侵",而是"伐",即抓住了楚国的"短处"而加以武力:"尔贡苞茅不入,王室不供,无以缩酒,寡人是征。召王南征而不复,寡人是问。"从这段文字,我们就能领会到"伐"和"侵"的区别。在《晏子春秋》中,"伐"和"侵"各出现 22 次和 6 次。例如:《谏上·第 22 章》:"景公举兵将伐宋,师过泰山,公梦见二丈夫立而怒。"《问上·第 5 章》:"侵大国之地,耗小国之民,故诸侯不欲其尊。"

寝、睡 两词都有闭目休息的意思,但方式不同:"寝"一般是在室内卧床而眠,且眠的程度较深;"睡"则是坐着打瞌睡,随时随地进行,不一定在室内,且程度较浅。《说文》:"寝,卧也。"《论语·公冶长》:"宰予昼寝。"郑注:"寝,卧息也。"《说文》:"睡,坐寐也。"段注:"知为坐寐者,以其从垂也。目睑垂而下,坐则尔。"欧阳修《秋声赋》:"童子不对,垂头而睡。"在《晏子春秋》中,"寝"出现 2 次:《谏上·第 3 章》:"今一日饮酒而三日寝之,国治怨乎外,左右乱乎内。"《杂上·第 30 章》:"晏子居晏桓子之丧……寝苫,枕草。""睡"出现 1 次:《杂下·第 3 章》:"景公畋于梧丘,夜犹早,公姑坐睡。"

(五)动作、行为的结果不同

听、闻 "听"和"闻"都是以耳获取声音信息,但动作效应有所不同。"听"只是强调动作,不强调结果,可能听而不见,充耳不闻。《说文》:"听,聆也。""闻"是听而有得,即听到了所要获取的声音信息。《说文》:"闻,知声也。"段注:"往曰听,来曰闻。《大学》曰:'听而不闻。'按,王注:《大学》听而不闻,是知听者耳之官也,闻者心之官也。"说明"听"和"闻"是有区别的。《中庸·鬼神章》:"视之而弗见,听之而弗闻。"也暗示了"听"和"闻"的不同。《晏子春秋》中有 3 例"听",例如:《问下·第 2 章》:"异日,君过于康庄,闻宁戚歌,止车而听之,则贤人之风也,举以为大田。""闻"有 183 例,例如:《谏上·第 1 章》:"婴闻之,轻死以行礼谓之勇,诛暴不避强谓之力。故勇力之立也,以行其礼义也。"《问下·第 17 章》:"民闻公命,如逃寇仇。"

视、见 与"听"和"闻"的区别类似,"视"和"见"的区别也在于动作的结果。"视"是看的动作,看没看见不一定;而"见"则是看而有所见,即看见了所要看的事物。《中庸·鬼神章》:"视之而弗见,听之而弗闻。"道出了"视"与"见"的区别。《说文》:"视,瞻也。""瞻"即看也,只是看的动作,没说看的结果。《墨子·辞过》:"目不能遍视,手不能遍操。""视"在

《晏子春秋》中有13例,如:《谏下·第3章》:"公怪之,令吏视之,则其中金与玉焉。"《说文》:"见,视也。"段注:"析言之,有视而不见者;浑言之,则视与见一也。"注意到了"视"与"见"的区别。《易·艮》:"行其庭,不见其人。"在《晏子春秋》中有"见"41例。如:《谏上·第16章》:"今君临民若寇仇,见善若避热。"

(六)动作、行为的对象或色彩不同

杀、弑 "杀"和"弑"都有置对方于死地的意思,但二者色彩不同。"杀"属于中性色彩,无褒贬含义,既可指上对下,也可指下对上。《说文》:"杀,戮也。"《墨子·三辩》:"武王胜殷杀纣。"是下杀上。又《明鬼下》:"周宣王杀其臣杜伯而不辜。"是上杀下。"弑"则不同,它专指下杀上,如臣杀君,子杀父,色彩义相当浓厚,即对"犯上作乱"者的贬低和谴责。《易·坤·文言》:"臣弑其君,子弑其父,非一朝一夕之故,其所由来者渐矣。""杀"在《晏子春秋》中出现35次,它可指上杀下,如《外篇第七·第13章》:"使吾君以鸟之故杀人,是罪二也";也可指下杀上,如《谏上·第11章》:"景公没,田氏杀君荼,立阳生;杀阳生,立简公;杀简公而取齐国。""弑"出现8次,皆指下杀上。如《外篇第八·第7章》:"汤有弑其君,桀有亡其兄。"

奉、献、馈、赠、赏、赐 这几个同义词都有给予的意思,但施与对象和色彩不同。"奉"是下对上有所给予。《广雅·释言》:"奉,贡,献也。"《周礼·地官·大司徒》:"祀五帝,奉牛牲。"此义的"奉"《晏子春秋》中有4例。如:《谏下·第1章》:"今齐国丈夫耕,女子织,夜以接日,不足以奉上。""献"也是下对上有所给予。《广雅·释诂》:"献,进也。"《周礼·地官·鳖人》:"春献鳖蜃,秋献龟鱼。"《晏子春秋》有"献"1例:《杂上·第18章》:"晏子曰:'寡君献地,忠廉也,曷为不尽受?'"这是晏子代齐景公送给鲁君国土,为表尊敬,用下对上的口吻与鲁君交谈。"馈"和"赠"都是中性词,上对下,平级之间皆可用。《广雅·释诂》:"馈,遗也。"《左传·桓公六年》:"齐人馈之饩。"释文:"馈,遗也。"《说文》:"赠,玩好相送也。"注:"赠,增也。既辞,又以此增益也。"从本义"玩好相送"引申为一般物品的赠与。《诗经·郑风·女曰鸡鸣》:"知子之来兮,杂佩以赠之。"《晏子春秋》中出现"馈"1例,用于国君对臣下:因请公使人少馈之二桃(《谏下·第24章》)。出现"赠"2例,用于上对下或平级之间以物品相送。平级相送:君子赠人以轩(《杂上·第23章》)。上对下赠送:遂解左骖以赠之(《杂上·第24章》)。这是宰相晏子赠给平民越石父马匹。"赏"、"赐"用于上对下。《说文》:"赏,赐有功也。"《晏子春秋》中出现"赏"12例。如:赏无功(《谏上·第8章》)。今所以当赏者宜诛(《杂上·第4章》)。出现"赐"18例。如:赐其忠臣(《谏上·第12章》)。

(七)动作、行为的程度不同

驱、驰　驱,驾马快速赶路。《说文》:"驱,驱马也。"段注:"驱马,常言,尽人所知,故不必易字以注之也。驱马,自人策马言之。革部曰:'鞭马也。'是共义也。"《广雅·释室》:"驱,奔也。"《诗经·唐风·山有枢》:"弗驰弗驱。"孔颖达疏:"策马谓之驱。""驰"也是驾马快速赶路,但速度大于"驱"。《说文》:"驰,大驱也。"段注:"驰亦驱也,较大而疾耳。"《左传·昭公十七年》:"啬夫驰,庶人走。"杜预注:"车马曰驰,步曰走。"《晏子春秋》出现"驱"2例,如:《谏上·第5章》:"公驱,及之康内。"出现"驰"4例,如《谏上·第23章》:"不革衣冠,望游而驰。"

(八)用法和搭配不同

君、子、尔 3个词都可用来指称谈话的对方,即作第二人称。但具体运用时又有一定差别。"君"和"子"都是表示尊称,"尔"是一般的称呼。"君"一般用于臣下对本国国君或别国国君的称呼。例如:《左传·隐公元年》:"今京不度,非制也,君将不堪。"这里的"君"是郑大夫祭仲对郑庄公即臣对君的称呼。"君"有时也可以作为一般对称词。例如:《左传·哀公元年》:"君胡不冑?""子"一般用来表示国君对大臣或平辈人之间的尊称。例如:《左传·隐公元年》:"子姑待之。""子"是君对臣即郑庄公对祭仲的称呼。《左传·成公十六年》:"我不如子。""子"是同僚相称。"尔"不表示尊称,是一种较随便的称呼,用于尊者对贱者、长辈对晚辈或平辈之间。例如:《论语·八佾》:"赐也:尔爱其羊,我爱其礼。"《孟子·公孙丑上》:"尔为尔,我为我。"在《晏子春秋》中,"君"表示臣对君之尊称有230例。例如:《谏下·第8章》:"君不听臣,臣将逝矣。""君"是晏子对景公的称呼。表示一般的尊称1例。如:《杂上·第20章》:"君何年少,而弃国之蚤?""君"是景公对鲁太子的称呼。"子"出现86例,表示国君对臣子或平辈人之间的尊称。例如:《谏上·第9章》:"寡人愿以请子。""子"是景公对晏子的称呼。"尔"出现7次,是君对臣或平辈间的称呼。例如:《杂上·第1章》:"尔何来为?""尔"是国君景公对大臣晏子的称呼。

之、至、适、往 此4个动词都表示到某地去。《说文》:"往,之也。"《广韵》:"至,到也。"《中华大字典》:"之,往也,适也。"《说文》:"适,之也。"《尔雅·释诂》:"适,往也。"但"往"在语法搭配上有自己的特点,当用在陈述句时,是不及物动词,不跟宾语;当用于疑问句时,跟前置的宾语。例如:《论语·子罕》:"譬如平地,虽覆一篑,进,吾往也。"《孟子·梁惠王上》:"王往而征之,夫谁与王敌?"在《晏子春秋》中,"之"出现6例。如:《外篇第八·第6章》:"孔子去鲁之齐"。"至"出现54例。如:《外篇第八·第13章》:"至东海而捐其布。""适"出现1例。如:《杂上·第27章》:"夫子将焉适?""往"出现14例,其中12例为陈述句,"往"后不跟宾语。如:《谏上·第23章》:"晏子自国往见公。"2例为疑问句,跟前置的宾语。如:《谏上·第8章》:"夫子休国焉而往?"《杂下·第14章》:"先得君,田、鲍安往?"

第四节 《晏子春秋》同义词产生的途径

一、对相似事物的细腻区分,产生同义词

例如,芦苇类植物从初生到成熟,各阶段有不同特点。古人对之有细致入微的观察认识,遂产生了"苇""葭""萑"等同义词语以表达之:幼小的芦苇叫做蒹或"葭",长成后叫"萑"或"苇"。《诗经·小雅·小弁》:"萑苇淠淠。""萑""苇"连文,暗示"萑"为苇类植物。《本草纲目·草部四》:"毛苌诗疏云:'苇之初生曰葭,未秀曰芦,长成曰苇。苇者,伟大也。'"《晏子春秋》中"苇"与"蒲"连文出现1例:《杂上·第27章》:"齐有北郭骚者,结罘罔,捆蒲苇,织履,以养其母。""葭"单独出现1例:《谏下·第9章》"景公猎休,坐地而食,晏子后至,左右灭葭而席,公不说。""萑"亦与"蒲"连文出现1例:《外篇第七·第7章》:"泽之萑蒲,舟鲛守之。"

再如,人的悲痛心情会有几种相似而不同的表现方式,于是古人创造了诸如"号""泣""哭"等词语来表达它们。

"号"为大声哭叫。曹植《王仲宣诔》:"翩翩孤嗣,号恸崩摧。""泣"为低声落泪。《尚书·益稷》:"启呱呱而泣。""哭",流泪而带较大的悲声。《论语·先进》:"颜渊死,子哭之恸。"《晏子春秋》有"泣"3例。如:景公置酒于泰山之阳,酒酣,公四望其地,喟然叹,泣数行而下……左右佐哀而泣者三人(《外篇第七·第2章》)。"哭"出现9例。《谏下·第20章》:"逢於何遂葬其母路寝之墉下……踊而不哭。"《杂上·第2章》:"(晏子)遂袒免,坐,枕君尸而哭。""号"出现1例:景公游于菑,闻晏子死……行哭而往,伏尸而号(《外篇第八·第16章》)。

再比如,人会患病,但病的程度会有不同,于是古人造出了"疾"和"病"以区别之:"疾"指一般的、较轻的病,"病"则指重病。《韩非子·喻老篇》:"君有疾在腠理,不治将恐深。"又"君之病在肠胃,不治将益深。"这里的"疾"和"病"皆为"疾病"之义,但"疾"是一般的病,所以说"在腠理",即在皮肉之间;而"病"是重病,所以说"在肠胃"。《晏子春秋》中"疾"指轻病者出现3次:《外篇第七·第7章》:"诸侯之宾问疾者多在。"又,"今君疾病","薄敛已责,公疾愈。""病"指重病者10例。例如:《谏上·第12章》:"寡人之病病矣……病不已,兹甚。"又,"改月而君病悛。"《谏下·第21章》:"病犹可为乎?"又,"医不能治病。"

二、委婉词和普通词并用,产生同义词

在古代,在某些特殊场合,或对地位较高、影响较大的人,援用语言要含蓄一些,委婉一点,以示礼貌或尊敬。于是产生了一些与平常词汇意义相同或相近的委婉词汇和避讳词汇。像"便溺"用"如厕"代替(比如,《史记·项羽本纪》有"沛公起如厕"之句),"帝王之死"用"崩"代替(比如,《史记·五帝本纪》有"黄帝崩,葬桥山"之句),等等。表达"失去生

命"概念的同义词中,"死"是最普通而感情色彩为中性的词,大概最初对谁,在任何场合都适用。后来,随着社会的发展,人们懂得了委婉和避讳,"死"才只用于地位较低的人或不受重视的人。《公羊传·隐公三年》:"天子曰崩,诸侯曰薨,大夫曰卒,士曰不禄。"《礼记·曲礼上》也表达了类似的观念:"天子死曰崩,诸侯曰薨,大夫曰卒,士曰不禄,庶人曰死。"在《晏子春秋》中,有"死、卒、没、殪、即世、没世、没身"这样一组表达"失去生命"概念的同义词。"死"属于中性色彩的词,既可用于普通人,也可用于大臣和国君。"死"在《晏子春秋》中作动词出现98例。如:《谏下·第20章》"有逢於何者,母死,兆在路寝,当如之何?""死"指百姓。《谏上·第4章》:"不听,又爱其死。""死"指大臣。《谏上·第16章》:"昔先君桓公……身死乎胡宫而不举,虫出而不收。""死"指国君。"卒"作为"死亡"用,出现2次,可用于大夫,也可用于帝王。《谏上·第18章》:"及晏子卒。""卒"指大臣。《谏上·第16章》:"桀纣之卒不能恶焉。""卒"指帝王。而"没""即世""没世""没身"则纯属委婉表达词汇。"即世"出现1次,用于国君:公若即世(《外篇第七·第15章》)。"没"出现8次,既可用于国君,如:景公没(《谏下·第11章》);也可用于大臣,如:晏子没而后衰(《问上·第13章》)。"没世"1例,"没身"2例,皆用于大臣:则持节以没世耳(《谏上·第16章》);尚可以没身(《问上·第12章》)。"殪"1例,用于将士:鼓毁将殪(《谏上·第22章》)。

三、词的同源分化产生同义词

获、穫 二者都有得到某物的意思。"获"最初表示猎有所得。《说文》:"获,猎所获也。"《诗经·秦风·载驱》:"舍拔则获。"孔颖达疏:"舍放矢括则获得其兽。"《左传·襄公三十一年》:"谋于野则获。"引申为一般的获得。《墨子·天志下》:"不与其劳,获其实。"作为动词,"获"在《晏子春秋》中出现4次,指一般的获得,如,"晏子,仁人也……僇崔杼之尸,灭贼乱之徒,不获名焉"(《问下·第12章》)。公室无度,幸而得死,岂其获祀焉(《问下·第17章》)?穫,收获庄稼。《说文》:"穫,刈谷也。"《诗经·豳风·七月》:"八月其穫。"又:"十月穫稻。"《诗经·大雅·生民》:"是穫是亩。""穫"在《晏子春秋》中出现2次:《外篇第七·第12章》:"岁已暮矣,而禾不穫,忽忽矣若之何?"《谏下·第6章》:"穗乎不得穫,秋风至兮殚零落。"如上所述,"获"与"穫"在意义上相近;在语音上,获、穫同为匣母,铎部叠韵。所以获、穫是同源词,同时又是同义词。

舍(捨)、赦、释 "舍"与"捨"为古今字,在"释放"的意思上同义。《说文》:"捨,释也。"字本作舍。《周礼·秋官·司圜》:"上罪三年而舍,中罪二年而舍,下罪一年而舍。"注:"舍,释之也。"赦,赦免或释放的意思。《说文》:"赦,置也。"《尔雅·释诂》:"赦,舍也。"释,释放之义。《说文》:"释,解也。"《国语·晋语一》:"君其释申生也。"注:"释,舍也。"以上材料表明,舍(捨)、赦、释在意义上是相近、相通的,为同义词。同时,它们在语音上也相近:声母皆为审母;韵部相近:舍(捨)为鱼部,赦、释为铎部,鱼、铎对转,故它们又是同源词。舍(捨)、赦、释在《晏子春秋》中都有用例。舍用作释放义有2例,如:崔杼将杀之。或曰:"不可……"崔子遂舍之(《杂上·第3章》)。捨,"舍"的后起字,有1个用例:吏请杀其人,收其金玉。公曰:"……且吾闻之,人君者,宽惠慈众,不身传诛。"令捨之(《谏下·第3章》)。"赦"有5个用例,如:公曰:"赦之,无使夫子复言"(《外篇第七·第9章》)。君得臣而任使之,与言信,必顺其令。赦其过,任大无多责焉,使迩臣无求壁焉(《问上·第26章》)。"释"有2个用例,如:公

喟然叹曰:"夫子释之,夫子释之,勿伤吾仁也。"(《谏上·第25章》)

四、通过词义引申而产生同义词

分、发 分,本义为剖分,分开。《说文》:"分,别也。"《吕氏春秋·仲夏》:"死生分。"引申为散发,分发。《左传·哀公元年》:"在军,熟食者分,而后敢食。"杜预注:"必须军士皆分熟食,不敢先食,分犹遍也。"又《左传·昭公十四年》:"分贫振穷。"杜预注:"分,与也。"发,本义为射箭。《说文》:"发,射发也。"《诗经·召南·虞》:"一发五豝。"引申为分发,散发。《尚书·武成》:"发巨桥之粟。""分""发"本义不同,但引申义皆有"分发""散发"义,成了同义词。在《晏子春秋》中,分、发作为同义词出现,表示分发财物的意思。"分"出现 9 次。例如:《谏上·第 5 章》:"景公之时,霖雨十有七日。公饮酒,日夜相继。晏子请发粟于民,三请,不见许。……(晏子)遂分家粟于民。"《问下·第 23 章》:"积多不能分人,而厚自养,谓之吝;不能分人,又不能自养,谓之爱。""发"出现 6 次。例如:《谏上·第 5 章》:"景公之时,霖雨十有七日。公饮酒,日夜相继。晏子请发粟于民,三请,不见许。"《谏上·第 20 章》:"景公之时,雨雪三日而不霁……(公)乃令出裘发粟与饥寒。"《杂上·第 6 章》:"景公之时饥,晏子请为民发粟。"

丰(豐)、厚 丰,本义为豆器盛物满。《说文》:"丰,豆之满者。"引申为大、多、丰厚。《国语·周语》:"艾人必丰。"《易·序卦》:"丰者,大也。"《方言》:"凡物之大貌曰丰。"厚,本义是山岭厚重。《说文》:"厚,山林之厚也。"段注:"山陵之厚故其字从厂。"引申为大、多。《国语·鲁语》:"不厚其栋。"《考工记·弓人》:"厚其液而节其带。""丰"和"厚"本义不同,但引申义相同,遂为同义词。在《晏子春秋》中,"丰"意义为

"丰厚、多"的例句如下:《外篇第七·第 7 章》:"吾事鬼神丰。"《谏下·第 20 章》:"丰乐侈游。""厚"为此意义的例句如下:《谏下·第 13 章》:"其赏厚。"《谏上·第 14 章》:"德厚足以安世。"《问下·第 14 章》:"慢听厚敛则民散。"《问上·第 5 章》:"薄身厚民。"

道、行 "道"的本义为道路。《说文》:"道,所行道也。"引申为道义、道德。《礼记·乐记》:"君子乐得其道。"行,本义为走路。《说文》:"行,人之步趋也。"引申为道义、道德。《周礼·师氏》:"敏德以为行。"在《晏子春秋》中,"道"和"行"皆有"道义""道德"之义,为同义词。《杂上·第 18 章》:"君之道义,殊于世俗。"《问上·第 21 章》:"此佞人之行也。"

五、词的假借产生同义词

贻、遗 贻,本义为一种贝类。《尔雅·释鱼》:"玄贝,贻贝。"郭注:"黑色贝也。"假借为"赠送""留给"之义,遂与"遗"同义。《尚书·金縢》:"于后,公乃为诗以贻王。"《诗经·邶风·静女》:"贻我彤管。""贻"在《晏子春秋》中有 1 例:武王岂不事,贻厥孙谋,以燕翼子(《谏下·第 19 章》)。"遗"在《晏子春秋》中有 2 例:《杂上·第 27 章》:"晏子使人分仓粟、府金而遗之,辞金受粟。"《杂下·第 25 章》:"晏子出,公使梁丘据遗之辂车乘马,三返不受。"

易、革 易,本是爬虫名,即蜥蜴。《说文》:"易,蜥蜴、蝘蜓、守宫也。""蝘蜓""守宫"为蜥蜴之别名。假借为"更换,改变"之义。《谏上·第 2 章》:"禽兽以力为政,强者犯弱,故日易主。今君去礼,则是禽兽也。群臣以力为政,强者犯弱,而日易主,君将安立矣?"于是与"革"成了同义词。"革"亦有"更换,改变"的意义:《谏上·第 16 章》:"婴之年老,不能待于君使矣,行不能革,则持节以没世耳。"《谏上·第 23 章》:

"景公畋于署梁……晏子自国往见公。比至,衣冠不正,不革衣冠,望游而驰。"

罪、过 "罪"和"过"在《晏子春秋》中是同义词,有罪过、过失等含义。但"罪"的本义却与此无关,是通过假借才与"过"成为同义词的。《说文》:"罪,捕鱼竹网,从网非。秦以罪为辠字。"段注:"文字音义云:'始皇以辠字似皇,乃改为罪'。按,经典多出秦后,故皆作罪。罪之本义少见于竹帛,小雅'畏此罪罟',大雅'天降罪罟',亦辠罟也。"也就是说,"罪"本是"捕鱼竹网",假借为表示罪过、过错的"辠"字,却将"辠"弃而不用。"罪"假借为"辠",例如:《左传·桓公十年》:"匹夫无罪,怀璧其罪。"《左传》:"有人而校,罪莫大焉。"《论语·八佾》:"获罪于天,无所祷也。"《孟子·公孙丑上》:"王曰:'此则寡人之罪也。'""罪"的同义词"过"的"罪过、过错"含义之例句:《左传·僖公二十年》:"其过鲜矣。"《孟子·公孙丑上》:"子路,人告之以有过,则喜。"《晏子春秋》中出现表示"罪过、过错"含义的"罪"56例,如:《谏上·第19章》:"公曰:'然!为上而忘下,厚籍敛而忘民,吾罪大矣。'"《外篇第七·第26章》:"寡人不知,是寡人之罪也。"出现"过"26例,如:《谏下·第4章》:"公曰:'诺!是寡人之过也。'令止之。"《问上·第17章》:"从邪害民者有罪,进善举过者有赏。"

毁、非(诽) "毁"的本义为器物残缺。《说文》:"毁,缺也。"段注:"缺者,器破也。"假借为用语言攻击别人,而与"非(诽谤)"构成同义词。《晏子春秋》中含有"毁"的例句:《问上·第11章》:"毁非满于朝。"《问上·第13章》:"无以毁誉非议定其身。"《杂上·第4章》:"二谗毁于内。"含有"非"的例句:《谏上·第21章》:"行百姓之诽。"《谏上·第12章》:"百姓之咎怨诽谤,诅于上帝者多矣。"《外篇第八·第4章》:"诽誉为类。"

六、修辞的运用产生同义词

(一)修辞词与非修辞词同义

布衣、百姓 布衣,原指以麻、葛等制作的粗布衣服。因平民穿这种服装,所以有时就用"布衣"代指平民百姓。《史记·廉颇、蔺相如列传》:"臣以为布衣之交尚不相欺,况大国乎?"诸葛亮《出师表》:"臣本布衣,躬耕南阳。苟全性命于乱世,不求闻达于诸侯。"诸"布衣"皆为借代法,代指百姓。这样,"布衣"就与"百姓"成了同义词。在《晏子春秋》中,"布衣"作为百姓的代称出现 1 次:(景公)明日朝,问于晏子曰:"寡人夜者闻西方有男子哭者,声甚哀,气甚悲,是奚为者也?"晏子对曰:"西郭徙居布衣之士盆成适也。"(《外篇第七·第 11 章》)"百姓"出现 59 次。例如:盖是后也,饬法修礼以治国政,而百姓肃也(《谏上·第 2 章》)。于是卑辞重币,而诸侯附;轻罪省功,而百姓亲(《问上·第 5 章》)。

兵、军、师、兵甲 兵甲,原指兵刃和甲胄,也用来代指军士、军队,于是和"军""师""兵"成了同义词。兵甲这种用法在《晏子春秋》中有 2 例:《问上·第 5 章》:"不劫人以兵甲,不威人以重强,故天下皆欲其强。"又:"劫人以兵甲,威人以重强,故天下不欲其强。""兵"作军队或军士讲,有 10 例。例如:以兵降城,以众图财,不仁(《谏下·第 3 章》)。"军"出现 2 次:军进再舍,鼓毁将殪(《谏上·第 22 章》)。师若果进,军必有殃(《谏上·第 22 章》)。"师"出现 7 次。例如:公乃辞乎晏子,散师,不果伐宋(《谏上·第 22 章》)。师行而粮食,贫苦不补,劳者不息(《问下·第 1 章》)。

经、律、法 经,本义为织物的纵线。比喻为规矩或法律。《礼记·中庸》:"凡为天下国家有九经。"《外篇第七·第

15章》:"君令臣忠,父慈子孝……礼之经也。"《问上·第25章》:"国无常法,民无经纪。"律,法则,规章。《易·师》:"出以律。"孔颖达疏:"律,法也。……师出之时,当须以其法制整齐之。"《外篇第七·第5章》:"声亦如味:一气,二体,三类,四物,五声,六律。"法,本义为法律。《说文》:"法,刑也。平之如水。"《谏上·第2章》:"饬法修礼以治国政,而百姓肃也。"《问上·第11章》:"刑罚中于法。""经"以比喻而产生"规矩""法律"之义,遂与"律""法"成了同义词。

(二)修辞词与修辞词同义

左右、耳目 左右,本是方位词,指身体的左边和右边。因君王的近臣不离身边,故可用"左右"代替"近臣"。耳目,本是人的感觉器官,为人提供信息。由于君王的宠臣经常替君王探听消息,报告情况,与"耳目"作用类似,所以常用它来比喻宠臣。这样,"左右"与"耳目"就成了同义词,指君王的近臣或宠臣。"耳目"作近臣讲,在《晏子春秋》中有1例:君以为耳目而好缪事(《外篇第七·第14章》)。"左右"当近臣讲,在《晏子春秋》中出现37例。例如:左右以告公,公为之封邑(《杂下·第19章》)。公谓左右曰:"问之,何视寡人之僭也?"(《外篇第八·第12章》)

邪、僻 邪,一般作形容词,表示行为不正。在《晏子春秋》中,它被用作名词,借代不正的事物或人。《谏下·第15章》:"而壹心于邪。"《外篇第八·第2章》:"故三邪得行于世。"僻,也是行为不正,形容词,代指不正的事物。《谏上·第9章》:"而易之以僻。""邪""僻"由于修辞的指代作用而成为同义词。

不辜、无罪 不辜,本为形容词,用以指代没有罪过的人,成了名词;无罪,也是指代没有罪过的人。由于指代作用,二者成了同义词。《杂下·第3章》:"我其尝杀不辜。"

《谏上·第1章》:"威戮无罪。"

七、方言与通语共用,古、今语共存产生同义词

姣、美 姣,形容人相貌美好,为方言。《说文》:"姣,好也。"《方言》:"凡好而轻者,自关而东,河、济之间,或谓之姣。"在《晏子春秋》中,"姣"与"美"作为同义词共用。作为形容词,"姣"出现4例:《杂下·第24章》:"寡人有女少且姣,请以满夫子之宫。"又,"晏子避席对曰:'乃此则老且恶,婴与之居故矣,故及其少而姣也。且人固以壮托乎老,姣托乎恶。彼尝托,而婴受之矣。'"《外篇第八·第12章》:"景公盖姣,有羽人视景公僭者。""美"在《晏子春秋》中表示外观美好。"美"出现3次。例如:美哉水乎清清,其浊无不雩途,其清无不洒除(《问下·第4章》)。景公坐于路寝,曰:"美哉其室!谁将有此乎?"(《外篇第七·第10章》)

大、假 大,形容词活用为名词,表示大的事物。通语。《晏子春秋》有1例:国贫而好大,智薄而好专,贵贱无亲焉,大臣无礼焉(《问上·第25章》)。假,可通假"嘏",大也,方言。《方言》:"凡物之壮大者,而爱伟之,谓之夏,郑周之间谓之嘏。"《晏子春秋》中有"假"通假"嘏"1例:莒之细人,变而不化,贪而好假,高勇而贱仁(《问上·第8章》)。《晏子春秋》将通语"大"与方言词"假(嘏)"并用,而为同义词。

改、悛 改,改变。通语。《杂上·第22章》:"子教我所以改之。"悛,改变,悔改。方言。《方言》:"悛、怿,改也。自山而东或曰悛,或曰怿。"《外篇第七·第7章》:"无悛于心。"通语"改"与方言"悛"并用,为同义词。

年、岁 《尔雅·释天》:"夏曰岁,商曰祀,周曰年。""年""岁"为不同时代产生的表时间词,共同运用于《晏子春秋》中,形成同义词。"岁"有4例。如:岁已暮矣,而禾不获,忽

忽矣若之何(《外篇第七·第12章》)？"年"有30例。如：景公筑路寝之台，三年未息；又为长庲之役，二年又未息(《谏下·第7章》)。

八、复音词的出现丰富了同义词的类聚

(一)复音词与单音词同义，复音词与单音词没有共同语素

农、野人 二者都是农民的意思，是同义词，但组成复音词"野人"的词素不包含单音词"农"。"农"当"农夫"讲，《晏子春秋》有1例：《外篇第八·第11章》："士、农、工、商异居。""野人"当"农夫"讲，《晏子春秋》有4例。例如：《谏上·第24章》："景公射鸟，野人骇之，公怒，令吏诛之。"又，"野人不知也。"

神、上帝 二者都指神仙一类的主宰世界的灵异者，为同义词，但不含共同语素。《问上·第22章》："神降福而不靡。"《外篇第七·第6章》："昭事上帝。"

亲、骨肉 都指亲人，为同义词，但两词无共同语素。《谏下·第22章》："导亲于父兄。"《外篇第七·第11章》："而离散其亲戚。"《谏下·第19章》："非骨肉之亲也。"

(二)复音词与单音词同义，复音词与单音词有共同语素

子、男子 "子"与"男子"都是"儿子"的意思，后者的语素包含前者。"子"在《晏子春秋》中当"儿子"讲者有14例。如：《杂下·第19章》："婴闻之，臣有德益禄，无德退禄。恶有不肖父为不肖子为封邑以败其君之政者乎？""男子"为"儿子"的意思，有1例：景公有男子五人，所使傅之者，皆有车百乘也(《谏上·第10章》)。

朝、朝见 二者都有到朝廷晋见的意思，为同义词，有共

同语素。《问上·第6章》:"先君能以人之长续其短……是故诸侯朝其德,而天子致其胙。"《谏下·第5章》:"是以虽事惰君,能使垂衣裳,朝诸侯,不敢伐其功。"《谏上·第22章》:"晏子朝见。"

裂、裂断 二者都是撕裂、扯断的意思,是同义词,有共同语素。《杂下·第1章》:"女子而男子饰者,裂其衣,断其带。"又,"寡人使吏禁女子而男子饰,裂断其衣带,相望而不止者,何也?"

(三)复音词与复音词同义,二者没有共同语素

信用、任使 作为同义词,其义皆有"任用"之义,但没有共同语素。《晏子春秋》中有"信用"1例:景公信用谗佞,赏无功,罚不辜(《谏上·第8章》)。出现"任使"1例:君得臣而任使之,与言信,必顺其令,赦其过(《问上·第26章》)。

用兵、兴师 "用兵"和"兴师"都是发动战争的意思,为同义词,但没有共同语素。《问上·第1章》:"用兵无休,国罢民害,期年,百姓大乱,而身及崔氏祸。"《杂下·第16章》:"吾君好治宫室,民之力弊矣……又好兴师,民之死近矣。"

畎亩、田畴 两者都是田野、田地的意思,同义,但无共同语素。《问下·第20章》:"作穷于富利之门,毕志于畎亩之业。"《杂上·第5章》:"田畴垦辟。"

(四)复音词与复音词同义,二者有共同语素

邪僻、邪人 二词为同义词,都指品行不端之人,且有共同语素"邪"。"邪僻"在《晏子春秋》中出现2例,如:故明所爱而邪僻繁,明所恶而贤良灭(《谏上·第7章》)。"邪人"有3例,如:是故交通则辱,生患则危,此邪人之行也(《问下·第19章》)。

贵人、贵强 两个词都指地位高、势力强的人,同义,且

有共同语素"贵"。《杂上·第 4 章》:"贵强恶之。"又,"事贵人体不过礼。"

大略、大体 都有大致情形的意思,同义,又有共同语素"大"。《问上·第 24 章》:"此任人之大略。"《问上·第 8 章》:"则政之大体失矣。"

邻国、四邻 都指相邻之国,同义,有共同语素"邻"。《谏上·第 25 章》:"兵弱于邻国。"《谏下·第 21 章》:"诸侯四邻宾客。"

毁誉、非誉 都有赞誉和指责的意思,同义,也有共同语素"誉"。《问上·第 13 章》:"无以毁誉非议定其身。"《问上·第 21 章》:"非誉(循)乎情。"

第五节 《晏子春秋》同义词的运用

一、修辞功用

(一)单句内变换同义词,避免用词重复,使句子显得灵活、错落

例如:莒之细人,变而不化,贪而好假,高勇而贱仁(《问上·第 8 章》)。"变"与"化"为同义词,同时使用,增强了强调的语气,又无板滞之感。《问上·第 20 章》:"选贤进能,不私乎内;称身就位,计能定禄。"句中"选"和"进","贤"和"能"是处于一个单句中的同义词,对某个意思起强调作用。虽表达同一个意思,但因为不重复用词,所以不使人感到枯燥乏味。《外篇第七·第 15 章》:"君令臣忠,父慈子孝,兄爱弟

敬,夫和妻柔,姑慈妇听,礼之经也;君令而不违,臣忠而不贰,父慈而教,子孝而箴,兄爱而友,弟敬而顺,夫和而义,妻柔而贞,姑慈而从,妇听而婉,礼之质也。"句子"夫和妻柔"中的"和"与"柔","兄爱而友"中的"爱"和"友","妇听而婉"中的"听"和"婉"等,都是同义词变换,它们用于同一句子,强调某一意思,无词语重复之弊,有错落、变化之功。

(二)复句同义词对用,使句式整齐,音律和谐

《问上·第7章》:"举事不私,听狱不阿;内妾无羡食,外臣无羡禄。"句中"私"与"阿","羡食"与"羡禄",为同义词对用,使句子音律和美,句式匀称,同时增强了气势。《谏下·第2章》:"以树木之故,罪法妾父,妾恐其伤察吏之法,而害明君之义也。"《谏下·第2章》:"妾闻之,明君莅国立政,不损禄,不益刑,又不以私恚害公法,不为禽兽伤人民。"两句中"害"与"伤"分别处于两个句子的相同位置,意义相近,都有"损害""伤害"的意思,增强了句子的整齐性和音律的和美,同时避免了文字的重复。

(三)同义语素构成复音词,也可以整齐句式,增强气势

《谏上·第5章》:"公然后就内退食,琴瑟不张,钟鼓不陈。""琴瑟"由同义语素"琴"和"瑟"构成,"钟鼓"由同义语素"钟"和"鼓"构成,二词分别与"不张"和"不陈"组成整齐的四字句,读来音节和谐,气势顺达。《问下·第19章》:"持谀巧以正禄,比奸邪以厚养;矜爵禄以临人,夸礼貌以华世。""谀巧"和"奸邪","爵禄"和"礼貌"也都是同义语素构成的双音词,使句式整齐,音律优美。《谏下·第2章》:"不为草木伤禽兽,不为野草伤禾苗。"句子中的"草木""禽兽""禾苗"亦为同义语素构成的复音词,使句子整齐对称,同时增强了句子的气势。

二、释义功用

(一)单音词加一同义语素,变成复音词,所增语素起增字足意之效

庆赏 《问上·第25章》:"肃于罪诛,而慢于庆赏;乐人之哀,利人之难。"其中"庆赏"的"庆"字意义嫌晦,不易理解。为了使意义明确易晓,作者加了一"赏"字,既使音律铿锵和谐,又对"庆"的意义作了提示,使整个词义豁然开朗。

弛罢 《谏下·第8章》:"景公春夏游猎,又起大台之役。晏子谏曰:'春夏起役,且游猎,夺民农时,国家空虚,不可。'……景公曰:'唯唯,将弛罢之。'"文中"弛罢"一词的"弛",若单独出现,有"松弛""宽缓""废弛"等意义,但与"罢"结合为双音词,意义便受到了限制,成了与"罢"同义的词素,取"废弛"即"停止"之义。

驵华 《谏下·第16章》:"景公为巨冠长衣以听朝,疾视矜立,日晏不罢。……晏子进曰:'今君之服,驵华不可以导众民。疾视矜立,不可以奉生。'"句中"驵华"一词的语素"驵"是个非常用词,一般人可能不晓其义,但与"华"结合,"华"起到了解释"驵"的意义的作用,让人理解了"驵"也为"华丽"之义。

(二)同义词并举,起明确词义的作用

古人写诗、作文喜用同义词对文,既可使文句韵律和谐,又可使词义互相印证,便于读者理解。《晏子春秋》中有不少这样的句子。例如:

《问下·第3章》:"今君左为倡,右为优,谄人在前,谀人在后,又焉可逮桓公之后乎?"句中"倡"若不联系其后对句的

"优",意义便不明确。因为"倡"是个多义词,有数个意义:①领唱。《诗经·郑风·萚兮》:"倡予和女。"②奏乐。《楚辞·九歌·东皇太一》:"陈竽瑟兮浩倡。"③领头。《史记·陈涉世家》:"为天下倡。"④古代以歌舞为生者。《史记·滑稽列传》:"优旃者,秦倡,侏儒也。"若联系其对句"右为优"的"优",则"倡"在上句的意义立刻明确,即以歌舞表演供统治者取乐的艺人。

《问下·第20章》:"有智不足以补君,有能不足以劳民,俞身徒处,谓之傲上。……身无以与君,能无以劳民,饰徒处之义,扬轻上之名,谓之乱贼。"此段文字里,"有智不足以补君,有能不足以劳民"中的"劳民"之"劳"该如何解释?作为动词,"劳"有数个义项,例如:"赍也""赐也""慰问也""问遗之""劳来也,犹曰佑助"等义项(见《中华大字典》)。此段文字中的"劳民"之"劳"该做何解?从上下文看,可做如下推断:"补君"与"劳民"对文,"补君"之"补"当与"劳民"之"劳"同义。"补"有"助"义,而下文之"有智不足以补君"的变换说法"身无以与君"的"与"有"给予"之义,与"补"的意义相近。因"劳民"之"劳"与"补君"之"补"对文,这样,我们就可以大体判断出"劳民"之"劳"的含义应为"帮助"、"辅助",再确切点,可解释为"救助"、"资助",即与《中华大字典》的义项"劳来也,犹曰佑助"最相接近。"能无以劳民"的句义就是"才智不能够救助百姓"或"才能不能够对百姓有所帮助"。

《谏下·第18章》:"古者之为宫室也,足以便生,不以为奢侈也,故节于身,谓于民。"此段文字中"谓于民"之"谓",该如何解释,众说纷纭。王念孙认为,"谓"当作"调",为讹字。因上句"故节于身"之"节"与"谓"为对文,应为同义词;又"谓"与"调"形近,易相讹误,故"谓"当为"调"。竹简本第5章正作"节于身而调于民",证明王说甚确。

第六节 《晏子春秋》同义词研究的几点结论

通过对《晏子春秋》同义词的研究,我们得出:

一、同义词聚合是《晏子春秋》重要的语言现象,而实词是《晏子春秋》同义词聚合的主体。《晏子春秋》中存在着相当数量的同义词。我们统计出700多个同义词聚合,正反映出《晏子春秋》同义词数量的丰富。实词是《晏子春秋》同义词聚合的生力军,是其同义词聚合的主体。在700多个同义词聚合中,虚词仅占4%,实词却高达占96%。

二、《晏子春秋》的正文已经注意到语言的同义类聚现象,并存在不少同义词辨析语句,反映出那个时代的人们对语言现象细致入微的观察和思考,是研究中国古代语言学发展规律的重要参考资料。

三、我们从《晏子春秋》丰富的同义词聚合中撷取了若干同义词进行具体分析,发现其每组同义词的个体之间存在着复杂微妙的意义关系,既有相同意义,又有细微差别。我们所总结出的8条规律,只是典型举例,不可能是规律的全部;我们对其规律的描述,也只是简单描述,实际情况远不是这样单纯,往往是几种规律纠缠在一起发生作用。

四、《晏子春秋》同义词聚合的形成存在复杂的原因。我们对这种原因进行了简单分析,并总结出了9条规律。

五、《晏子春秋》对同义词的运用已经有了自觉的意识,同义词在提高语言表达的准确性、增强文采等方面,发挥了特殊的功用。

第七章

《晏子春秋》反义词研究

第一节 反义词概说

在意义上相反或相对的一对词,就是反义词。对这个定义的理解应把握住这样几点:第一,它是对一对词即两个词而说的,不是对单个词,也不是对多个词说的。第二,意义相反相对,主要包括以下数种情形:①事物的空间位置或运动方向相反或相对。有关空间位置者,如:上—下、左—右、前—后、内—外、南—北、东—西;有关运动方向者,例如:去—来、去—回、往—返。②人在社会关系中所处的角色相反或相对,如:夫—妻、男—女、父—子。③事物的性质相反或相对,如:黑—白、咸—淡、甘—苦、欢欣—愁苦。④自然物体的属性相反相对,如:天—地、山—河、草—木,等等。第三,所说两个词在意义上相反或相对,是指两个词只要有一个意义相反或相对即可,而不必数个意义或所有意义都相反或相对。

judging一对词是不是反义词,其词汇意义相反或相对是最重要的标准;其次,还要考虑语法标准,也就是说,两个词只有在词性上相同,才有可能构成反义词,这是必要条件;第三,色彩意义也是不可忽略的标准。色彩不同,即使词义相反或相对,词性相同,也不能构成反义词。例如"生—死"是一对反义词,但"生—崩"却不是一对反义词。因为前者无论在概念意义、语法意义和色彩意义上都符合反义词标准,而后者在概念意义、语法意义上虽然符合反义词标准,但在色彩意义上却不符合标准。

值得注意的是,有时判断两个词是不是反义词,由于审视角度不同,会有不同结论。比如"兄—弟""妻—妾""鸡—犬"三对词,可以看成是反义词:认为"兄—弟"是反义词,这是从其所反映的年龄大小不同角度说的;认为"妻—妾"是反义词,这是从其地位不同,即为嫡系和庶系不同角度说的;认为"鸡—犬"是反义词,这是从其分别属于兽和禽的不同分类来说的。若换个角度看问题,它们又变成了同义词:认为"兄—弟"是同义词,这是从其都是父母的后代说的;认为"妻—妾"是同义词,这是从其同是男人的配偶来说的;认为"鸡—犬"是同义词,这是从其都是家畜这点上来说的。因此,对两个事物的比较,若着眼和强调其相异点,就是反义词;若着眼和强调其相同点,则又是同义词。看问题角度不同,结论截然相反。正如毛远明先生所讲的那样:"反义词与同义词并不是词的两种毫无关系的词义聚合,而是两种密切相关的词语类聚。同义词和反义词都有相同的义素,又都有不同的义素。同义词,同中有异,反义词,异中有同。强调其相同,辨别其差异,这便是研究和运用同义词应该注意的问题;强调其对立,注意其统一,这又是研究和运用反义词时特别关注的问题。反义词和同义词之间并没有截然不可逾越的鸿沟。"①

第二节 《晏子春秋》反义词的词类分布

《晏子春秋》反义词也是比较丰富的。反义词主要分布在实词当中,因此,我们研究《晏子春秋》反义词,就以实词为对象。经过我们的统计,在实词中得到反义词690组。各词类分布状况如下:

(1)名词(192组)

阴—阳	昼—夜	日—夜	初—终	上—下	内—外
左—右	东—西	南—北	前—后	敌—友	父—子
工—商	士—农	故—新	官—民	公—家	国—家
山—海	骨—皮	骨—肉	头—足	手—足	母—女
父—母	佞—愚	惠—愚	夫—妇	夫—妻	市—郊
宗—孽	规—矩	君—臣	主—客	吏—民	官—民
男—女	名—实	木—石	福—祸	福—难	鸟—兽
姑—妇	主—仆	言—行	始—终	情—理	刑—德
形—影	天—人	徒—车	龙—虫	射—御	神—人
师—徒	室—野	市—野	夭—寿	首—尾	文—质
文—武	影—响	冬—夏	春—秋	笔—札	货—币
朝—夕	朝—野	亲—仇	大—小	兄—弟	天—地
短—长	善—恶	恩—仇	尔—远	水—防	是—非

---

① 毛远明《左传词汇研究》,第274页。重庆:西南师范大学出版社,1999年12月。

可—否①	肤—肉	肤—骨	贫—富	傅—徒	高—下
歌—舞	工—拙	功—过	公—私	古—今	贵—贱
海—天	寒—热	水—埠	草—禾	厚—薄	水—火
忠—奸	将—卒	将—相	城—郊	新—旧	老—少
利—害	廉—污	美—恶	强—弱	巧—拙	日—月
星—月	深—高	神—祇	盛—衰	损—益	诬—诚
今—昔	巨—细	难—祥	正—邪	心—体	心—力
诬—信	罪—功	恩—怨	利—义	人—己	肉—骸
赏—实（罚）(127组)					

野草—禾苗	百官—百姓	百僚—百姓	逸侫—忠臣
逸人—忠臣	逸谀—忠臣	大贤—不肖	惰君—惰民
福兆—妖祥	妇人—丈夫	妇人—男子	男子—女子
横木—立木	梁肉—藜藿	梁肉—蓼藿	梁肉—菽粟
梁肉—粟米	暮夜—旦日	暮夜—昧旦	朋友—仇敌
朋友—寇仇	曲刃—直兵	恶人—善人	淫民—善人
君子—小人	君子—细人	佞人—愚人	谀臣—忠臣
哲夫—哲妇	暮夜—正昼	日中—夜分	刑罚—文德
武功—文德	功烈—罪戾	人侍—士侍	大事—小事
大国—小国	今日—明日	今日—旦日	东方—西方
贫穷—富强	川泽—高山	川泽—大山	公家—私家
公量—私量	公法—私恚	贵富—贫贱	国事—家事
近臣—远臣	境内—境外	良马—驽马	人臣—人君
人臣—人主	老人—孺子	首服—身服	内宠—外宠
内隶—外隶	万民—万乘	权臣—下吏	学士—武夫

---

① "可"与"否"在这里用为名词，即"肯定的建议"和"否定的建议"。《外篇第七·第5章》："臣献其否。"《外篇第七·第5章》："臣献其可。"其他词，如"工—拙""贵—贱""巨—细""诬—信"等，也是活用为名词，不一一说明。

异姓—公族　左手—右手　泽人—山人　争受—交委
黄布—缁布(65组)

(2)动词(207组)

载—步	阖—启	阖—开	废—立	呼—应	泣—笑
哭—笑	号—笑	泣—喜	起—伏	出—入	进—退
安—危	哀—乐	爱—疾	爱—怨	植—拔	白—污
饥—饱	高—卑	向—背	薄—厚	撤—陈	君—臣
弛—缓	宽—严	侈—俭	赏—罚	从—离	存—亡
大—小	拘—释	得—失	登—降	升—降	断—续
多—少	予—夺	爱—恶	好—恶	喜—恶	去—反
往—返	是—非	节—费	结—解	分—合	俯—仰
贫—富	归—去	贵—贱	跪—起	攻—守	縠—死
生—死	去—回	缓—急	加—减	教—学	聚—散
进—退	进—却	远—近	距—受	距—纳	苟—缓
苦—乐	宽—严	来—去	利—害	离—合	间—合
理—乱	连—断	连—绝	去—留	起—落	满—亏
损—益	卖—酤	背—面	涵—从	涵—听	免—服
脱—服	喜—怒	附—叛	偏—正	亲—疏	寝—兴
轻—重	曲—正	诎—申	取—予	上—下	罪—赦
拘—赦	拘—免	繁—省	始—终	辞—受	授—受
酤—售	异—同	殊—同	往—来	问—对	恶—说
怨—说	作—息	先—后	疾—徐	言—行	延—退
厌—喜	信—疑	彰—隐	坐—立	得—丧	从—违
弃—置	送—迎	顺—逆	止—释	止—行	止—动
嘉—让	嘉—责	赞—让	赞—责	誉—非	行—处
行—居	叛—服	去—就	赏—刑	赏—罪	贷—收
吊—贺	乞—予	匄—予	出—处	出—居	尊—卑
执—释	执—舍	生—灭	生—亡	存—死	兴—亡
讳—扬	省—费	祝—诅	继—绝	立—舍	立—废

兴—废　取—舍　敛—施　有—无　去—取　战—平
驰—趋　睡—觉　梦—觉　寝—起
华—实　淫—节　刻—饶(169组)
举酒—罢酒　举酒—废酒　偪迩—疏远　从席—避席
从席—违席　下席—就席　入坐—违席　避席—就燕
听朝—废朝　高誉—诽谤　扬美—谤訾　毁非—扬美
加罪—赏赐　举兵—散兵　兴师—散师　离散—聚居
离易—聚居　得罪—立功　荐罪—纳善　就位—请身
守职—请老　述职—巡狩　退朝—听朝　危覆—保乂
无礼—有礼　行歌—行哭　袒免—掩形　徒居—用事
徒处—有事　雩途—洒除　雩途—粪洒　从酒—废酒
罪法—赏赐　罪诛—赏赐　许诺—背弃　逼迩—疏远
罪诛—庆赏　寝病—起病(38组)

(3)形容词(284组)

暴—仁　暴—徐　暴—缓　暴—迟　劳—逸　劳—佚
苦—乐　老—少　老—弱　老—孺　长—弱　长—孺
长—少　壮—孺　壮—弱　壮—少　工—拙　僭—恭
薄—厚　寡—多　寡—众　粗—微　哀—喜　哀—乐
安—危　饱—饥　卑—高　卑—尊　薄—厚　残—全
残—完　昌—衰　盛—衰　长—短　迟—速　侈—俭
慈—恶　粗—细　遄—迟　大—小　大—细　殆—安
急—勤　淡—咸　笃—薄　短—长　兑—丰　多—少
惰—勤　阿—正　俄—正　饿—饱　恶—善　恶—姣
迩—远　乏—丰　乏—繁　乏—合(给)　非—是
费—节　费—俭　兴—废　富—贫　甘—苦
槁(骄)—让　奋(骄矜)—让　苟—谨　古—新
故—新　广—狭　贵—贱　过—是　寒—温　寒—热
悲—欢　悲—喜　回—正　惠—愚　惛—惠　惛—明
惑—惠　惑—明　愚—明　疾—迟　疾—喜　疾—欢

加—少	焦—寒	狡—恭	骄—恭	肆—结	矜—恭
公—私	新—旧	巨—细	巨—小	遽—迟	宽—严
廉—汙	良—恶	令—恶	隆—衰	陋—明	乱—治
僈—恭	慢—恭	茂—衰	美—恶	猛—善	迷—明
敏—迟	难—易	喂—饱	逆—顺	怒—喜	暖—寒
虐—仁	罢—逸	辟—正	僻—正	平—乱	迫—迟
戚—疏	强—弱	怯—勇	轻—重	清—浊	穷—通
曲—直	趣—迟	铨—骄	群—寡	强—柔	荣—辱
奢—俭	奢—节	深—轻	审—惑	甚—轻	生—死
殊—同	饥—熟	肃—肆	贪—廉	谄—明	听—违
听—逆	痛—爱	偷—谨	肃—偷	华—伪	驵—伪
微—显	危(诡)—信	违—顺	悖—顺	伪—信	
希—多	黑—皙	高—下	鲜—多	鲜—众	贤—愚
懈—勤	疾—徐	厌—喜	晏—早	勤—佚	淫—正
阴—明	忧—喜	忧—欢	说—悲	有(夸耀)—让(谦让)	
说—忧	说—哀	显—隐	彰—隐	昭—隐	哲—愚
贼—善	知—愚	质—伪	质—危(诡)	智—愚	
足—乏	著—隐 (187组)				
傲然—抑损	傲物—抑损	傲然—辞让	傲物—辞让		
慈惠—暴虐	宽惠—暴虐	仁爱—暴虐	仁义—暴虐		
卑狭—高大	不仁—仁爱	不仁—仁义	不义—仁义		
不忠—忠廉	不忠—忠信	侈靡—节适	节适—骄泰		
骄汰—节适	愁苦—欢忻	愁忧—欢然	愁忧—欢忻		
愁苦—欢然	殚乏—繁充	阿党—公正	阿私—公正		
方立—邪辟	方立—邪逆	方立—辟邪	方立—颇邪		
方立—奇僻	非度—节适	忿怒—欢然	忿然—欢然		
忿怒—欢忻	忿然—欢忻	怫然—欢忻	怫然—欢然		
富贵—贫穷	富利—贫穷	回乱—方立	回曲—方立		
回邪—方立	极大—极细	空虚—繁充	迷惑—明惠		

迷惑—明神　湫隘—爽垲　贪昧—刻廉　无德—有德
喜乐—愁苦　喜乐—愁忧　扬扬—抑损　扬扬—辞让
噎噎—昭昭　诈伪—忠信　仄陋—明惠　仄陋—明神
仄陋—敏逊　强暴—倪顺　强梁—倪顺　萌通—穷困
萌通—穷约　安和—危乱　安乐—危乱　安乐—危失
安和—危失　诚信—诈伪　浩裾—庄敬　浩裾—俨然
僭嫚—庄敬　僭嫚—俨然　骄暴—仁义　骄暴—仁爱
直易—诈伪　专易—庄敬　惙惙—欢然　惙惙—欢忻
惙惙—喜乐　忽忽—欢然　忽忽（愁苦）—欢忻
忽忽—喜乐　蕃祉—孤疾　老寿—夭昏　丕显—昧墨
危乱—妥妥　危失—妥妥　锶然—自得　谗谀—忠信
谗谄—忠信　谄谀—忠信　谗谀—直易　谗谄—直易
谄谀—直易　黜慢—抑损　黜慢—辞让　殚乏—丰义（羡）
变（褊）小—堂堂　变（褊）小—溠溠（97组）

由以上统计可以看出：反义词在各词类中的分布并不均衡，形容词最多，为284组，占反义词总量的42％；其次是动词，为207组，占30％；名词最少，为192组，占28％。这一规律与同义词有所不同：同义词是动词最多，名词次之，形容词最少。《晏子春秋》的反义词和同义词中形容词的数量来个颠覆。这一现象说明什么呢？说明在《晏子春秋》中，形容词描摹事物的相似性和分辨事物的细微差别能力较弱，但描摹事物的区别性和指示事物的极性差别能力较强。这是由形容词的性质和作用决定的。一方面，形容词多是用来反映人的五官感觉，而感觉是不精确的；理性描写是精确的，但形容词承担不了这个任务，这个任务只能由名词和动词承担。另一方面，"因为形容词表示事物的性质、形状、状态，最容易构成相反、相对概念。意义相反、相对的动作、行为表示事物的矛盾运动，产生反义概念，也不难理解。名词，尤其是那些表示具体的人或事物的名词,则难于构成反义概念"。[1]

第三节 《晏子春秋》反义词的类型

对于反义词的分类,学者们的观点不尽一致。综合诸家观点,我们认为反义词可以分为以下几类:

一、互补反义词

反义词之间意义相反相对,肯定一方必否定另一方,反之亦然;且没有中间过渡状态。

生—死 是一对词义相反、关系对立的形容性反义词。"生"在《晏子春秋》中出现 18 次。如:且婴闻之,生者不得安,命之曰蓄忧(《谏下·第 20 章》)。公曰:"削人之居,残人之墓,凌人之丧,而禁其葬,是于生者无施,于死者无礼"(同上)。"死"出现 11 次。如:孤老冻馁,而死狗有祭;鳏寡不恤,而死狗有棺(《谏下·第 23 章》)。死者不得葬,命之曰蓄哀(《谏下·第 20 章》)。

乱—治 乱,形容词,混乱,指国家治理得不好,社会不安定。"乱"在《晏子春秋》中出现 25 例,如:《问上·第 3 章》:"德无以安之则危,政无以和之则乱。"治,国事清明,社会平和,与"乱"相对。"治"在《晏子春秋》中出现 10 次。如:景公曰:"吾闻相贤者国治,臣忠者主逸。"(《谏下·第 8 章》)

残—全 残,形容词,残破。在《晏子春秋》中出现 1 次:

---

[1] 毛远明《左传词汇研究》,第 275 页。重庆:西南师范大学出版社,1999 年 12 月。

《谏上·第1章》:"而徒以勇力立于世,则诸侯行之以国危,匹夫行之以家残。"全,亦形容词,完好,与"残"相对。在《晏子春秋》中出现 1 次:《杂上·第 7 章》:"夫以贤相佐明君,而东门防全也。"

取—予 取,动词,获取,索取。在《晏子春秋》中出现 17 次。例如:《谏下·第 14 章》:"古者尝有处橧巢而不恶,予而不取。"《外篇第七·第 18 章》:"不仁而取名者,婴未得闻之也。"予,动词,给予,与"取"相对。在《晏子春秋》中出现 9 次。例如:《谏上·第 5 章》:"令柏巡氓,家室不能御者,予之金。"《杂上第 18 章》:"景公予鲁君地。"

文—武 文,名词,关于文章或礼乐制度等事务,与"武"相对。"文"在《晏子春秋》中出现 3 次,如:恶文而疏圣贤人(《谏上·第 18 章》)。拙于文而工于事(《问上·第 23 章》)。武,名词,关于军事或战争等事务。"武"在《晏子春秋》中出现 1 次:不好钟鼓,好兵作武(《问下·第 15 章》)。

以上所举几对反义词,反义词之间都是绝对对立的,没有可调和或相容的地方,肯定其一方,必否定另一方;而否定其一方,必肯定另一方。故为互补式反义词。

二、极性反义词

反义词之间意义相反、相对,处于对立的极端,但允许存在中间状态。如:

上—下 上,方位名词,上面、上部,与"下"相对。在《晏子春秋》中出现 16 次。例如:《外篇第七·第 2 章》:"公置酒于泰山之上。"《杂上·第 5 章》:"景公与晏子立于曲潢之上。"下,方位名词,下面、下部。在《晏子春秋》中出现 10 次。例如:《谏下·第 20 章》:"兆在路寝之台牖下。""上"与"下"是竖向对立的两个极端,但还允许存在中间状态,即"中",因此，二者是极性反义词。下几例同理。

得—失 得，动词，得到，与"失"相对。在《晏子春秋》中出现52次。例如:《谏上·第5章》:"百姓老弱,冻寒不得短褐,饥饿不得糟糠。"《谏下·第25章》:"吾欲得天下勇士,与之图国。"失,动词,失去。在《晏子春秋》中出现29次。例如:《谏上·第3章》:"上离德行,民轻赏罚,失所以为国矣。"《谏上·第11章》:"古之明君……,非不知立爱也,以为义失则忧。"

老—少 老,形容词,年纪大,与"少"相对。在《晏子春秋》中出现13次。例如:《外篇第七·第15章》:"婴老,不能待公之事。"《谏下·第2章》:"婴其淫于色乎？何为老而见辱？虽然,是必有故。"少,形容词,年轻。在《晏子春秋》中出现6次。例如:《杂上·第20章》:"君何年之少,而弃国之蚤？"《外篇第八·第10章》:"去老者,谓之乱；纳少者,谓之淫。"

卑—高 卑,形容词,空间位置低下,与"高"相对。在《晏子春秋》中出现2次。例如:《谏下·第18章》:"今高,从之以罪,卑亦从以罪,敢问使人如此可乎？"又,"今君高亦有罪,卑亦有罪,甚于夏殷之王。"高,形容词,空间位置在上。在《晏子春秋》中出现4次。例如:《谏下·第17章》:"大山之高,非一石也,累卑然后高也。"

黑—晳 黑,形容词,面色黝黑,与"晳"相对。在《晏子春秋》中出现1次:《谏上·第22章》:"伊尹黑而短。"晳,形容词,白晳。在《晏子春秋》中出现1次:《谏上·第22章》:"汤质晳而长。"

三、反向反义词

这类反义词意义并不相反,但逻辑关系相对。这类反义词主要存在于如下情形：

(一)自然事物的反向对立

天—地 天，名词，上天、天空，与"地"相对。在《晏子春秋》中出现 21 次。例如：《谏上·第 15 章》："天不雨久矣，民且有饥色。"又，"天果大雨，民尽得种时。"地，名词，大地、土地。出现 24 例。如：《外篇第七·第 21 章》："景公问太卜曰：'汝之道何能？'对曰：'臣能动地。'"又，"晏子出，太卜走入见公，曰：'臣非能动地，地故将动也。'"

山—海 山，名词，山岭。在《晏子春秋》中出现 6 次。如：《杂上·第 23 章》："今夫车轮，山之直木也，良匠揉之，其圆中规。"海，名词，大海。在《晏子春秋》中出现 4 次。如：《外篇第七·第 7 章》："海之盐、蜃，祈望守之。"

星—月 星，名词，星辰；月，名词，月亮。二者可构成反向对立反义词。例如：《谏下·第 21 章》："星之昭昭，不如月之暨暨。"

肉—骸 名词，皮肉；骸，骨骸。二者可构成反向对立反义词。例如：《外篇第七·第 11 章》："袒肉暴骸。"。

(二)社会关系上的反向对立

父—子 父，名词，父亲；子，子女。二者构成反向对立。例如：《谏下·第 2 章》："妾父不仁。"《问上·第 8 章》："国人负携其子而归之。"《外篇第八·第 8 章》："有子而可怒。"《谏下·第 2 章》："其子往辞晏子之家。"

主—宾 主，主人；宾，客人。《杂上·第 15 章》："'既醉而出，并受其福'，宾主之礼也。"

姑—妇 姑，婆婆；妇，媳妇。《外篇第七·第 15 章》："夫和妻柔，姑慈妇听，礼之经也。"又，"姑慈而从，妇听而婉，礼之质也。"

夫—妻 夫,丈夫;妻,妻子。《谏下·第22章》:"妻专其夫,谓之嫉。"又,"为妻之道,使其众妾皆得欢忻于其夫,谓之不嫉。"

(三)动作行为的反向对立

分—合 分,动词,分割。出现4例。如:《杂下·第15章》:"分其邑。"合,动词,汇集,出现2次。如:《谏下·第17章》:"合升斗之微以满仓廪。"

归—去 归,动词,归还。出现26例。如:《谏下·第2章》:"使人送之归。"去,动词,离去。出现26次。如:《外篇第八·第6章》:"孔子去鲁之齐。"

跪—起 跪,动词,行跪礼。出现3例。如:《杂上·第21章》:"受玉不跪。"起,动词,起身。出现7次。如:《谏上·第2章》:"晏子不起。"

攻—守 攻,攻打,出现5次。如:《杂下·第14章》:"遂攻虎门。"守,动词,守护,守卫。出现8次。如:《谏下·第2章》:"令吏谨守之。"

需要说明的是,对于同一对反义词,由于理解的角度不同,不同的学者可能把它划分为不同的类型。例如:对于"俯—仰""进—退""损—益"这三对反义词的类型划分,就有分歧。毛远明把它们归为极性反义词,而赵克勤先生把它们归为反向反义词。①② 这种分歧正说明反义词的类型划分问题比较复杂,值得进一步探讨。

---

① 毛远明《左传词汇研究》,第284页。重庆:西南师范大学出版社,1999年12月。

② 赵克勤《古代汉语词汇学》,第158—159页。北京:商务印书馆,1994年6月。

第四节 《晏子春秋》反义词产生的途径

一、词的假借产生反义词

有的词,本来没有反义关系,但通过假借,使它与有关的词产生了反义关系。例如:

疾—徐 "疾"本义为生病,动词。《说文》:"疾,病也。"假借为急迫、急速,形容词。《晏子春秋》出现3例。例如:《杂上·第3章》:"言不疾,指不至血者死。"徐,形容词,慢。《晏子春秋》出现1例。如:《杂上·第3章》:"晏子抚其手曰:'徐之!疾不必生,徐不必死。'""疾"、"徐"因假借而构成反义词。

实—华 实,本义为财富。《说文》:"实(實),富也。从宀贯,贯为货物。"段注:"以货物充于屋下,是为实。"假借为动词"结果实"的意思,而与"华"构成反义词。《晏子春秋》出现2例:《外篇第八·第13章》:"东海之中,有水而赤,其中有枣,华而不实。"又,"丞枣,故华而不实。"《说文》:"华,荣也。"段注:"花与华音义皆同。"朱骏声《说文通训定声》:"开花谓之华。"《尔雅·释草》:"木谓之华,草谓之荣。"《礼记·月令》:"(季春之月)桃始华。"又,"桐始华。""华"作动词,表示"开花"的意思,在《晏子春秋》中出现2例,见上文"实"的例句。

来—去 来,本义为农作物名,即麦类。《说文》:"来,周所受瑞麦来麰。"《诗经·周颂·思文》:"贻我来麰。"释文:"《广雅》云:'大麦,麰也;小麦,来也。'""来"由指小麦假借为动词"来去"的"来",遂与"去"构成反义词。此义的"来"在《晏子春秋》中出现8例。如:故臣来庆,请赏之(《杂上·第11章》)。晏婴,齐之习辞者也,今方来,吾欲辱之(《杂下·第10章》)。去,离开。《广雅·释诂一》:"去,行也。"《楚辞·渔父》:"鼓枻而去。"《庄子·盗跖》:"女子不来,水至不去。"此义的"去"在《晏子春秋》中出现26次。例如:再拜稽首,请身而去(《谏上·第5章》)。孔子去鲁之齐(《外篇·第6章》)。

难—易 难,本是一种鸟名。《说文》:"难,难鸟也。"段注:"今难易字皆作此,而本义隐矣。"假借为难易之难。《晏子春秋》出现16次。例如:《谏上·第14章》:"夫民不苟德,福不苟降,君之帝王,不亦难乎?"《外篇第八·第1章》:"行之难者在内,而传者无(妩)其外。"易,本是一种爬虫名,即蜥蜴。《说文》:"易,蜥蜴、蝘蜓、守宫也。""蝘蜓"、"守宫"为蜥蜴之别名。假借为做事难易之易。《晏子春秋》中出现8次。例如:《问上·第13章》:"夫上士,难进而易退也;其次,易进易退也;其下,易进易退也。"《杂下·第3章》:"君子之为善易矣。""难"和"易"通过假借成了反义词。

新—故 新,本义为砍柴。《说文》:"新,取木也。"假借为新旧之新,形容词。《杂上·第14章》:"晏子饮景公酒,令器必新。"《杂下·第4章》:"筑新室,为置白茅。"又作名词,新人,新事物。《问上·第21章》:"欢乎新,慢乎故。"故,形容词,旧的。又作名词,旧的东西或熟知的人。《杂上·第5章》:"景公与晏子立于曲潢之上,晏子称曰:'衣莫若新,人莫若故。'公曰:'衣之新也,信善也;人之故,相知情。'""新"通过假借,与"故"成了反义词。

二、词的同源分化产生反义词

受—授 "受、授"二词本为一,当初都用一个字形"受",

后来表示给予意思者用"授",接受者用"受"。如王力先生所言:"'受'是接受,'授'是使接受(授予),二字同音,上古往往通用,后来分化为二音,'受'读上声,'授'读去声。今音无别。"(《同源字典》,第238页)。"受""授"为同源反义词。在《晏子春秋》中表示"接受"的例句:《杂下·第25章》:"晏子出,公使梁丘据遗之辂车乘马,三反不受。"表示"给予、授予"的例句:《杂上·第21章》:"夫礼,登阶不历,堂上不趋,授玉不跪。"

祝—诅 "祝,章母,觉部;诅,庄母,鱼部,二词古音相近,意义相反,而又同出一源。祝,是在神面前祈祷;如果是祈求赐福,便是祝愿,如果祈求降祸于人,则是诅咒。故《释名·释言语》称'祝,属也,以善恶之词相属著也'。后来,词语分化,以善词祝祷为祝,以恶词祝祷为诅,诅便从祝中分化出来,并构成一对反义词"(《左传词汇研究》,第299页)。在《晏子春秋》中,义为祈祷得福的"祝"有6例。如:君以祝为有益乎?……若以为有益,则诅亦有损也(《谏上·第12章》)。义为诅咒别人受祸的"诅"也有6例。如:民人苦病,夫妇皆诅。祝有益也,诅亦有损。……虽其善祝,岂能胜亿兆人之诅?(《外篇第七·第7章》)

三、词义的变迁产生反义词

(一)因两词的本义相反或相对而构成反义词

男—女 男,本义为男人。《说文》:"男,丈夫也。从田从力,言男用力耕于田也。"《商君书》:"男耕而食。"《孟子·离娄上》:"男女授受不亲,礼与?""男"在《晏子春秋》中出现1次:故男不群乐以妨事,女不群乐以妨功(《谏上·第3章》)。《说文》:"女,妇人也,象形。"女,本义为女人。《诗经·周南·

关雎》:"窈窕淑女,君子好逑。"《孟子·梁惠王上》:"当是时也,内无怨女,外无旷夫。""女"在《晏子春秋》中出现4次。例如:淳于人纳女于景公(《谏上·第11章》)。古之为政者,士农工商异居,男女有别而不通,故士无邪行,女无淫事(《外篇第八·第11章》)。"男"、"女"本义就为反义词。

祸—福 祸,本义为灾祸。《说文》:"祸,害也。"《字汇·示部》:"祸,殃也,害也,灾也。"《老子·第58章》:"祸兮福之所倚,福兮祸之所伏。"《孟子·公孙丑上》:"今国家闲暇,及是时,般乐怠敖,是自求祸也。""祸"在《晏子春秋》中出现8例。如:公任勇力之士,……期年,百姓大乱,而身及崔氏祸(《问上·第1章》)。好勇而恶贤者,祸必及其身(《杂上·第1章》)。福,本义为长寿、富贵。与"祸"相对,构成反义词。《说文》:"福,佑也。"即有神保佑而富贵、长寿。《韩非子·解老》:"全寿富贵之谓福。"《孟子·公孙丑上》:"祸、福无不自己求之者。""福"在《晏子春秋》中出现17例。如:致五帝以明寡人之德,神将降福于寡人(《谏上·第14章》)。今君任勇力之士,以伐明主,若不济,国之福也(《问上·第2章》)。

水—火 "水""火"皆为象形字,本义即为一般意义的"水"和"火",构成反义词。《论语·雍也》:"知者乐水,仁者乐山。"《孟子·梁惠王上》:"民归之,由水之就下,沛然谁能御之?"《论语·阳货》:"钻燧改火,期可已矣。""水"在《晏子春秋》中出现8例。如:国人负携其子而归之,若水之流下也(《问上·第8章》)。美哉水乎清清,其浊无不雩途,其清无不洒除(《问下·第4章》)。一般意义的"火"在《晏子春秋》中出现2次:"热如何?""如火"(《杂下·第7章》)。和如羹焉,水火醯醢盐梅,以烹鱼肉(《外篇第七·第5章》)。

手—足 手,手掌。《说文》:"手,拳也。"段注:"今人舒之为手,卷之为拳,其实一也。"《论语·雍也》:"伯牛有疾,子问之,自牖执其手。"足,人体下肢的总称或专指脚。《说文》:

"足,人之足也,在下。"《孟子·离娄上》:"沧浪之水浊兮,可以濯我足。"二词本义就是反义词。"手"在《晏子春秋》中出现3次。如:刷手温之(《杂下·第7章》)。"足"出现4次。例如:不得容足而寓焉(《杂下第19章》)。

首—尾 首,本义为头颅。《说文》:"首,头也。"尾,本义为尾部。《说文》:"尾,微也。"《释名·释形体》:"尾,微也。承脊之末梢,微杀也。"二词本义就为反义词。《晏子春秋》出现"首"4次。如:津人皆曰河伯也。冶视之,则大鼋之首(《谏下·第24章》)。"尾"出现3次。如:足游浮云……颈尾咳于天地乎?(《外篇第八·第14章》)

载—步 载,本义为乘车。《说文》:"载,乘也。"步,本义为步行。《说文》:"步,行也。"二词意义相反,为反义词。"载"和"步"用以本义在《晏子春秋》中出现一例:载过者驰,步过者趋(《谏下·第2章》)。

得—失 得,本义为获得。《说文》:"得,行有所得也。"《玉篇》:"得,获也。"《孙子兵法·军争》:"不用乡导者,不能得地利。"《孟子·梁惠王上》:"缘木求鱼,虽不得鱼,无后灾。""得"皆用的本义。失,本义为遗失,失去。《说文》:"失,纵也。"段注:"失,一曰舍也,在手而逸去为失。"《易·比》:"王用三驱,失前禽。"《论语·泰伯》:"子曰:'学如不及,犹恐失之'。""失"也是用的本义。"得"与"失"为反义词。"得"在《晏子春秋》中出现52例。例如:百姓老弱,冻寒不得短褐,饥饿不得糟糠(《谏上·第5章》)。君用其所言,民得其所利,而不伐其功(《问下·第5章》)。"失"有29个用例。如:上离德行,民轻赏罚,失所以为国矣(《谏上·第3章》)。古之明君……非不知立爱也,以为义失则忧(《谏上·第11章》)。

贫—富 贫,本义为缺少财物,贫困。《说文》:"贫,财分少也。"《论语·学而》:"贫而无谄,富而无骄,何如?"反义词为"富"。富,本义为完备,富裕。《说文》:"富,备也。"《易·

系辞上》:"富有之谓大业。"韩康伯注:"广大悉备,故曰富有。"《孟子·梁惠王下》:"哿矣富人,哀此独茕。""贫"在《晏子春秋》中出现 14 例。如:富无金藏,贫不假贷,谓之啬(《问下·第 23 章》)。"富"出现 4 例。例如:富则视其所分(《问上·第 13 章》)。富而不骄者,未尝闻之;贫而不恨者,婴是也(《杂下·第 17 章》)。

喜—怒　喜,本义为高兴。《说文》:"喜,乐也。"《尔雅·释诂》:"喜,乐也。"《论语·里仁》:"父母之年,不可不知也;一则以喜,一则以惧。"《孟子·梁惠王下》:"工师得大木,则王喜,以为能胜其任也。"怒,本义为愤怒,生气。《说文》:"怒,恚也。"《字汇·心部》:"怒,恚也,愤也。"《孟子·梁惠王下》:"王赫斯怒,爰整其旅。""喜"和"怒"本义即为反义词。"喜"在《晏子春秋》中出现 6 例。如:公喜,遽起,曰:"病犹可为乎?"(《谏下·第 21 章》)不因喜以加赏,不因怒以加罚(《问上·第 17 章》)。"怒"出现 21 例。如:师过泰山而不用事,故泰山之神怒也(《谏上·第 22 章》)。越石父怒而请绝(《杂上·第 24 章》)。

(二)因两词的本义与引申义相反或相对而构成反义词

天—地　天,本义为人的额头。《说文》:"天,颠也。"王国维《观堂集林》:"古文天字本象人形……本谓人颠顶,故象人形。"因额头在人的顶部,与上苍在高处类似,故"天"引申为"天空"之义,遂与"地"成反义词。《论语·子张》:"夫子之不可及也,犹天之不可阶而升也。"地,大地也,为本义。《说文》:"地,元气初分,轻、清、阳为天;重、浊、阴为地,万物所陈列也。"《孟子·公孙丑下》:"天时不如地利,地利不如人和。""天"在《晏子春秋》中出现 21 例。例如:天久不雨矣,民且有饥色(《谏上·第 15 章》)。"地"出现 24 例。例如:景公问太卜曰:"汝之道何能?"对曰:"臣能动地。"(《外篇第七·第 21 章》)

宗—孽　宗,本义为宗庙。《说文》:"宗,尊祖庙也。"段注:"当云,尊也,祖庙也。"引申为宗子,即嫡长子,与"孽"相对,为反义词。《诗经·小雅·白华序》:"以妾代妻,以孽代宗。"郑玄笺:"孽,支庶也;宗,适子也。"孽,本义为姬妾所生的子女。《说文》:"孽,庶子也。"段注:"凡木萌旁出皆曰蘖,人之支子曰孽,其义略同。"《公羊传·襄公二十七年》:"臣仆庶孽之事。"注:"庶孽,众贱子,犹树之有蘖生。"在《晏子春秋》中,宗、孽出现2次:《谏上·第11章》:"故孽不乱宗。"又,"尊孽卑宗。"

　　生—死　生,本义为生长。《说文》:"生,进也。象草木生出土上。"《广韵·庚韵》:"生,生长也。"引申为活着、生活,与"死"相对,为反义词。《论语·子张》:"其生也荣,其死也哀。"死,本义为死亡。《说文》:"死,……人所离也。"《论语·为政》:"死,葬之以礼,祭之以礼。""生"在《晏子春秋》中出现18例。如:是生者愁忧,不得安处;死者离易,不得合骨(《谏下·第20章》)。"死"出现98例。例如:不听,又爱其死(《谏上·第4章》)。

(三)因两词的引申义与引申义相反或相对而构成反义词

　　轻—重　轻,本义为轻便的车子。《说文》:"轻,轻车也。"引申为分量小,与"重"相对。《论语·雍也》:"赤之适齐也,乘肥马,衣轻裘。"重,本义为厚。《说文》:"重,厚也。"《易·系辞上》:"夫茅之为物薄,而用可重也。"引申为分量大。《孟子·梁惠王上》:"权,然后知轻重。""轻""重"引申义为反义词。《晏子春秋》中,"轻"出现2次。如:冬轻而暖,夏轻而清(《谏下·第13章》)。"重"出现3次。如:履重,仅能举足(《谏下·第13章》)。又,"履重不节,是过任也。"

　　穷—通　穷,本义为到尽头。《说文》:"穷,极也。"引申为困顿,官运不达。《孟子·尽心上》:"故士穷不失义,达不离道。"通,本义为到达。《说文》:"通,达也。"引申为官运显达,与"穷"相对,为反义词。《荀子·修身》:"事乱君而通,不如事穷君而顺焉。"在《晏子春秋》中,"穷"出现6次。例如:穷则视其所不为(《问上·第13章》)。"通"出现3次。如:故通则视其所举(《问上·第13章》)。

淫一节 淫,本义为浸润。《说文》:"淫,侵淫随理也。"引申为放纵,无节制。《晏子春秋·问上·第11章》:"不淫于乐。"节,本义为竹节。《说文》:"节,竹约也。"引申为有节制。《晏子春秋·谏上·第3章》:"愿君节之也。""淫""节"引申义为反义词。

从一违 从,本义为跟从。《说文》:"从,随行也。《论语·微子》:"子路从而后。"引申为听从,顺从。《荀子·天论》:"从天而颂之,孰与制天命而用之?"违,本义为离别,离去。《说文》:"违,离也。"《左传·哀公二十七年》:"违谷七里,谷人不知。"引申为背离,违背。《玉篇》:"违,背也。"《论语·子罕》:"拜下,礼也。今拜乎上,泰也。虽违众,吾从下。""从"和"违"的引申义为反义词。在《晏子春秋》中,"听从,顺从"义的"从"出现13例。如:君正臣从谓之顺(《谏上·第7章》)。"违背"义的"违"出现4次。例如:谋于上,不违天;谋于下,不违民(《问上·第12章》)。

第五节 《晏子春秋》反义词的对应关系

一、由于一词多义而形成一个词对应数个反义词

《晏子春秋》中,有一部分词是单义的。如果某个单义词

有反义词,而这个反义词在这个义位上没有同义词,那么,就会形成一对一关系的反义词。例如,"甘"在《晏子春秋》中只有一个义位"甜",是单义词,其反义词是"苦"(味道苦),并且"苦"在"味道苦"这个义位上没有同义词,那么"甘—苦"就是一对一关系的反义词。"东"只有一个义位,即表示方向的"东方",其反义词是"西"(西方),并且"西"在"西方"这个义位上没有同义词,因此,就形成了一对一关系的反义词"东—西"。同理。"南—北"也是一对一关系的反义词。然而,《晏子春秋》中大多数词是多义词,即一个词有多个义位,而且同义词也不少。这就为形成一词多对反义词提供了可能。今举数例以观之:

妇—夫、姑 "妇"是个多义词,在《晏子春秋》中有"妻子"的意思。例如:《外篇第七·第 7 章》:"民人苦病,夫妇皆诅。"又有"儿媳"的意思。例如:《外篇第七·第 15 章》:"姑慈而从,妇听而婉。"所以它就与"夫"(丈夫)和"姑"(婆婆)构成了 2 对反义词:

妇—夫　妇—姑

废—立、兴 "废"有"废黜"的意思:废长立少,不可以教下(《谏上·第 11 章》)。又有"衰败"的意思:正行则民遗,曲行则道废(《问下·第 21 章》)。所以,"废"可以与"立"(尊立、拥立)构成反义词,也可以与"兴"(兴盛)构成反义词:

立—废　兴—废

暴—仁、徐 "暴"有"暴虐"的意思:野以暴(《外篇第七·第 17 章》)。又有"突然"的意思:景公使圉人养所爱马,暴死(《谏上·第 25 章》)。所以它可以与"仁"(仁慈)和"徐"(缓慢)构成 2 对反义词:

暴—仁　暴—徐

亡—生、存、兴 "亡"有"死"的意思:吾失夫子则亡(《外篇第八·第 17 章》),它可以与"生"(活)构成反义词:疾不必生,徐不必死(《杂上·第3章》)。"亡"又有"灭亡""消亡"的意思,可以与"存"(生存)构成反义词:国将亡(《谏上·第15章》)。亡国恃以存(《谏上·第16章》))。"亡"的"消亡"的意思,又可以与"兴"构成反义词:礼亡而政从之(《谏上·第6章》)。昔者三代之兴也(《谏上·第7章》)。于是"亡"就与"生"、"存"、"兴"构成了3对反义词:

生—亡　存—亡　兴—亡

高一深、卑、下　"高"有"高度"的意思:景公为西曲潢……高三仞(《谏下·第15章》)。可以与"深"(深度)构成反义词:其深灭轨(《谏下·第15章》)。"高"也有"高大"的意思,可以与"卑"(低矮)构成反义词:今高,从之以罪;卑亦从以罪。敢问使人如此可乎?(《谏下·第18章》)"高"还有"高尚"或"崇高"的意思,可以与"下"(卑下)构成反义词:意莫高于爱民……意莫下于刻民(《问下·第22章》)。这样,"高"就与"深""卑""下"构成了3对反义词:

高—深　高—卑　高—下

二、由于一个词的某个反义词有数个同义词,而形成一个词对应数个反义词

夜—日、昼　夜,时间名词,晚上。"日"是它的反义词,"白天"的意思。《杂上·第15章》:"婴已卜其日,未卜其夜。"在这个义位上,它有一个同义词"昼"。《杂下·第13章》:"昼夜守尊。"因此,"昼"也是"夜"的反义词。这样,"夜"就与两个词构成了反义词:

昼—夜　日—夜

水—防、埒　水,反义词是"防"(堤坝)。《杂上·第7章》:"乡者防下六尺,则无齐矣。""防"有个同义词"埒"。《外篇第七·第10章》:"田无宇为埒矣。"因此"水"就有了2个反

义词：

水—埠 水—防

恶—喜、爱、好 恶，厌恶，讨厌。《谏上·第 7 章》："顺于己者爱之，逆于己者恶之。""恶"的反义词是"爱"。《谏上·第 7 章》："爱人则能利之，恶人则能疏之。""爱"有两个同义词"喜"和"好"。《谏下·第 22 章》："吾有喜于玩好。"《问下·第 15 章》："好兵作武。"所以，"恶"就又与"喜"和"好"成了反义词。这样，"恶"就有了 3 对反义词：

恶—爱 恶—喜 恶—好

隐—显、彰、昭 隐，隐蔽，不外露。反义词是"显"。《杂下·第 23 章》："臣闻之，隐而显，近而结，维至贤耳。""显"又有两个同义词"彰""昭"：《外篇第七·第 8 章》："君之德彰而显。"《问上·第 7 章》："先君昭功，管子之力也。""隐"就又与"彰""昭"构成了两对反义词。这样，"隐"就与"显""彰""昭"构成了 3 对反义词：

隐—显 隐—彰 隐—昭

第六节 《晏子春秋》反义词的运用

《晏子春秋》正文所用的反义词俯拾即是，其运用自有特殊功能，这种功能可以从两方面来表述。

一、辨词功能

(一)运用反义词提示多义词的词义

多义词运用到句子中，其词义便有了限定。但具体是指

各义项中哪一个意义,需要读者判断。为了帮助读者理解多义词的词义,作者常运用反义词来加以提示,方便了读者。例如:

《谏上·第18章》:"大暑而疾驰,甚者马死,薄者马伤。"句中"薄"是个多义词,本义为密生的林木。《说文》:"薄,林薄也。"段注:"《吴都赋》:'倾薮薄。'刘注曰:'薄,不入之丛也。'按:林木相迫不可入曰薄。"屈原《九章·涉江》:"死林薄兮。""薄"从本义又派生出其他义项,如:帘子、单薄、稀薄、瘠薄、轻视、迫近等义项。在上述"薄者马伤"句中,"薄"到底该选用哪一个义项来理解?将这些义项一一选试,哪一个义项都不贴切。既然如此,我们只好在原文中寻找答案了。我们可以联系其前一句"甚者马死"来判断:"马死"与"马伤",结果程度不同,一轻一重;而造成不同结果的原因,是"甚者"和"薄者"。"甚"是"重"的意思,那么"薄"就应该是它的反义词,即"轻"的意思。这样,我们就通过反义词的提示,找到了词典所不能提供给我们的答案。

《谏上·第20章》:"婴闻古之贤君,饱而知人之饥,温而知人之寒,逸而知人之劳。"句中"逸"该如何理解?"逸"是个多义词,其本义为逃脱。《说文》:"逸,失也。兔谩訑善逃也。"《玉篇》:"逸,逃也。"又派生出其他义项:奔跑、释放、隐逸、散失、过失、闲适,等等。我们审察这些义项,用于上述句子中尝试,发现"闲适"这个义项似乎切合句意。我们再用句意环境检验一下,看有无差错:"饱而知人之饥,温而知人之寒,逸而知人之劳"三句句式完全相同。而句子"逸而知人之劳"的上两句"饱而知人之饥,温而知人之寒"都运用了反义词对举,即"饱"与"饥"、"温"与"寒"皆为反义词,那么,"逸而知人之劳"中"逸"和"劳"也应该是反义词;而"劳"有"辛劳""疲劳"之义,正与"闲适"相对。据此,我们可以肯定,"逸"的含义就是"闲适"。

《谏下·第 14 章》:"古者尝有纰衣挛领而王天下者,其义好生而恶杀,节上而羡下,天下不朝其服而共归其义。"句中"羡"也是一个多义词,本义为"爱而欲得"。《广韵·线韵》:"羡,贪慕。"引申为"丰足"、"多余"、"超过"等。"节上而羡下"中的"羡"取哪一义呢?我们知道,"节上而羡下"的上句"好生而恶杀"中的"好"与"恶"为反义词,则"节上而羡下"中的"节"与"羡"亦应为反义词。而"节"为使动用法,义为"使节俭";那么,"羡"也应该是使动用法,其义与"节制"相反,当为"使丰裕"义。也就是说,我们应当取"羡"诸多义项中的"丰足"义。这个义项的确定,是通过分析反义词来实现的。

《谏下·第 18 章》:"殷之衰也,其王纣作为顷宫、灵台,卑狭者有罪,高大者有赏,是以身及焉。今君高亦有罪,卑亦有罪,甚于夏殷之王,民力殚乏矣,而不免于罪。"句中的"卑"为多义词。"卑"的本义当为"毁坏"。何琳仪《战国古文字典》:"卑,从攴,从甲,会击甲之义。"(上册,第 771 页。北京:中华书局,1998 年 9 月)假借为表示地位低贱的意思,而"毁坏"义却不再被用。"卑"从"低贱"义又引申出"低矮""低劣""轻视"等义项。上文中"卑狭"为同义连文,"狭"亦"卑"也。"卑狭"与"高大"为反义词,则其义为"低矮"也。同理,"高亦有罪,卑亦有罪"的"卑",也是"低矮"之义也。也就是说,我们可以从反义词角度确定"卑狭"和"卑"的具体词义,即取"卑"诸多义项的"低矮"义项。

(二)运用反义词帮助确定同义词、反义词

例如:

《谏上·第 11 章》:"夫以贱匹贵,国之害也;置大立少,乱之本也……长、少行其道,宗、孽得其伦。"句子"置大立少"的"大"与"少"为反义词,是"长子"与"少子"的意思;"长、少行其道"中的"长"和"少"也是反义词,也是"长子"与"少子"的意思。所以我们就可以断定"大"和"长"为同义词。

《问上·第3章》:"德无以安之则危,政无以和之则乱。"句中"安""危"为反义词,"和""乱"是反义词,"危""乱"是同义词,那么,"安""和"也必是同义词。

《谏下·第2章》:"载过者驰,步过者趋。"句中"载""步"为反义词,都是修饰限制"过"的,则"过者"的动作"驰""趋"也必是反义词。

《问下·第8章》:"喜乐无羡赏,忿怒无羡刑。"句中"喜乐"与"忿怒"为反义词,则"羡赏"与"羡刑"也应该是反义词。

(三)运用反义连文构造复合词

将两个词素并列,形成并联格复合词,是古汉语造词法之一。而用两个反义词素并列制造并联格复合词,又是其中重要的方法。《晏子春秋》就运用了这种造词方法。例如:

出入 将"出""入"两个反义词素并列,造出"出入"这个复合词。《杂上·第21章》:"大者不逾闲,小者出入可也。"以下各例,采用的是同一种构词方法,不一一说明。

多寡 《谏上·第5章》:"寡人请奉齐国之粟米财货,委之百姓,多寡轻重,惟夫子之令。""多寡""轻重"为反义并联复合词。

诛赏 《谏上·第8章》:"臣闻明君望圣人而信其教,不闻听谗佞以诛赏。""诛赏"为反义并联复合词。

长幼 《谏下·第24章》:"此皆力攻勍敌之人也,无长幼之礼。""长幼"为反义并联复合词。

宾主 《杂上·第15章》:"既醉而出,并受其福,宾主之礼也。""宾主"为反义并联复合词。

存亡 《问上·第15章》:"此足以观存亡矣。""存亡"为反义并联复合词。

迟速　《外篇·第 5 章》:"……迟速、高下、出入、周流,以相济也。""迟速""高下""出入""周流"为反义并联复合词。

二、修辞功能

《晏子春秋》善于运用修辞来提高表达效果,而对比、对文又是其常用的修辞方法。

(一)对比

在同一句子中,将反义词比肩而立,从正反两方面加以强调,使人对所阐述的问题更加信服,使作者的思想观点更加鲜明。

《杂下·第 24 章》:"晏子避席对曰:'乃此则老且恶,婴与之居故矣,故及其少而姣也。且人固以壮托乎老,姣托乎恶。彼尝托,而婴受之矣。'"句中"壮"与"老","姣"与"恶"为两组反义词。晏子将反义词并用,来强调女子将自己的终身依托给丈夫的拳拳之心,从而说明丈夫不应该嫌弃老妻的道理。

《谏上·第 11 章》:"夫以贱匹贵,国之害也;置大立少,乱之本也……夫服位有等,故贵不陵贱;立子有礼,故孽不乱宗。愿君教荼以礼而勿陷于邪,导之义而勿湛于利。长少行其道,宗孽得其伦。"句中"贱"与"贵","大"与"少","孽"与"宗","礼"与"邪","义"与"利"皆为反义词。将这些反义词并列展示,正反两相对比,使作者的等级观念,崇"长"抑"幼"观念,尊"嫡"卑"庶"观念,崇"义"贬"利"观念更加旗帜鲜明。

《杂上·第 5 章》:"景公与晏子立于曲潢之上,晏子称曰:'衣莫若新,人莫若故。'公曰:'衣之新也,信善也;人之故,相知情。'"句中将反义词"新"和"故"并提,强调了晏子和景公不同的性格和人品:晏子偏爱故人,说明晏子重感情,多人情味儿；而景公则讨厌故人，寡情少恩，一切从维护个人名誉、统治地位出发，有利于此则喜之，否则恶之，不念旧情。

（二）对文

在两个句子的同一位置上嵌以反义词，制造对偶，用来整齐句式，和谐音律；同时也起到了强调思想观点的作用。

《谏上·第7章》："君正臣从谓之顺，君僻臣从谓之逆。""顺"和"逆"为一组反义词，放于两个句子的同一位置，形成对偶，使句子音节和谐优美；也强调了作者的"顺逆"观。

《谏上·第1章》："今上无仁义之礼，下无替罪诛暴之行，而徒以勇力立于世，则诸侯行之以国危，匹夫行之以家残。"句中"上"与"下"，"诸侯"与"匹夫"皆为反义词。它们处于上下句子同一位置，使句子音律和畅；同时，强调了不讲礼义，不除暴安良而"徒以勇力立于世"的危害，使作者思想观点更加明确。

《谏下·第2章》："妾闻之，明君莅国立政，不损禄，不益刑，又不以私恚害公法，不为禽兽伤人民。"句中"损"与"益"是反义词，互相对用，起到了鲜明的对照作用。

《谏下·第17章》："下无言则吾谓之瘖，上无闻则吾谓之聋。聋、瘖，非害国家而如何也？"句中"上"与"下"，"聋"与"瘖"为反义词。其同时并举，在句式上，整齐匀称；音节上，错落有致；在句意上，从君臣两方面强调了拒绝纳谏、不敢进言的危害，明确了作者观点。

第八章

《晏子春秋》熟语及方言研究

第一节 《晏子春秋》之熟语

  熟语是具有稳定性、常用性特征的语言固定组合,包括惯用语、成语、谚语、格言等。惯用语是人们口头常说的、形式固定、音节短小、运用灵活、语意特定、富于形象性的语句。成语是千百年流传下来的固定语句,以浓缩的形式(一般为四字),作为语言片段进入句子,发挥交际功能,有言简意赅之效。谚语是人们对生产、生活、社会活动的经验总结,以浅显的语言说明深刻的道理。格言则是有影响的人物所阐述的包含深刻哲理或带有警示意义的语言。

  熟语是汉语词汇学研究的对象之一。下面我们对《晏子春秋》的熟语进行分类研究。

一、《晏子春秋》惯用语的分析

《晏子春秋》惯用语的内容涉及生活、政治、礼法等内容；形式短小，一般为两三个音节，最长不超过4个音节；语意特指性强，有固定含义。

1.祀先君：祭祀死去的先代君王。《谏下·第12章》："未祀先君而以燕，非礼也。"《外篇第八·第9章》："钟大，不祀先君而以燕，非礼。"

2.祀先人：原义是祭祀祖先，又转指继承祖先事业。《外篇第七·第26章》："婴之族又不如婴也，待婴以祀其先人者五百家。"《外篇第七·第26章》："婴之族待婴以祀其先人者数百家。""祀先人"又可省称"祀先"。例如：《问下·第12章》："待婴而祀先者五百家。"

3.垂衣裳：原义为穿着宽大的衣裳，转用于比喻帝王无为而治。《谏下·第5章》："能使垂衣裳朝诸侯，不敢伐其功。"

4.乞骸骨：比喻大臣告老还乡。《外篇第七·第20章》："愿乞骸骨，避贤者之路。"

5.及于身：遭受灾难，尤指遭杀身之祸。《谏上·第16章》："肆欲于民，而诛虐于下，恐及于身。"又作"及其身"《杂上·第1章》："众而无义，强而无礼，好勇而恶贤者，祸必及其身。""及于身"又省称"身及"。例如：《谏下·第18章》："卑狭者有罪，高大者有赏，是以身及焉。"《问上·第1章》："期年，百姓大乱，而身及崔氏祸。"

6.食谄人言：比喻听信佞人。《外篇第八·第18章》："弦章对曰：'臣闻之，君好之，则臣服之；君嗜之，则臣食之……'公曰：'善，吾不食谄人以言也。'"

7.鬻于世：卖身与人。比喻做奴仆。《杂上·第24章》：

"我犹且为臣,请鬻于世。"

8. 无德:谦虚之辞。无道德。《外篇第七·第8章》:"寡人之无德也甚矣。"

9. 无几:言时间短暂。《谏下·第8章》:"吾年无几矣。"

10. 无日:言时间不长。《杂下·第15章》:"亡无日矣。"

11. 不肖:指人不贤,无才能。《杂上·第20章》:"不肖者自贤。"又为自谦之辞。如:《杂下·第9章》:"婴最不肖。"

12. 不辱:敬称之辞。《外篇第七·第11章》:"今君不辱而临之,愿君图之。"

13. 不敏:不聪明,谦辞。《问上·第12章》:"寡人不敏,闻善不行,其危如何?"

14. 闻命:犹从命。《谏上·第2章》:"夫子就席,寡人闻命矣。"

15. 受命:义同"闻命"。《谏下·第16章》:"寡人受命。"《外篇第七·第1章》:"请易衣革冠,更受命。"

二、《晏子春秋》成语分析

《晏子春秋》中的成语皆为四字,形式简洁;内容丰富,涉及政治、生活、传说等内容;语言生动形象,多为形容性、描写性词组。由于成语形式简洁而含义深刻,深受人们喜爱,所以流传甚广。以下例句中,有的展示了《晏子春秋》前后典籍对同一成语(或变换说法)的运用,以见《晏子春秋》成语的源和流。

1. 比肩继踵:肩挨肩,脚跟脚。形容人众多。《杂下·第9章》:"临淄三百闾,张袂成阴,挥汗成雨,比肩继踵而在,何为无人?"其他古籍有继用者。如:《韩非子·难势》:"尧舜桀纣,千世而一出,是比肩随踵而生也。"

2. 不遗馀力:不保留一点多余的力量。形容做事认真。

《杂下·第3章》:"君悯白骨,而况于生者乎? 不遗馀力矣,不释馀智矣。"后出文献有继用者。如:《战国策·赵策三》:"王曰:'秦之攻我也,不遗馀力矣,必以倦而归也。'"《史记·平原君虞卿列传》:"秦不遗馀力矣,必且欲破赵军。"

3. 华而不实:原义为草木只开花不结果。《晏子春秋》用的就是原义。《外篇第八·第13章》:"东海之中,有水而赤,其中有枣,华而不实。"它也经常用来比喻事物只有华丽的外表,没有内在实质。早于《晏子春秋》的《左传》、《国语》即有这种用例。如:《左传·文公五年》:"且华而不实,怨之所聚也。"《国语·晋语四》:"华而不实,耻也。"后出文献也有这样用的。如:《南史·梁本纪论》:"然文艳用寡,华而不实。"

4. 挥汗成雨:挥洒的汗水像下雨一样多。极言人众。《杂下·第9章》:"临淄三百闾,张袂成阴,挥汗成雨。"后出文献继之者:《战国策·齐策一》:"临淄之途,车毂击,人肩摩,连衽成帷,举袂成幕,挥汗成雨。"

5. 进退维谷:此成语出自《诗经》,原义为进退两难。《诗·大雅·桑柔》云:"人亦有言,进退维谷。"毛传:"谷,穷也。"但《晏子春秋》用的不是此义,它将"谷"假借为"穀",好也,善也。① 其义转为"各方面都好"。《问下·第18章》:"叔向曰:'善哉!《诗》有之曰:进退维谷。其此之谓欤?'"后出文献,多用原义。如:《聊斋志异·王成》:"自念无以见祖母,踧踖内外,进退维谷。"

6. 夜以接日:又作"夜以继日"。白天没做完的事,晚上接着做。形容做事繁忙。《谏下·第1章》:"夜以接日,不足以奉上。"其他典籍用例,皆作"夜以继日":《庄子·至乐》:"夫贵者,夜以继日,思虑善否。"《孟子·离娄下》:"周公思兼

---

① 殷义祥《晏子春秋译注》,第208页。长春:吉林文史出版社,1996年。

三王,以施四事,其有不合者,仰而思之,夜以继日。"

7.张袂成阴:展开的衣袖遮蔽了太阳。形容人多。《杂下·第9章》:"临淄三百闾,张袂成阴,挥汗成雨。"

8.直言无讳:说话直白,没有隐晦。《外篇第七·第22章》:"行己而无私,直言而无讳。"后世典籍用例:《晋书·刘波传》:"臣鉴先征,窃惟今事,是以敢肆狂瞽,直言无讳。"

9.众口铄金:比喻众人之言有力或可畏。《谏上·第12章》:"臣闻之,近臣嘿,远臣瘖,众口铄金。"稍早文献的用例:《国语·周语下》:"故谚曰:'众心成城,众口铄金'。"后出典籍的用例:《战国策·魏策一》:"群轻折轴,众口铄金。"

三、《晏子春秋》谚语的分析

《晏子春秋》的谚语皆为句子,且句式较长,只有一句是单句,其他都是复句;语言浅显,口语性强,然而说明了深刻的道理;内涵丰富,涉及为君、为臣之道,生活哲理,修身,交友等内容。

1.夏谚曰:"吾君不游,我曷以休?吾君不豫,我曷以助?一游一豫,为诸侯度。"(《问下·第1章》)此语说明了上古君王具有关心民生疾苦的优良传统,启示国君要体察下情。

2.谚曰:"非宅是卜,维邻是卜。"(《杂下·第22章》)说明有个好邻居的重要性。

3.谚言有之曰:"社鼠不可熏去。"(《外篇第七·第14章》)比喻近臣因受到君王的庇护,干坏事也难以受到惩治。

4.语有之:"言发于尔,不可止于远也;行存于身,不可掩于众也。"(《外篇第八·第4章》)说明人的一言一行都不能不为人知,要慎于言行。

5.吾闻之:"五子不满隅,一子可满朝。"(《外篇第七·第11章》)说明重要人物的影响巨大。

6. 婴闻之："轻死以行礼谓之勇,诛暴不避强谓之力。"(《谏上·第1章》)阐明勇气和力量要用在正义事业上。

7. 婴闻之："能长保国者,能终善者也。诸侯并立,能终善者为长;列士并学,能终善者为师。"(《谏上·第16章》)说明做事持之以恒的重要意义。

8. 婴闻之："君正臣从谓之顺,君僻臣从谓之逆。"(《谏上·第7章》)启发大臣对君王的顺逆要灵活处理。

9. 婴闻之："穷民财力以供嗜欲谓之暴。崇玩好,威严拟乎君谓之逆;刑杀不辜谓之贼。"(《谏下·第2章》)警告为政者生活不要过分奢侈,对百姓不要滥施淫威。

10. 婴闻之："省行者不引其过,察实者不讥其辞。"(《杂上·第24章》)启示人们做事要出以公心、诚心,心无旁骛。

11. 吾闻之："至恭不修途,尊礼不受摈。"(《杂上·第24章》)是说对人的尊敬重在诚心,不在乎形式。

12. 臣闻之："'士者诎乎不知己而申乎知己。'故君子不以功轻人之身,不为彼功诎身之理。"(《杂上·第24章》)说明知心朋友的重要作用。

13. 吾闻之："养其亲者身伉其难。"(《杂上·第27章》)启示人们要知恩图报。

14. 夫愚者多悔,不肖者自贤。(《杂上·第20章》)说明愚人多犹豫之病,无自知之明。

15. 溺者不问坠,迷者不问路。(《杂上·第20章》)说明请教他人的重要,启发人们要虚心求教。

16. 临难而遽铸兵,噎而遽掘井,虽速亦无及矣。(《杂上·第20章》)警示人们办事要赶早、及时,否则误事追悔莫及。后出典籍有与此义同而说法略异者:《黄帝内经·素问·四气调神大论》:"夫病已成而后药之,乱已成而后治之,譬犹渴而穿井,斗而铸锥,不亦晚乎?"《聊斋志异·于去恶》:"吾辈读书,岂临渴始掘井耶?"

17. 圣人千虑，必有一失；愚人千虑，必有一得（《杂下·第18章》）。说明事物的发展不是绝对的，庸人也有可取的一面。《史记·淮阴侯列传》："臣闻智者千虑，必有一失；愚者千虑，必有一得。"

四、《晏子春秋》格言分析

《晏子春秋》的格言，句式比谚语要短一些，有三个单句（以下第2、4、5例句），两个复句（以下第1、3例句），复句也只包含两个分句；语言庄重而典雅；内容涉及为臣之德，做君之道，以及修身砺行等，富于警示和教育意义。

1. 尽忠不豫交，不用不怀禄。警示为臣者要具有不图俸禄、唯图尽忠的宽广胸怀。《问上·第1章》："君子曰：'尽忠不豫交，不用不怀禄。'其晏子可谓廉矣。"

2. 圣贤之君，皆有益友，无偷乐之臣。警示国君要近贤臣，远小人。《杂上·第12章》："君子曰：'圣贤之君，皆有益友，无偷乐之臣。'景公弗能及，故两用之，仅得不亡。"

3. 俗人之有功则德，德则骄。警示施恩者要有虚怀若谷的高尚品行。《杂上·第24章》："君子曰：'俗人之有功则德，德则骄。'晏子有功，免人于厄，而反诎下之，其去俗亦远矣。"

4. 仁人之言，其利博哉！是说贤人君子的建议每有益处，国君要积极采纳。《杂下·第21章》："君子曰：'仁人之言，其利博哉！'晏子一言，而齐侯省刑。《诗》曰：'君子如祉，乱庶遄已'，其是之谓乎？"

5. 夫行不可不务也。警示人们平时要注意自己的修养。《外篇第八·第15章》："君子曰：'夫行不可不务也。'晏子存而民心安，此非一日之所为也，所以见于前信于后者。是以晏子立人臣之位，而安万民之心。"

应该指出,在上文中,我们给《晏子春秋》熟语的分类可能不尽准确。其原因,正如毛远明先生所言:"原因之一是除'谚'以外,先秦并没有'格言''成语'之类的概念,这些概念是后人从分析熟语中总结出来的。即使称这些固定组合为'谚',最多也只是表明它们来自口语。原因之二是熟语各类别之间有的界限并不分明。比如谚语和格言的划类,我们也只是从语体风格上看它是属于口语,还是书面语;反映的内容上看它是一般的人生经验,还是重大的行为准则;语源上看它是来自民间,还是来自文献。人参与的主观因素很浓,便很难把类别完全切分开来。……原因之三是各类熟语之间并没有一条不可逾越的鸿沟,彼此可以在一定条件下互相转化。"①所以,我们给《晏子春秋》熟语所划的类别,只是一家之言,非为定论。好在有众多方家可以给我们指正。

第二节 《晏子春秋》之方言

方言就是地方语言,即"一种语言中跟标准语有区别的、只在一个地区使用的话,如汉语的粤方言、吴方言等"。② 上古汉语中应该存在更多更复杂的方言,这可能与当时交通不便、诸侯国众多等因素有关。古人早就注意到了方言的问题。如孟子讥讽楚人许行说话用方言,难以听懂,说他是"南

---

① 毛远明《左传词汇研究》,第464页。重庆:西南师范大学出版社,1999年12月。

② 中国社会科学院语言研究所词典编辑室《汉英双语现代汉语词典》,第546页。北京:外语教学与研究出版社,2002年11月。

蛮鴂舌"。①《说文解字序》指出,上古诸侯国"言语异声,文字异形"。从语言学角度对方言进行论述的学者,当首推汉代的扬雄,他所著的《方言》是一部重要的方言学著作,是后人研究方言特别是上古方言的宝贵资料。与方言相对的标准语,在古代称雅言、通语或官话。《晏子春秋》中有为数不少的方言。虽然它的作者为齐人,但其中的方言并不限于齐语,还有其他地方语,是齐人对其他方言的吸收。由于《晏子春秋》的语言是历史语言,其中词语哪些是方言,没有足够的资料可资佐证,我们只能依据扬雄所著的《方言》做标准加以甄别。现将《晏子春秋》与清钱绎的《方言笺疏》加以对照,归纳出《晏子春秋》中存在的28个方言词,按照词类排列于下。

一、名词(7个)

烈 遗留的功业。《方言》:"烈……余也。晋郑之间曰烈,秦晋之间曰隷。"注:"谓遗余也。"笺疏:"《大雅·云汉序》:'宣王承厉王之余烈。'郑笺同,通作裂,齐语。"《谏上·第9章》:"不修先君之功烈。"《问上·第7章》:"今君欲彰先君之功烈。"

屦 一种麻制的鞋子。《方言》:"屝、屦,粗履也。徐兖之郊谓之屝,自关而西谓之屦。……履,其通语也。"《杂下·第21章》:"踊贵而屦贱。"

龠 《方言》:"户钥,自关而东、陈楚之间谓之键,自关而西谓之钥。"笺疏:"钥字……或作钥,通作龠。""龠"在《晏子春秋》中用作动词。《杂上·第1章》:"管龠其家者纳之公。"

豚 小猪。《方言》:"猪……关东西或谓之彘,或谓之豕,南楚谓之豨,其子或谓之豚。"《杂上·第22章》:"有

---

① 《孟子·滕文公上》。

豚焉。"

舟 《方言》:"自关而西谓之船,自关而东或谓之舟。"《外篇第八·第13章》:"昔秦缪公乘龙舟而理天下。"

颜 脸孔。《方言》:"中夏谓之额,东齐谓之颡,汝颍淮泗之间谓之颜。"《外篇第八·第18章》:"勇不足以犯君之颜。"

垄 坟墓。《方言》:"冢,秦晋之间谓之坟,或谓之培,……或谓之垠,或谓之垄。"《谏下·第22章》:"我欲丰厚其葬,高大其垄。"

二、动词(14个)

逝、适 到……去。《方言》:"逝、徂、适,往也。逝,秦晋语也;徂,齐语也;适,宋鲁语也;往,凡语也。"《谏下·第8章》:"臣将逝矣。"《杂上·第27章》:"夫子将焉适?"

逆 迎接。《方言》:"逢、逆,迎也。自关而东曰逆,自关而西或曰迎,或曰逢。"《谏上·第21章》:"荧惑回逆。"

托、寓 寄身。《方言》:"糊、托、庇、寓、媵,寄也。齐鲁宋卫陈晋汝颍荆州江淮之间曰庇,或曰寓。……凡寄为托,寄物为媵。"《问上·第9章》:"鼠因往托焉。"《杂下·第19章》:"不得容足而寓焉。"

聚 聚集。《方言》:"萃……集也。东齐曰聚。"《谏下·第23章》:"怨聚于百姓。"《外篇第八·第1章》:"饰弦歌鼓舞以聚徒。"

逮 赶上。《方言》:"迨、逮,及也。……关之东西曰逮,或曰及。"《谏上·第5章》:"兼于途而不能逮。"

彻 陈列,摆设。《方言》:"班、彻,列也。……东齐曰彻。"《杂上·第1章》:"彻罇,更之。"

瘳 病愈。《方言》:"差、间、知,愈也。南楚病愈者谓之差……或谓之瘳。"《外篇第七·第7章》："期而不瘳。"

悛 悔改。《方言》："悛、怿，改也。自山而东或曰悛，或曰怿。"《外篇第七·第7章》："无悛于心。"

树 树立，栽植。《方言》："树、植，立也。燕之外郊，朝鲜洌水之间，凡言置立者，谓之树、植。"《谏上·第10章》："是设贼树奸之本也。"《谏下·第3章》："景公树竹。"

嬉 游戏，开玩笑。《方言》："媱、愓，游也。江沅之间谓戏为媱，或谓之愓，或谓之嬉。"《杂下·第10章》："圣人非所与熙也。"按："熙"通假"嬉"。

潜 潜水。《方言》："潜、涵，沉也。楚郢以南曰涵，或曰潜，潜又游也。"注："潜行水中亦为游也。"《谏下·第24章》："潜行逆流百步。"

攓 拔取。《方言》："攓，取也。楚谓之攓。"《谏下·第9章》："而子独搴草而坐之。"按："攓"为"搴"的异体字。

三、形容词(7个)

哲 聪明。《方言》："党、晓、哲，智也。齐宋之间谓之哲。"《问下·第27章》："既明且哲。"《谏上·第9章》："哲夫成城，哲妇倾城。"

姣 美丽。《方言》："娥……好也。秦曰娥，或谓之姣。"注："言姣洁也。"《杂下·第24章》："寡人有女少且姣。""姣"又意动用法，认为美。《外篇第八·第12章》："窃姣公也。"

巨 巨大。《方言》："硕、沈、巨……大也。齐宋之间曰巨。"《谏下·第16章》："景公为巨冠长衣以听朝。"《谏下·第19章》："车蠹于巨户。"又作名词，大的方面。《杂上·第26章》："巨可以补国，细可以益晏子者，三百篇。"

假（嘏） 盛大。《方言》："敦、丰、……嘏……，大也。凡物之大貌曰丰。宋鲁陈卫之间谓之嘏，或曰戎。秦晋之间凡物壮大谓之昄,或曰夏。"《问上·第8章》:"贪而好假。"按:"假"通假"昄"。

刘 伤人。《方言》:"凡草木刺人,……自关而东或谓之梗,或谓之刘。"《问下·第24章》:"刻廉而不刘。"

悭、啬 小气。《方言》:"啬,贪也。荆汝江湘之郊凡贪而不施……或谓之啬,或谓之悭。"《问下·第23章》:"故夫啬者,君子之道。"《问上·第21章》:"悭乎财。"

从以上可以看出,《晏子春秋》中名词、形容词方言数量相当,各为7个;而动词则较多,是名词、形容词方言数量之和,为14个。这并不奇怪,动词本来就是最活跃的词语,各地方言动词互相影响、吸收,也应该是最强烈的。

第九章

《晏子春秋》古今字、假借字、异体字研究

第一节 《晏子春秋》之古今字

一、古今字概说

　　古今字就是古代由于词的分化或字的同音假借而产生的字。在古代文字还不太丰富的阶段，往往用一个字形来书写同一来源、意义相近、相关的几个词义。例如，表示"争夺"的"争"和表示"谏诤"的"诤"，当初都用"争"这个字形。后来为了使意义和字形单一对应，避免混淆，便造了字形"诤"。"诤"是从"争"分化出来的，表示以语言相争夺，二字在意义

上有联系,其产生又有先后,因此是古今字。古代还有一种现象,即借用同音字书写新词。例如,"何"本来是表示"负担"的意思,后来被疑问代词借用,表示"什么"等含义。为了使二者有所区别,又造了"荷"表示"负担","何"则专门表示疑问代词"什么"等含义了。这样,"何"就是古字,"荷"就是今字。"古"和"今"是一个相对的时间概念,时代在前者为"古",时代在后者为"今"。例如,若以夏殷为古,则周秦为今;若以周秦为古,则两汉为今,等等。正因为古今字的产生是有先后的,所以它是一个历时的概念。这一点,使它与异体字、通假字区别开来,后两者是共时的概念。但是,由于汉字发展历程的复杂性,古今字与通假字之间又有着互相纠缠的关系。也就是说,对于同一对有关联的字来说,从历时的角度看,它们是古今字,从共时的角度看,它们又是通假字。正如陆锡兴先生说的那样:古今字是同词前后文字异形,通假字是不用已出本字,而借用其他同音字。它们是从不同角度对某些同字现象作出的不同归类。它们不是平行关系,两者交叉重叠,你中有我,我中有你,因此,不可能把古今字与通假字作一个一刀切的划分。古今字不仅与通假字很相像,而且古今字往往又是通假字。首先古今字和通假字都是同音字,从出现场合看,都是两两成对。从字与字之间的关系上看,古今字的大部分、通假字的全部都是假借。非但如此,古今字也会变成通假字,因为从通假字的标准看,只要今字一旦出现,古字就已经纳入它的通假范围了。《论语·卫灵公》:"子曰:'臧文仲其窃位者与! 知柳下惠之贤而不与立也。'"立、位古今字,今字"位"已出现,古字"立"依旧使用,所以立、位又是通假字了。可见,古今字与通假字的交叉是不可避免的,当然不能强立标准,把它们一分为二。①

我们在讨论《晏子春秋》古今字和通假字时,也会遇到二者交叉的现象。遇到可能纠缠的情况,我们除了看《晏子春秋》中是否出现某字的今字之外,还参照与《晏子春秋》年代相近的文献,看它们有没有出现今字,如果没有,则成对出现的字是古今字,反之是通假字。也有既是古今字,也是通假字的,我们相应地指出。

二、《晏子春秋》古今字之字形关系

(一)古字为今字的声符(以下横线"—"左边为古字,右边为今字)

辟—癖　辟—避　辟—僻　弟—悌　文—纹　反—返
反—贩　非—诽　奉—捧　贾—价　监—鉴　见—现
内—纳　舍—捨　田—畋　希—稀　县—悬　知—智
属—嘱　尊—樽

(二)古今字意符相同,声符不同

陈—阵　邪—耶　翌—翼

(三)古今字声符相同,意符不同

没—殁　说—悦　振—赈

(四)意符、声符都不同

颂—容

---

① 陆锡兴:《古今字谈》,《急就集》第 8—9 页。北京:中国社会科学出版社,2001 年 12 月。

三、古今字在《晏子春秋》中的用例

辟 "癖"的古字,嗜好。《问上·第 7 章》:"不以饮食之辟害民之财。"

辟 "避"的古字,躲避。《问下·第 15 章》:"今君大宫室,美台榭,以辟饥渴寒暑。""辟"亦为"避"的通假字。因《晏子春秋》中已经出现今字"避"。《谏下·第 5 章》:"吾细人也,皆有盖庐,以避燥湿。"。

辟 "僻"的古字。《问上·第 5 章》:"今衰世君人者,辟邪阿党。"《谏上·第 7 章》:"君僻臣从谓之逆。"今字"僻"已经出现,所以"辟"又为通假字。

唱 "倡"的古字,动词,倡导。《外篇第七·第 15 章》:"君唱臣和,教之隆也。"

陈 "阵"的古字,阵地。《谏下·第 9 章》:"臣闻介胄坐陈不席,狱讼不席,尸坐堂上不席。"

弟 "悌"的古字,孝悌。《问下·第 20 章》:"弟长乡里。"

兑 "锐"的古字,尖。《荀子·议兵》:"兑则若莫邪之利锋,当之者溃。"杨倞注:"《新序》作'锐则若莫邪之利锋。'"《淮南子》:"南方阳气之所积,暑湿居上,其人修身兑上。"《谏上·第 22 章》:"汤质晢而长,颜以髯,兑上而丰下。"

尔 "迩"的古字,相近或近处。《周礼·地官》:"实相近者相尔也。"郑玄注:"尔,亦近也。"《外篇第八·第 4 章》:"言发于尔,不可止于远也。"

文 "纹"的古字,刻花纹。《谏下·第 1 章》:"而君侧皆雕文刻镂之观。"

反 "返"的古字,动词,返回。《问下·第 16 章》:"平公蹴然而辞送,再拜而反曰:'殆哉吾过!'""反"又为"返"的通假字,因"反"的今字"返"已经出现:《谏上·第 5 章》:"晏子乃返。"

反 "贩"的古字,贩卖。《杂下·第 16 章》:"反市者十一社。"

非 "诽"的古字,诋毁。《问上·第 21 章》:"非誉(循)乎情。""非"又为"诽"的通假字。今字"诽"已出现:《谏上·第 12 章》:"百姓之咎怨诽谤,诅于上帝者多矣。"《谏下·第 21 章》:"行百姓之诽。"

奉 "捧"的古字,动词,持。《杂上·第 3 章》:"晏子奉梧血。"

共 "恭"的古字,恭敬。《杂下·第 13 章》:"共立似君子,出言而非也。""共"又为"恭"的通假字,因今字"恭"已经出现:《杂上·第 24 章》:"至恭不修途。"

贾 "价"的古字,值,抵。《杂上·第 23 章》:"湛之縻醢,而贾匹马矣。"

秏 "耗"的古字。动词,耗损,损害。《问上·第 5 章》:"不侵大国之地,不秏小国之民。"又"侵大国之地,秏小国之民,故诸侯不欲其尊。"在《晏子春秋》及其之前的文献中,多用"秏"。《诗经》:"秏斁下土。"《周礼·考工记》:"改煎金锡则不秏。"而在《晏子春秋》之后的文献中,多用"耗"。《庄子·达生》:"臣将为隶,未尝敢以耗气也,必齐以静心。"《韩非子·孤愤》:"亏法以利私,耗国以便家。""秏"与"耗"用于不同时期,因此"秏"与"耗"为古今字。

合 "给"的古字,充足,足够。《问上·第 2 章》:"君得合而欲多。"俞樾平议:"合即给也。"《孟子·梁惠王上》:"是心足以王矣……此心之所以合于王者何也?"两句中前者用"足以",后者用"合于",同义,故"合"即"足"也。

毁 "譭"的古字。《问上·第 11 章》:"毁非满于朝。"

伎 "技"的古字,技艺。《谏上·第 9 章》:"而惟饰驾御之伎。"

监 "鉴"的古字,动词,借鉴。《外篇第七·第6章》:"我无所监。"

见 "现"的古字,动词,出现,展现。《谏上·第18章》:"莆又将见矣。"

敛 "殓"的古字,收尸。《谏上·第19章》:"于是敛死骴,发粟于民。"《谏下·第21章》:"将敛而不以闻,吾之为君,名而已矣。""敛"又为"殓"的通假字,因今字"殓"已经出现。《谏下·第24章》:"公殓之以服,葬之以士礼焉。"

陵 "凌"的古字,欺凌,侵凌。《晏子春秋》及其以前的文献多用"陵"。《谏上·第11章》:"夫服位有等,故贵不陵贱。"《杂上·第2章》:"君民者岂以陵民?社稷是主。"《中庸·素位》:"在上位,不陵下。"而《晏子春秋》以后文献多用"凌"。《楚辞·九歌·国殇》:"终刚强兮不可凌。"《吕氏春秋·不侵》:"立千乘之义,而不可凌。"故"陵"与"凌"是不同时期出现的字形,为古今字。但今字"凌"在《晏子春秋》中又有用例,例如:《问上·第7章》:"贵不凌贱。"所以,"陵"又可以看作"凌"的通假字。

没 "殁"的古字,死亡。《问上·第11章》:"晏子没而后衰。"《问上·第12章》:"尚可没其身也。"

内 "纳"的古字,收纳。《谏下·第2章》:"令内之。""内"又为"纳"的通假字,因今字"纳"已经出现。《外篇第八·第6章》:"君勿纳也。"

入 "纳"的古字,进献。《谏上·第5章》:"梁丘据扃入歌人虞。""入"又为"纳"的通假字,因今字"纳"已经出现。《谏上·第11章》:"淳于人纳女于景公。"

捨 "舍"的今字,动词,释放。《谏下·第3章》:"令捨之。"

时 "莳"的古字。《汉语大字典》:"时,移植,栽种。后作'蒔'。《书·舜典》：'汝后稷，播时百谷。'孙星衍注疏引郑康成曰：'时，读曰蒔。'"《谏上·第 15 章》："三日，天果大雨，民尽得种时。"

畋　"田"的今字，动词，打猎。《杂下·第 3 章》："景公畋于梧丘。"

輓　"挽"的古字，动词，拉。《外篇第七·第 11 章》："则臣请輓尸车而寄之于国门宇溜之下。"

危　"诡"的古字，伪诈。《问下·第 30 章》："敢问正道直行则不容于世，隐道危行则不忍。"

妩　"妪"的古字，使华丽，装饰。张纯一《晏子春秋校注》："妩读为妪。"《外篇第八·第 1 章》："行之难者在内，而传者妩其外。"

希　"稀"的古字，形容词，少。《外篇第七·第 17 章》："寡人得寄僻陋蛮夷之乡，希见教君子之行。"

县　"悬"的古字，悬挂。《谏下·第 2 章》："拔置县之木。""县"又为"悬"的通假字，因今字"悬"已经出现。《杂上·第 19 章》："君子有道，悬之间。"

邪　"耶"的古字，语气词。《谏下·第 22 章》："何爱者之少邪？""邪"又为"耶"的通假字，因今字"耶"已经出现。《杂下·第 9 章》："齐无人耶？"

驯　"训"的今字，使服从。《外篇第八·第 1 章》："不可以导众而驯百姓。"

义　"议"的古字，先秦很多文献中表示"议论"意义都写作"义"。《问下·第 19 章》："论身义行，不为苟戚。"《庄子·齐物论》："有左，有右，有伦，有义，有分，有辩，有竞，有争，此谓之八德。"释文："崔本作'有论有议'。"《荀子·不苟》："正义直指，举人之过，非毁疵也。"王念孙杂志："义读为议。"但在《晏子春秋》中又有"议"这个今字出现。《外篇第七·第 15 章》："非贱臣之所敢议也。"所以"义"又可以看作"议"的通假字。

翌 "翼"的古字,名词,翅膀。《杂下·第 4 章》:"鹊当陛,布翌,伏地而死。""翌"又为"翼"的通假字,因今字"翼"已经出现。《谏下·第 19 章》:"贻厥孙谋,以燕翼子。"

意 "噫"的古字,语气词,唉。《集韵·之韵》:"噫,恨声,或作意。"《庄子·在宥》:"意,治人之过也。"《经典释文》:"意,本又作噫。"《问上·第 21 章》:"意,难!难不至也。"

俞 "愉"的古字。朱骏声《说文通训定声》:"俞,假借为愉。"《问下·第 20 章》:"俞身独处,谓之傲上。"《吕氏春秋·知分》:"古圣人不以感私伤神,俞然而以待耳。"高诱注:"俞,安。"《大戴礼记·文王官人》:"心色辞气,其入人甚俞。"王引之《经义述闻》:"俞,读为愉。"

说 "悦"的古字,形容词,高兴。《谏上·第 7 章》:"公不说。"《谏下·第 21 章》:"公作色不说。"

颂 "容"的古字,容貌。《谏上·第 8 章》:"今与左右相说颂也。""说颂"谓使颜容和悦,即开玩笑。

振 "赈"的古字,动词,赈济。《杂下·第 18 章》:"以振百姓。"《谏上·第 9 章》:"孤寡不振。"《问下·第 1 章》:"振赡之。"

知 "智"的古字,聪明,智慧。《杂上·第 29 章》:"骄士慢知者。"《杂下·第 3 章》:"不释馀知矣。"《问下·第 20 章》:"知虑足以安国。""知"又为"智"的通假字,因今字"智"已经出现:《谏下·第 24 章》:"晏子,智人也。"《问上·第 11 章》:"尽智导民。"

至 "致"的古字,招致。《杂下·第 14 章》:"栾、高不让,以至此祸。"《外篇第七·第 14 章》:"夫何密近,不为大利变,而务与君至义者也?""至"又为"致"的通假字,因今字"致"已经出现:《谏下·第 14 章》:"公乃愿致诸侯。"《谏下·第 1 章》:"常致其苦而严听其狱。"

从　"纵"的古字,纵容,放纵。《谏下·第21章》:"从君之欲。"

属　"嘱"的古字。《外篇第七·第20章》:"属托行。"

尊　"樽"(罇)的古字,盛酒的器具。《杂上·第16章》:"夫不出于尊俎之间,而知千里之外。""尊"又为"罇"的通假字,因今字"罇"已经出现:《杂上·第16章》:"酌寡人之罇。"又,"罇觯具矣。"

四、《晏子春秋》古今字产生的途径

(一)古字表示的本义被假借义所夺,另造新字表示本义

颂—容　"颂"的本义为容貌。《说文》:"颂,貌也。"段注:"铠曰:'此仪容字'。"《六书故》:"借义夺正义,故颂貌字反借容内之容。""颂"的"容貌"意义被"歌颂"义占有后,假借"容"来表示本义。《谏上·第8章》:"今与左右相说颂也。"句中的"颂"即是本义"容貌"的意思。"说颂"谓使容貌和悦,也就是开玩笑。《孟子·万章上》:"舜见瞽瞍,其容有蹙。"句中的"容"假借为"容貌"的意思。

希—稀　"希"的本义为"稀少"。《尔雅·释诂》:"希,罕也。"《论语·公冶长》:"怨是用希。"《外篇第七·第17章》:"寡人得寄僻陋蛮夷之乡,希见教君子之行。"假借为"希望""盼望"之义。《后汉书·党锢传》:"海内希风之流。"后来"希"这个字形被"希望""盼望"意义占有,而为"稀少"义造新字"稀"。曹操《短歌行》:"月明星稀,乌鹊南飞。"

县—悬　"县"的本义为"悬挂"。《说文》:"县,系也。"徐铠云:"此直悬挂字。今人加心。"徐铉云:"借为州县之县,今俗加心别作悬。""县"假借为"州县"之"县"以后,另造"悬"表示"悬挂"的本义。《谏下·第2章》:"植木县之。"《谏下·第

2章》:"拔置县之木。""县"本义为"悬挂"。《杂上·第19章》:"君子有道,悬之间。""悬"为今字,表示"县"的本义"悬挂"。

振—赈 "振"的本义为"赈济"。《说文》:"振,举救也。"段注:"凡振济当作此字,俗作赈。"《杂下·第18章》:"以振百姓。"《谏上·第9章》:"孤寡不振。""振"后来假借为"振动""振作"之"振"。《礼记·月令》:"(孟春之月)东风解冻,蛰虫始振。"另造"赈"表示本义。《盐铁论·力耕》:"仓廪之积,战士以俸,饥民以赈。"《抱朴子·君道》:"缓赈济而急聚敛,勤畋弋而忽稼穑。"

尊—樽 "尊"本义为盛酒的器具。《杂上·第16章》:"夫不出于尊俎之间,而知千里之外。""尊"假借为"尊敬"之"尊"。《谏下·第24章》:"故尊其位。"《问下·第24章》:"尊贤而不退不肖。"另造新字"樽"或"罇"表示本义。《杂上·第16章》:"酌寡人之罇。"又,"罇斝具矣。"

(二)古字因假借产生新义,而为这个新义造今字

辟—僻 "辟"的本义是君王。《尔雅·释诂》:"辟,君也。"《尚书·洪范》:"惟辟作福,惟辟作威,惟辟玉食。"假借表示"邪恶"之义。《左传·昭公六年》:"楚辟我衷,若何效辟?"杜预注:"辟,邪也;衷,正也。"《问上·第5章》:"今衰世君人者,辟邪阿党。"《谏下·第23章》:"行辟若此,百姓闻之,必怨吾君。"为了避免混同,后来为"邪恶"意义造新字"僻"。《淮南子·精神训》:"悖志胜而行不僻矣。"高诱注:"僻,邪也。"

陈—阵 "陈"的本义为地名。假借为"阵列"义。《谏下·第9章》:"臣闻介胄坐陈不席,狱讼不席,尸坐堂上不席。"这个意义后来写作"阵"。《史记·廉颇蔺相如列传》:"秦人不意赵师至此,其来气盛,将军必厚集其阵以待之。"

舍—捨　"舍"的本义为宾馆、客舍。《说文》："市居曰舍。"段注："馆,客舍也。客舍者,谓市居也。"假借为"舍去""赦免"之义。《汉书·朱博传》："奸以事君,常刑不舍。"《杂上·第3章》："崔子遂舍之。"这个意义后来写作"捨"。《谏下·第3章》："令捨之。"

邪—耶　"邪"的本义为"不正"。《贾子·道术》："反正为邪。"《礼记·表记注》："不为四邪之行。"假借为语气助词,表疑问。《谏下·第22章》："何爱者之少邪？"这个意义后来写作"耶"。《史记·田敬仲完世家》："松耶？柏耶？住建共者客耶？"

（三）古字引申出新义,其本字被新义占用,而为本义另造新字,即今字

文—纹　"文"的本义为"花纹""纹理"。《左传·隐元年》："仲子生而有文在其手。"《汉书·食货志》："其文龙。"又作动词。《谏下·第1章》："而君侧皆雕文刻镂之观。""文"这个字形后来被引申义"文章""文化"占用,而另造字"纹"表示本义。《新唐书·地理志五》："（越州）土贡宝花花纹等罗,百编交绫十样花纹等绫。"

奉—捧　"奉"的本义为"捧"。《说文》："奉,承也。"《杂上·第3章》："晏子奉栖血。"这个意义后来被"侍奉""奉献"等占用,而另造字"捧"表示本义。《后汉书·朱浮传》："捧土以塞孟津,多见其不知量也。"

监—鉴　"监"的本义是"镜子"（赵克勤《古代汉语词汇学》,238页）。又作动词,照镜子。引申为"借鉴"。《尚书·酒诰》："人无于水监,当于民监。"《外篇第七·第6章》："我无所监。"又引申为"监视""监督"。《诗经·小雅·节南山》："何用不监？"后来"监"这个字形被"监视""监督"义所专有,而另造"鉴"来表示"镜子"的意思。

(四)古字引申出新义,而为这个新义另造新字,即今字

内—纳 "内"的本义为"进入"。《说文》:"内,入也。自外而入也。"引申为"收纳""放置"。《谏下·第 2 章》:"令内之。"《谏下·第 21 章》:"反明王之性,行百姓之诽,而内嬖妾于僇媐。"为了与"进入"义相区别,另造"纳"表示"收纳"。《尚书·金縢》:"公归,乃纳册于金縢之匮中。"《庄子·刻意》:"吐故纳新。"

反—返 "反"的本义为"翻覆"。《说文》:"反,覆也,从又;厂,反形。"段注:"又,反手也。厂像物之反覆。"引申为"返回"。《战国策·卫策》:"智伯果起兵而袭卫,至境而反。"《杂下·第 18 章》:"使者反,言之公。"《杂下·第 22 章》:"晏子使晋,景公更其宅,反则成矣。""反"的这个引申义后来写作"返"。《汉书·武被传》:"往者不返。"崔颢《黄鹤楼》:"黄鹤一去不复返,白云千载空悠悠。"

没—殁 "没"的本义为"沉没"。《说文》:"没,沉也。"引申为"死亡"。《问上·第 11 章》:"晏子没而后衰。"《问上·第 12 章》:"尚可没其身也。"为了与"沉没"义相区别,另造"殁"表示"死亡"义。《史记·屈原贾生列传》:"伯乐既殁兮,骥将焉程兮?"

田—畋 "田"的本义为"田野""田地"。《广雅·释诂》:"田,土也。"《玉篇》:"田,地也。"引申为"打猎"。《谏上·第 9 章》:"田猎则不便。"为了与"田"这个字形相区别,而另造"畋"表示"打猎"。《杂下·第 3 章》:"景公畋于梧丘。"

第二节 《晏子春秋》之假借字

古代汉语有借用音同或音近的字来表示词义的现象,这个被借用的字就是假借字。分两种情况:一种情况是,一个词本来没有相应的字形(本字)来书写,而借用一个发音与自己相同或相近的字形(借字),即所谓"本无其字,依声托事"。例如,当初人们没有为表示"困难"的"难"这个词造一个相应的字形,但落实到书面时必须有一个字形来表示,于是就借用本来表示一种鸟类的字形"难"来书写它。《后汉书·黄琼传》:"盛名之下,其实难副。"句中的"难"即是借用"难鸟"的"难"来表示。再如,当初代词"其"也没有一个相应的字形,人们便借用表示一种器具的字形"其"来书写它。《三国志·蜀书·诸葛亮传》:"调其赋税,以充军实。"句中的代词"其"即是借用义为"簸箕"的"其"来表示,后来又为"簸箕"这个意义造了专字"箕",而"其"则只作为代词了。另一种情况是,一个词本来有相应的字形(本字)表达,但人们却弃之不用,而借用其他字形(借字)来书写。例如,表示"清晨"或"时间早"这个意义,本来已经有字形"早"了,但有时人们却弃之不用,而用字形"蚤"(一种吸血的昆虫)来书写。《史记·项羽本纪》:"旦日不可不蚤来谢项王。"再如,表示第二人称代词,本来有字形"尔",但有时人们不用,却用连词"而"的字形代替。《聊斋志异·促织》:"而翁归,自与汝复算耳!"字词假借的这两种情况,人们习惯上分别称为本无其字的假借和本有其字的假借,而后者人们通常称之为通假。

毛远明先生在《左传词汇研究》中讲得很深刻:"假借的性质是借音表义,当假借字一经成为一个系统,便标志着表音文字的产生。从地下出土的材料发现,商、周时代的假借字很多,有人统计,甲骨文中的假借字高达70%。充分说明这个时期的汉语正处于假借阶段。"他又说:"还有一种所谓'本有其字'的假借。说的是某一个意义本来已有专字,却仍借一个同音字来记录,长期相沿习用,得到了社会的承认。人们一般称之为通假。其实,'本无其字,依声托事'的假借和'本有其字,同音顶替'的通假,都是借音表义,性质并没有根本的改变。本有专字,却仍用借字,正好说明汉字确实存在一个假借阶段。"[1]

一、本无其字的假借

例如:

卑 本义当为"毁坏"。何琳仪《战国古文字典》:"卑,从支,从甲,会击甲之义。"(上册,第771页。北京:中华书局,1998年9月)假借为"低贱"之义。《说文》:"卑,贱也,执事也。"即人的地位低下,形容词。《晏子春秋》用了它的假借义。如:《问上·第22章》:"是以卑而不失义。"

霸 本义为阴历每月初见的月亮或月光。《说文》:"霸,月始生霸然也。"假借为"霸王""霸主"。《玉篇·月部》:"霸,霸王也。"《谏下·第15章》:"公曰:'昔仲父之霸何如?'晏子抑手而不对。"《问上·第6章》:"吾欲善治齐国之政,以干霸王之诸侯。"

北 本义为二人相背。《说文》:"北,……从二人相背。"假借为表示方向的"北",与"南"相对。《谏上·第17章》:"景公游于牛山,北临其国城而流涕。"《问下·第10章》:

---

[1] 毛远明《左传词汇研究》,第399—400页。重庆:西南师范大学出版社,1999年12月。

"婴,北方之贱臣也。"

猜 本义为嫉恨。《方言·卷十二》:"猜,恨也。"《说文》:"猜,恨贼也。"王筠句读:"许君为恨不足尽猜之情,故申之以贼,为其必有所贼害也。"假借为"猜疑"义。《外篇第七·第 7 章》:"其家事无猜,其祝史不祈。"

常 本义为下衣,"裳"的或体。《说文》:"常,下帬也。从巾尚声。裳,常或从衣。"假借为规矩、法度。《问上·第 25 章》:"国无常法,民无经纪。"《杂上·第 7 章》:"夫古之重变古常。"《外篇第七·第 7 章》:"布常无艺,征敛无度。"

衰 本义为蓑衣。《说文》:"衰,草雨衣。从衣象形。"王筠释例:"上象其覆,中象其领,下象编草之垂也。"假借为"衰落"。《谏上·第 1 章》:"崇尚勇力,不顾义理,是以桀纣以灭,殷夏以衰。"《外篇第七·第 2 章》:"夫盛之有衰,生之有死,天之分也。"

弟 本义为次第,次序。《说文》:"弟,韦束之次弟也。"假借为兄弟的"弟"。《外篇第七·第 10 章》:"父以托其子,兄以托其弟。"《外篇第七·第 15 章》:"父慈子孝,兄爱弟敬。"

帝 本义为花蒂,借为"帝王"的"帝",而另造"蒂"表示花蒂。《谏上·第 14 章》:"请致五帝,以观明德。"又"公,明神之主,帝王之君。"

东 本义是口袋,假借为表示方向的"东",即"东方"。《谏上·第 14 章》:"送楚巫于东。"《外篇第七·第 22 章》:"退而穷处,东耕海滨。"

笃 本义为马走得迟缓。《说文》:"马行顿迟。"假借为表示感情深厚的"深笃"。《问下·第 19 章》:"不笃于友则好诽。"

西 本义为鸟栖息,假借为表示方向的"西",跟"东"相对。《外篇第七·第 7 章》:"聊、摄以东,姑、尤以西,其为人也多矣。"《问上·第2章》:"公终任勇力之士,西伐晋。"

然 本义为燃烧,假借为代词。《外篇第七·第22章》:"公以为然。"《问下·第1章》:"今君之游不然。"

何 本义是负担,背负。假借为疑问代词或疑问副词。①疑问代词,什么,谁。《问上·第2章》:"为政何患?"②疑问副词,为什么。《谏下·第15章》:"公何不去此二子者?"③疑问副词,哪里、怎么。《外篇第七·第14章》:"臣何敢槁也?"

南 本义为一种打击乐器。郭沫若《甲骨文字研究》:"由字之形象而言,余以为殆钟镈之类之乐器。"假借为南方的"南"。《谏上·第14章》:"五帝之位,在于国南。"《问下·第1章》:"吾欲观于转附、朝舞,循海而南。"《谏下·第15章》:"被发乱首,南面而立,傲然。"

焉 本为鸟名,假借为:①代词。《谏上·第6章》:"酒醴之味,金石之声,愿夫子无与焉。"②疑问代词,哪里。《问下·第17章》:"无获民,将焉避?"③兼词。《杂下第4章》:"公使为室,成,置白茅焉。"④疑问副词,怎么。《问下·第3章》:"今君左为倡,右为优……又焉可逮桓公之后者乎?"⑤语气词。《外篇第八·第11章》:"愿得入身,比数于下陈焉。"

求 本义为皮衣服。假借为寻求或请求之"求"。《谏上·第14章》:"今政乱而行僻,而求五帝之明德也。"《问上·第7章》:"多求于诸侯,而轻其礼。"

匪 本义是竹质盛器。《周礼·春官·肆师》:"共设匪瓮之礼。"假借为否定副词。《问上·第27章》:"夙夜匪懈,以事一人。"

弗 本义为矫正。《说文》:"弗,挢也。"段注:"弗,矫也。"李孝定《甲骨文字集释》按语:"字作弗,正象矫箭使直之形。"假借为否定副词,不。《问下·第17章》:"此季世也,吾弗知,齐其为田氏乎?"《杂下·第15章》:"与晏子邶殿,其鄙六十,晏子弗受。"

孰 本义为"生熟"的"熟",假借为代词。①疑问代词,谁。《谏上·第18章》:"今孰责寡人哉?"②疑问副词,怎么(有),哪里(有)。《谏上·第18章》:"孰暇患死?"

盍 本义是盖上盖子。《说文》:"本作盇。盇,覆也。"段注:"皿中有血而上覆之,覆必大于下,故从大。"《谏上·第21章》:"盍去冤聚之狱?""盍"为疑问代词,何不,为什么不,是假借义,它与本义无任何联系,是借音表义。

也 本义为女子外生殖器。《说文》:"也,女阴也。"假借为虚词。《问下·第24章》:"此君子之大义也。"《谏下·第17章》:"聋瘖,非害国家而如何也?"

它 本义为蛇。《说文》:"虫也。从虫而长,像冤曲垂尾形。"假借为指示代词。《杂下·第18章》:"身死而财迁于它人。"

二、本有其字的假借(通假)

我们从《晏子春秋》中统计出下列通假字。通假字与本字之间存在着复杂的关系。

(一)从语音上看《晏子春秋》的通假字

案 通假"安"。声母同为影母,元部叠韵。《说文通训定声》:"案,假借为安。"《过秦论下》:"案土息民,以待其弊。"《问上·第9章》:"不诛之则乱,诛之则为人主所案据。""案据"谓庇护。本字"安"已经存在:《外篇第八·第15章》:"而安万民之心。"所以"案"为通假字。

罢 通假"疲"。双声叠韵,并母,歌部。《杂上·第17章》:"年充众和而伐之,臣恐罢民弊兵,不成君之意。"

班 通假"斑"。同音,帮母,文部。《外篇第八·第10章》:"有妇人出于室者,发班白。"

弊 通假"敝"。帮、滂双声,同月韵。《外篇第七·第25章》:"与其闭藏之,岂如弊之身乎?"在年代相近的文献,如《论语》中已经有了"敝"这个词形表示"使破败"的意思。《论语·公冶长》:"愿车马衣裘与朋友共,敝之而无憾。"《晏子春秋》中表示"破败"义未用本字"敝",而用了一个音近字"弊"代替,所以"弊"是通假字。

擗 通假"擗",捶胸。从张纯一说。《晏子春秋校注》:"纯一案:《孝经·丧亲章》:'擗踊哭泣。'注:'擗,拊心也。'拊,击也,拍也。"帮、滂旁纽,锡部叠韵。《谏下·第20章》:"踊而不哭,擗而不拜。"

僻 通假"避"。《说文》:"僻,避也。从人,辟声。《诗》曰:'宛如左僻。'"滂、帮旁纽,锡部叠韵。《外篇第七·第20章》:"再拜,便僻。"

材 通假"才"。从母双声,之部叠韵。形容词,有才能。《外篇第八·第8章》:"臣愿有君而明,有妻而材。"又,"有妻而材,则使婴不忘。"注意,在《晏子春秋》中已经有了本字"才"。《外篇第七·第14章》:"夫能自周于君者,才能皆非常也。"同时,在与《晏子春秋》年代相近的文献《论语》中,也已经有了表示"有才能"的"才"字。《论语·先进》:"才不才,亦各言其子也。"但《晏子春秋》中却舍而不用,而用了同音字"材",所以我们说"材"是通假字。

朝 通假"召",召回。《晏子春秋校注》:"俞云:朝者,召也。刘向《九叹·远逝篇》曰:'朝四灵于九滨。'王逸注曰:'朝,召也。'"声母为端、照,同为舌音,邻纽。宵部叠韵。《谏下·第8章》:"未几,朝韦冏解役而归。"

错 通假"措"。清母,铎部,同音。动词,设置,实行。《问下·第25章》:"政教错,而民行有伦矣。"《礼记·中庸》:

"故时措之宜也。"《论语·子路》:"刑罚不中,则民无所措手足。"今字"措"已出现,而仍用"错",故"错"可看成"措"的通假字。"错"与"措"亦古今字。

敚　通假"对"。动词,回答。《说文》:"敚,取也,强取也。"段注:"此是争敚正字,后人假夺为敚,夺行而敚废矣。"《晏子春秋集释》:"洪颐煊曰:敚,假借为'对'字。"定、端旁纽,月物旁转,声韵相近。《问上·第5章》:"公曰:'然则何如?'敚曰:'请卑辞重币,以说于诸侯'。"

悱　通假"诽"。滂母,微部,同音。背地议论。《问下·第19章》:"其交友也,论身义行,不为苟戚,不同则疏而悱。"在《晏子春秋》中已经有了"诽"字表示"背地议论"的意思。《谏下·第21章》:"行百姓之诽。"但《问下·第19章》却用了字形"悱",所以说它是通假字。

焚　通假"偾",杀死。并、帮旁纽,文部叠韵。《集韵·问韵》:"偾,《说文》:'僵也。'或作'焚'。"《左传·襄公二十四年》:"象有齿而焚其身。"《谏下·第1章》:"夫民无欲残其家室之生,以奉暴上之僻者,则君使吏比而焚之而已矣。"又,"敕其功则使一妾,敕其意则比焚,如是,夫子无所谓能治国乎!"

浮　通假"罚"。浮:并、幽。罚:帮、月。并、帮旁纽,幽、月韵相近。动词,罚酒。《杂下·第12章》:"请浮晏子。"又,"晏子坐,酌者奉觞进之,曰:'君命浮子。'""公曰:'善!为我浮无字也。'"

拂　通假"弼"。帮物、帮铎。双声,韵相近。匡正。《杂上·第20章》:"辅拂无一人,谄谀我者甚众。"

傅　①通假"附",接近。《说文通训定声》:"傅,假借为附。"《左传·隐公十一年》:"郑伯伐许,更辰,傅于许。"杜预注:"傅于许城下。"帮、并旁纽,鱼、侯旁转。《杂上·第17章》:"景公伐鲁,傅许,得东门无泽。"②通假"敷",陈设,铺展。帮、滂旁纽,鱼部叠韵。《汉书·陈汤传》:"离城三里,止营傅陈。"颜师古注:"傅读曰敷。敷,布也。"《杂下·第7章》:"发席傅荐,跪请抚疡。"

槁 通假"骄"。同为见母,宵韵。傲慢,自大。《外篇第七·第14章》:"公忿然作色不说,曰:'夫子何小寡人甚也!'对曰:'臣何敢槁也?'"

躬 通假"肱"。声韵为:见、冬;见、蒸。声相同,韵相近。臂膊。《谏下·第6章》:"歌终,顾而流涕,张躬而舞。"

恨 通假"很"。违逆,不听从。匣母,文部,声韵皆同。《汉书·楚元王传·刘向》:"称誉者登进,忤恨者诛伤。"《读书杂志》:"恨,读为很。忤,逆也;很,违也,谓与王凤相违逆,非谓相怨恨也。"《杂下·第20章》:"君欢然与子邑,必不受以恨君,何也?"

惠 通假"慧"。匣母、质韵,双声叠韵。聪明。《外篇第七·第15章》:"臣闻见不足以知之者,智也;先言而后当者,惠也。夫智与惠,君子之事,臣奚足以知之乎?"

饑 通假"饥"。见母双声,微脂旁转。饥饿。《谏上·第19章》:"昔吾先君桓公出游,睹饑者与之食,睹疾者与之财。"《问上·第7章》:"内妾无羡食,外臣无羡禄,鳏寡无饑色。"

距 通"拒"。见鱼,群鱼。声旁纽,韵相同。动词,拒绝,对抗。《问下·第13章》:"夫逼迩于君之侧者,距本朝之势,国之所以治也。"本字"拒"已经存在:《谏下·第17章》:"恶有拒而不受者哉?"所以"距"为通假字。

樕 通假"撅"。见、月双声叠韵。动词,掀起。《外篇第七·第17章》:"訾犹倮而高樕者也。"

廓 通假"郭"。见溪旁纽,铎部叠韵。城郭。《谏下·第2章》:"负廓之民贱妾,请有道于相国。"在《晏子春秋》中同时有"郭"这个字形,为表示"城郭"意义的本字。《外篇第七·第11章》:"西郭徒居布衣之士盆成适也。"所以"廊"为通假字。

薄 通假"悖",糊涂,昏乱。《说文》:"悖,乱也,或从心。"并、铎,并、物。声母相同,韵部相近。《史记·白起王翦列传》:"老臣罢病悖乱,唯大王更择贤将。"《杂下·第28章》:"婴老薄无能,而厚受禄,是掩上之明,污下之行,不可。"

竜 "龙"的俗字。通假"能"。来母,东部;泥母,之部。声旁纽,韵相近。助动词,能够。《问下·第17章》:"且昧丕显,后世犹怠。况日不悛,其竜久乎?"

僈 通假"慢"。明、元双声叠韵。傲慢。《外篇第七·第17章》:"吾闻齐君盖贼以僈,野以暴。"本字"慢"已经出现:《问上·第21章》:"欢乎新,慢乎故。"所以"僈"是通假字。

搣 通假"搣"。明、月双声叠韵。动词,拔取。《广韵·薛韵》:"搣,手拔。"《谏下·第9章》:"景公猎休,坐地而食,晏子后至,左右搣茇而席。"

缪 通假"谋"。声相同,同为明母;觉、之韵部接近。《外篇第七·第14章》:"君以为耳目而好缪事。"本字"谋"已经出现:《问上·第12章》:"谋事之术也。"

偶 通假"寓"。疑、侯双声叠韵。蕴涵,寄寓。《晏子春秋校注》:"俞云:'偶,读为寓,古字通用。寓犹寄也'。"《杂上·第6章》:"政则晏子欲发粟与民而已,若使不可得,则依物而偶于政。"

齐 通假"赍"。从母,脂部;精母,脂部。旁纽,叠韵。俸禄。《谏上·第5章》:"辟拂嗛齐,酒徒减赐。"本字"赍"已经出现:《杂上·第11章》:"于是令刖跪倍赍无征。"且有异体字"赍":《外篇第七·第25章》:"其赍千金。"

且 通假"组"。清母,鱼部;精母,鱼部。旁纽,叠韵。丝带。《说文》:"组,绶属。其小者以为冕缨。"《书·禹贡》:

厥篚玄纁玑组。"孔传："组,绶类。"《谏下·第15章》："带球玉而冠且。"早于《晏子春秋》的《尚书》已经有了本字"组",故"且"为通假字。

挈 通假"契"。溪、月双声叠韵。切割。《谏下·第24章》："皆反其桃,挈领而死。"又,"亦反其桃,挈领而死。"

诎 动词,通假"黜"。溪、穿邻纽,物部叠韵。被贬黜。《问上·第15章》："缦密不能,麁苴(不)学者诎。"

铨 通假"跧",卑服。从母,元韵。同音。《晏子春秋校注》："铨者,《说文》:'跧,卑也。'《广雅》:'跧,伏也。'作'铨'者,借字耳。"《问下·第24章》："和柔而不铨,刻廉而不刿。"

时 通假"是"。禅母,之韵;禅母,支部。同声母,韵旁转。指示代词。《问下·第27章》："得之时其所也,失之非其罪也。"本字"是"已经存在:《外篇第八·第4章》："今丘失言于夫子,夫子讥之,是吾师也。"所以"时"是通假字。

饬 通假"饰"。书母,职部;船母,职部。旁纽,叠韵。整治。《说文通训定声》："饬,假借为饰。"《谷梁传·襄公二十五年》："古者大国过小邑,小邑必饬城而请罪。"范宁注："饬城者,修守备。"《谏上·第18章》："政不饬而宽于小人。"本字"饬"已经出现:《杂下·第14章》："君不能饬法,而群臣专制,乱之本也。"故"饬"为通假字。

姓 通假"生",生命。生母,耕韵。双声,叠韵。《外篇第七·第27章》："救民之姓而不夸,行补三君而不有。"本字"生"已经出现:《谏下·第21章》："行伤则溺己,爱失则伤生。"故"姓"为通假字。

燕 通假"宴"。影、元,双声,叠韵。①动词,宴饮。《谏下·第12章》："吾欲与夫子燕。"②名词,宴席。《谏下·第16章》："君不若脱服就燕。"本字"宴"已经出现:《问下·第17章》："晏子聘于晋,叔向从之宴。"故"燕"为通假字。

以 通假"矣"。喻母,之韵。双声,叠韵。《问下·第15

章》:"晏子使晋,晋平公飨之文室,既静矣,晏以,平公问焉。"

矣 通假"以"。喻母,之韵。双声,叠韵。介词,用,凭借。《谏上·第2章》:"禽兽矣力为政,强者犯弱,故曰易主。"

嬴 通假"挺"。喻母,耕韵;定母,耕韵。邻纽,叠韵。挺直。《杂上·第23章》:"虽有槁暴,不复嬴矣。"

拥 通假"壅"。影母、东韵。双声,叠韵。蒙蔽。《谏下·第22章》:"据之防塞群臣,拥蔽君,无乃甚乎?"本字"壅"已经出现:《问上·第9章》:"左右为社鼠,用事者为猛狗,主安得无壅?"所以"拥"为通假字。

雩 通假"污"。雩、污,匣、影邻纽,鱼部叠韵。污染。《问下·第4章》:"美哉水乎清清,其浊无不雩涂,其清无不洒除。"

怨 通假"蕴"。影母,元韵;影母,文韵。积聚。声母双声,韵部通转。《外篇第七·第7章》:"国治怨乎外,左右乱乎内。"《外篇第八·第16章》:"怨罪重积于百姓。"

载 通假"再"。精母,之韵;从母,之韵。旁纽,叠韵。副词。《外篇第八·第8章》:"公曰:'善乎,晏子之愿!载一愿。'"又,"公曰:'善乎,晏子之愿也!载一愿。'"

诏 通假"昭"。照,宵。双声,叠韵。显示。《谏上·第18章》:"故诏之妖祥,以戒不敬。"

蚤 通假"早"。精母,幽韵。双声,叠韵。《杂上·第7章》:"蚤岁溜水至,入广门,即下六尺耳。"《杂·第20章》:"君何年之少,而弃国之蚤?"

政 通假"正"。声韵相同,同为章母、耕韵。清正。《问下·第2章》:"是以内政则民怀之,征伐则诸侯畏之。"《问下·第4章》:"景公问晏子曰:'廉政而长久,其行何也?'"因今字"正"已经出现,例如:《谏下·第21章》:"君正臣从谓之顺。"所以"政"为通假字。

直　通假"祗"。定母,职韵;端母,脂韵。声母旁纽,韵部旁对转。只,仅仅。《杂下·第9章》:"婴最不肖,故直使楚耳。"因今字"祗"已经出现:《外篇第七·第6章》:"祗取诬焉。"所以"直"是通假字。

治　通假"埴"。定母,之韵;禅母,职韵。声母邻纽,韵部对转。黏土,可以制陶器。《谏下·第4章》:"景公令兵抟治,当腊冰月之间而寒,民多冻馁,而功不成。"

芷　通假"䘣"。精母,支韵。双声叠韵。衣襟。《外篇第七·第25章》:"景公赐晏子狐白之裘,元豹之芷。"

武　通假"帗",冠带。明母,鱼韵。双声,叠韵。《谏下·第20章》:"解率去绖,布衣、縢履,元冠、芷武。"

锤　通假"钟"。照母,东韵。同音。《问下·第15章》:"不好锤鼓,好兵作武。"

筑　通假"祝",阻断。端母,屋韵;照母,觉韵。邻纽,旁转。《杂上·第4章》:"筑蹊径,急门闾之政,而淫民恶之。"

坠　通假"遂"。定母,韵物;邪母,物韵。邻纽,叠韵。涉水过河之路。《杂上·第20章》:"溺者不问坠,迷者不问路。"

以上例子中,通假字与本字之间的语音关系有以下几种:

1.声母相同,韵母相近

(每组通假字具体的声韵关系见上文,此不再赘述。下同。横线"—"左边的字为通假字,右边的为本字)

拂—弼　躬—肱　饑—饥　薄—悖　缪—谋　怨—蕴

2.声母相近,韵母相近

敓—对　浮—罚　傅—附　竜—能　直—祗　治—埴　筑—祝

3.声韵皆同

武—帗　案—安　罢—疲　班—斑　材—才　锤—钟

燕—宴　挈—契　铨—诠　错—措　悱—诽　槁—骄
时—是　姓—生　呰—眦　以—矣　恨—很　矣—以
蚤—早　惠—慧　拥—壅　政—正　诏—昭　僈—慢
减—搣　偶—寓

4. 声母相近，韵母相同

弊—敝　躃—擗　僻—避　朝—召　载—再　焚—偾
傅—敷　距—拒　嬴—挺　雩—污　槪—撅　廓—郭
齐—资　且—组　诎—黜　饬—饬　坠—遂

（二）从字形上看《晏子春秋》之字的假借（横线"—"左边的字为通假字，右边的为本字）

在我们所统计出的通假字中，从字形上看，通假字与本字存在如下的关系：

1. 通假字与本字字形无特殊关系

拂—弼　躬—肱　薄—悖　缪—谋　怨—蕴　勒—饬
敓—对　浮—罚　傅—附　竜—能　直—衹　治—埴
筑—祝　武—怃　罢—疲　燕—宴　槁—骄　以—矣
矣—以　嬴—挺　蚤—早　惠—慧　朝—召　载—再
焚—偾　齐—资

2. 通假字与本字形符相同

饑—饥　锺—钟

3. 通假字与本字声符相同

班—斑　拥—壅　挈—契　铨—诠　错—措　悱—诽
呰—眦　恨—很　时—是　诏—昭　僈—慢　偶—寓
诎—黜　躃—擗　僻—避　傅—敷　饬—饬　距—拒
坠（墜）—遂　雩—污　槪—撅

4. 通假字是本字的声符

时—蒔　且—组

5. 本字是通假字的声符

案—安　材—才　姓—生　弊—敝　政—正　诏—召

廓—郭

《晏子春秋》其他通假字：

而 通假"尔"，第三人称代词。《谏上·第 10 章》："将以而所傅为子。"本字"尔"已经存在：《杂上·第 1 章》："尔何来为？"故"而"为通假字。

政 通假"征"。《谏上·第 19 章》："据四十里之氓，不服政其年。"本字"徵"已经存在：《外篇第七·第 7 章》："征敛无度。"故"政"为通假字。

罔 通假"网"。《杂上·第 27 章》："结罘罔，捆蒲苇。"本字"网"已经存在：《外篇第八·第 4 章》："山人之非网罟也。"故"罔"为通假字。

归 通假"馈"，动词，赠给。《外篇第七·第 22 章》："公一归七年之禄。"

塗 通假"途"，道路。《谏上·第 19 章》："今君游于寒塗。"本字"途"已经存在：《谏下·第 20 章》："遇晏子于途。"故"塗"为通假字。

傲裾 通假"傲倨"，形容词，傲慢。《外篇第八·第 1 章》："彼傲裾自顺。"

合 通假"盍"，疑问代词，为什么。《外篇第八·第 12 章》："合色寡人也？"于省吾新证："合即盍之音假。"

荷 通假"苛"，动词，严酷统治。《谏上·第 8 章》："并荷百姓。"本字"苛"已经存在：《谏上·第 19 章》："无以苛民也。"故"荷"为通假字。

浑 通假"温"，暖和。《外篇第八·第 5 章》："景公出田，寒，故以为浑。"卢守助《晏子春秋译注》："浑，'温'的假音字，温暖。"

藉 通假"籍"，名词，赋税。《谏下·第 1 章》："景公藉重而狱多。"本字"籍"已经存在：《外篇第七·第 19 章》："籍敛过量。"故"藉"为通假字。

诫　通假"届",动词,到达极限。《晏子春秋校注》:"孙云:'《小雅·采菽》之诗诫作届,笺:极也。'"《谏上·第9章》:"载骖载驷,君子所诫。"

昔　通假"夕"。《杂下·第4章》:"今昔闻鸮声乎?"

据　通假"居"。《外篇第八·第3章》:"孔丘必据处此一心矣。"

厥　通假"结",结冰。"厥"与"结"声韵相近:厥,匣月;结,见质。二者声为旁纽,韵为对转。《杂上·第17章》:"阴水厥,阳冰厚五寸。"

咳　通假"阂",动词,阻隔。《外篇第八·第14章》:"颈尾咳于天地乎?"卢守助《晏子春秋译注》:"咳通阂,阻隔,阻碍。"

愧　通假"傀",使动用法,使怪异。《问下·第20章》:"不夸言,不愧行,君子也。"《晏子春秋校注》:"苏云:愧、傀形声并近,疑假字也。《周礼·大司乐》:'大傀异灾。'郑注:'傀,犹怪也。'"

縻　通假"麋",麋鹿。《杂上·第23章》:"湛之縻醢,则贾匹马矣。"卢守助《晏子春秋译注》:"縻,当作麋。"

免　通假"勉",动词,努力。《谏上·第9章》:"今君不免成城之求。"《谏上·第10章》:"臣敢不勉乎?"本字"勉"已经存在,故"免"为通假字。

荣　通假"营",使动用法,使迷惑。《问上·第13章》:"不掩欲以荣君。"《晏子春秋校注》:"王引之云:'荣读为营,惑也。'"

设　通假"合",合乎,符合也。《谏上·第18章》:"设文而受谏。"《广雅·释诂二》:"设,合也。"《吕氏春秋·长攻》:"凡治乱存亡,安危强弱,必有其遇,然后可成,各一则不设。"俞樾平议:"各一则不设者,言各一则不合也。"

食　通假"饰",掩饰。《谏上·第21章》:"碌碌强食。"

因为本字"饰"已经存在:《问下·第 20 章》:"不饰过以求先。"故"食"为通假字。

赁 通假"任"。《问上·第 1 章》:"听赁贤者。"

夕 通假"西"。《杂下·第 5 章》:"立宫何为夕?"

熙 通假"嬉",开玩笑。《杂下·第 10 章》:"圣人非所与熙也,寡人反取病焉。"

乡 通假"向"。《杂上·第 7 章》:"乡者防下六尺。"本字"向"已经存在:《杂上·第 24 章》:"向者见客之容,而今者见客之意。"故"乡"为通假字。

已 语气词,通假"矣"。《谏上·第 2 章》:"此是已。"

施 通假"移"。《外篇第七·第 15 章》:"君臣易施。"《晏子春秋校注》:"王云:'施读为移。易移,犹移易也'。"

挹 通假"揖",动词,作揖。《谏下·第 20 章》:"晏子下车挹之。"《晏子春秋校注》:"纯一案:《别雅五》云:'下车挹之,即揖之也。'挹与揖同。"

余 通假"馀",名词,余数。《谏下·第 1 章》:"多者十有余。"本字"馀"已经存在:《谏上·第 23 章》:"为国家之有馀不足聘乎?"《杂下·第 3 章》:"不遗馀力矣。"故"余"为通假字。

戴 通假"载",动词,载有,具有。《晏子春秋校注》:"戴、载同。"《问下·第 25 章》:"而道义未戴焉。"

翟 通假"狄"。我国古代北方少数民族,又称北狄。《谏下·第 15 章》:"维翟人与龙蛇比。"《说文解字注·羽部》:"翟,狄人,字传多假翟为之"

其 通假"期"。《谏上·第 19 章》:"据四十里之氓不服政其年。"《问上·第 2 章》:"期而民散。"《谏上·第 12 章》:"期年不已。"本字"期"已经存在,故"其"为通假字。

渔 通假"鱼"。《杂下·第 16 章》:"君商渔盐。"

第三节　《晏子春秋》之异体字

书写形式不同而意义完全相同的字就是异体字。例如："仙"和"僊"是书写形式不同的两个字，但二者意义完全相同，所以它们是异体字。《史记·封禅书》："安期生僊者。"句中的"僊"即"神仙"的意思，如果将"僊"换成"仙"，丝毫不影响句意。因为异体字意义完全相同，所以，在任何情况下，异体字之间都可以互相代替。

一、《晏子春秋》异体字之间的异同

异体字的存在，是由于文字非产生于一时、一地，又非出自一人之手，因而所取材料和造字方法不尽相同。根据造字方法和所取材料的差异，可以将《晏子春秋》异体字的异同归纳为以下几类（横线左边的字为非常用者，右边的为常用者）：

（一）声符相同，意符不同。

偪—逼　徧—遍　覩—睹　忻—欣　驩—歡　跡—迹
闚—窥　倮—裸　薵—夢　愍—悯　翫—玩　岬—岫

（二）意符相同，声符不同。

梧—杯　筴—策　俛—俯　垎—坎　餽—馈　喟—嘖
僇—戮　暱—昵　彊—强　孺—孺　袴—裤　逮—速
蝨—蚊　汙—污　鴞—枭　揜—掩　赀—资

(三)声符、意符都不同

犇—奔 勅—敕 麤—粗 愘—吝 迺—乃 埜—野 壹—一

(四)声符、意符皆同,位置不同

朞—期

二、《晏子春秋》异体字的用例

柸 "杯"的异体字,杯子。《杂上·第3章》:"晏子奉柸血。"

犇 "奔"的异体字。①奔跑。《问上·第8章》:"彼邹滕雉犇而出其地。"②私奔。《谏下·第2章》:"何为老而见犇?"

偪 "逼"的异体字,侵伐。《问上·第10章》:"以偪山林。"

徧 "遍"的异体字,普遍,全都。《问上·第7章》:"徧治细民。"

筴 "策"的异体字,简牍。《谏上·第5章》:"婴奉数之筴。"

勅 "敕"的异体字,整治。《谏下·第1章》:"君将使婴勅其功乎?"

麤 "粗"的异体字。①粗浅。《外篇第七·第17章》:"微事不通,麤事不能者,必劳。"②作动词用,用麻布做。《杂上·第30章》:"晏子居晏桓子之丧,麤衰斩。"

覩 "睹"的异体字,看见。《问上·第21章》:"覩贫穷若不识。"

俛 "俯"的异体字,低头。《杂上·第3章》:"俛而饮血。"《杂下·第13章》:"远望无见也,俛就则伤。"

忻 "欣"的异体字。《谏下·第 22 章》:"使其众妾皆得欢忻于其夫。"

驩 "歡"的异体字,高兴。《杂上·第 18 章》:"君以驩,予之地。"

朞 "期"的异体字。①时间名词,一年。《谏上·第 12 章》:"朞年不已。"《问上·第 2 章》:"朞而民散。"②名词,时期。《问上·第 2 章》:"崔氏之朞。"

跡 "迹"的异体字,足迹。《谏下·第 7 章》:"而循灵王之跡。"

坞 "坎"的异体字,坑穴。此处作动词用,挖坑。《杂上·第 3 章》:"坞其下。"

闚 "窥"的异体字,偷看。《杂上·第 25 章》:"其妻从门间而闚其夫。"

餽 "馈"的异体字,馈赠。《谏下·第 24 章》:"因请公使人少餽之二桃。"《杂上·第 22 章》:"朝食进餽膳。"

嘳 "喟"的异体字。《杂上·第 2 章》:"嘳然而叹。"

悋 "吝"的异体字。《问上·第 21 章》:"悋乎财。"

僇 "戮"的异体字,侮辱。《问下·第 12 章》:"僇崔杼之尸。"

倮 "裸"的异体字,裸体。《外篇第七·第 17 章》:"犹倮而訾高橛者。"

䆴 "梦"的异体字。《杂下·第 6 章》:"寡人䆴与二日斗而不胜。"《外篇第七·第 3 章》:"景公䆴见彗星。"

愍 "悯"的异体字,怜悯。《外篇第七·第 11 章》:"以望君愍之。"

廼 "乃"的异体字。《谏下·第 5 章》:"公廼延坐。"《外篇第八·第 5 章》:"是廼孔子之不逮舜。"

暱 "昵"的异体字,亲密。《问上·第 6 章》:"则管子暱侍。"

鐏 "樽"的异体字。《杂上·第 16 章》:"请君之弃鐏。"又"酌寡人之鐏","鐏觯具矣。"

彊 "强"的异体字。《外篇第七·第 15 章》:"君彊臣弱。"《问下·第 29 章》:"彊暴不忠,不可以使一人。"《问上·第 21 章》:"其言彊梁而信。"

孺 "孺"的俗体字,幼小。《外篇第七·第 11 章》:"家贫,身老,子孺。"

袴 "裤"的异体字。《谏下·第 19 章》:"衣裘襦袴,朽弊于藏。"

遫 "速"的异体字。《杂上·第 21 章》:"君之来遫。"《问下·第 4 章》:"是以遫亡也。"

翫 "玩"的异体字。《杂下·第 16 章》:"又好盘游、翫好。"

蟁 "蚊"的异体字,蚊子。《外篇第八·第 14 章》:"而蟁不为惊。"

汙 "污"的异体字,污秽。《外篇第七·第 27 章》:"灵公汙。"

鶚 "枭"的异体字。《杂下·第 4 章》:"今昔闻鶚声乎?"

卹 "恤"的异体字,抚恤。《谏上·第 5 章》:"而君不卹。"

撋 "掩"的异体字,壅蔽。《问上·第 20 章》:"不撋贤以隐长。"

埜 "野"的异体字,野地,村野。《外篇第七·第 19 章》:"故退而埜处。"

壹 "一"的异体字。《谏下·第 5 章》:"君为壹台而不速成。"《谏下·第 15 章》:"而壹心于邪。"

赀 "资"的异体字,价值。《外篇第七·第 25 章》:"其赀千金。"

主要参考文献

(按音序排列)

B

白兆麟.文法学及其散论[M].北京:九州出版社,2004.

白兆麟.新著训诂学引论[M].上海:上海辞书出版社,2005.

C

蔡希勤.《四书》解读词典[M].北京:中华书局,2005.

程湘清.汉语史专书复音词研究[M].北京:商务印书馆,2003.

池昌海.《史记》同义词研究[M].上海:上海古籍出版社,2002.

辞源[Z].北京:商务印书馆,1996.

D

董治安.与吴则虞先生谈《晏子春秋》的时代[J].文史哲,1962,(2).

杜若明.诗经(注释)[M].北京:华夏出版社,1998.

段玉裁.《说文解字》注[M].上海:上海古籍出版社,1988.

F

符定一.联绵字典[M].北京:中华书局,1983.

符淮青.现代汉语词汇[M].北京:北京大学出版社,1985.

G

高建平,等.汉语发展史[M].哈尔滨:哈尔滨工程大学出版社,2007.

高振铎,等.古籍知识手册[M].济南:山东教育出版社,1988.

葛本仪.汉语词汇学[M].济南:山东大学出版社,2002年.

葛本仪.汉语词汇研究[M].北京:外语教学与研究出版社,2006.

H

韩峥嵘.古汉语虚词手册[M].长春:吉林人民出版社,1984.

汉语大字典编辑委员会.汉语大字典[M].湖北辞书出版社,四川辞书出版社,1992.

J

季旭昇.《诗经》古义新证[M].北京:学苑出版社,2001.
蒋绍愚.古汉语词汇纲要[M].北京:北京大学出版社,1989.

L

李永勃.《晏子春秋》的修辞特色[J].修辞学习,2003,(6).
刘叔新.汉语描写词汇学[M].北京:商务印书馆,2005.
卢守助.《晏子春秋》译注[M].上海:上海世纪出版股份有限公司,上海古籍出版社,2006.
陆德明.经典释文[M].上海:上海古籍出版社,1985.
陆锡兴.急就集[M].北京:中国社会科学出版社,2001.

M

毛远明.《左传》词汇研究[M].重庆:西南师范大学出版社,1999.

Q

钱绎.方言笺疏[M].上海:上海古籍出版社,1984.
裘锡圭.文字学概要[M].北京:商务印书馆,1988.

R

阮元.经籍籑诂[M].成都:成都古籍书店,1982.

S

实用汉字字典[Z].上海:上海辞书出版社,1985.
孙星衍,黄以周.《晏子春秋》校注[M].上海:上海古籍出版社,1989.

T

谭家健.《晏子春秋》简论——兼评《晏子春秋》集释·前言[J].北京师范大学学报,1982,(2).

唐德正.《晏子春秋》词汇研究(D).山东大学图书馆,2007.

唐作藩.上古音手册[M].南京:江苏人民出版社,1982.

W

王力.汉语史稿[M].北京:中华书局,1980.

王力.汉语词汇史[M].北京:商务印书馆,1993.

王力.同源字典[Z].北京:商务印书馆,1982.

王念孙.读书杂志·读《晏子春秋》杂志[M].南京:江苏古籍出版社,1985.

吴则虞.《晏子春秋》集释[M].北京:中华书局,1962.

X

香港中文大学中国文化研究所.《晏子春秋》逐字索引[M].香港:商务印书馆(香港)有限公司,1993.

向光忠,等.中华成语大辞典[Z].长春:吉林文史出版社,1986.

徐朝华.尔雅今注[M].天津:南开大学出版社,1987.

徐正考.论衡同义词研究[M].北京:中国社会科学出版社,2004.

Y

杨伯俊.《春秋左传》词典[Z].北京:中华书局,1985.

杨伯俊.《论语》译注[M].北京:中华书局,2006.

杨伯俊.《孟子》译注[M].北京:中华书局,2005.

杨树达.词诠[Z].上海:上海古籍出版社,1986.

姚振武.《晏子春秋》词类研究[M].开封:河南大学出版社,2005.

殷义祥.《晏子春秋》译注[M].长春:吉林文史出版社,1996.

银雀山汉墓竹简整理小组.银雀山汉墓竹简《晏子春秋》[M].北京:文物出版社,1985.

俞樾,等.古书疑义举例五种[M].北京:中华书局,2005.

Z

张蔼堂,徐兴东.简明古汉语同义词词典[Z].武汉:湖北教育出版社,2004.

张纯一.《晏子春秋》校注[M].上海:上海书店出版社,1986.

赵克勤.古代汉语词汇学[M].北京:商务印书馆,1994.

中国社会科学院语言研究所词典编辑室.现代汉语词典(2002年增补本)[Z].北京:商务印书馆,2003.

中华大字典[Z].北京:中华书局,1978.

周勤.《晏子春秋》中有关伦理道德的抽象名词研究[J].宁夏大学学报人文社会科学版,2003,(4).

周勤.由《晏子春秋》再谈专有名词[J].重庆三峡学院学报,2005,(6).